决胜B端
产品经理升级之路

杨堃 / 著

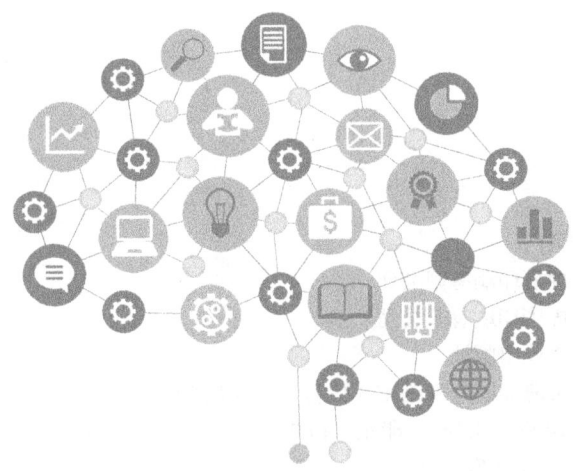

电子工业出版社
Publishing House of Electronics Industry
北京·BEIJING

未经许可，不得以任何方式复制或抄袭本书之部分或全部内容。
版权所有，侵权必究。

图书在版编目（CIP）数据

决胜 B 端：产品经理升级之路 / 杨堃著. —北京：电子工业出版社，2019.6
ISBN 978-7-121-36370-2

Ⅰ.①决⋯ Ⅱ.①杨⋯ Ⅲ.①企业管理－产品管理 Ⅳ.①F273.2

中国版本图书馆 CIP 数据核字(2019)第 072946 号

责任编辑：王中英
印　　刷：河北虎彩印刷有限公司
装　　订：河北虎彩印刷有限公司
出版发行：电子工业出版社
　　　　　北京市海淀区万寿路 173 信箱　邮编 100036
开　　本：720×1000　1/16　印张：17.75　字数：368 千字
版　　次：2019 年 6 月第 1 版
印　　次：2025 年 8 月第 18 次印刷
定　　价：69.00 元

凡所购买电子工业出版社图书有缺损问题，请向购买书店调换。若书店售缺，请与本社发行部联系，联系及邮购电话：(010) 88254888，88258888。
质量投诉请发邮件至 zlts@phei.com.cn，盗版侵权举报请发邮件至 dbqq@phei.com.cn。
本书咨询联系方式：010-51260888-819，faq@phei.com.cn。

推荐语

本书作者在 C 端及 B 端产品领域都积累了非常丰富的经验。互联网的发展进入下半场，数字经济和实体经济深度融合，本书正是从产品融合的层面做了积极探索，并结合精彩的实际案例，对 B 端产品的特点及如何在实际项目中落地做了系统阐述，值得阅读！

——程操红，用友集团 CTO

杨堃在几年前就和 InfoQ 合作过，他的文字具有穿透力，给人带来启迪和思考。他的这本书描绘了 B 端产品经理的成长路线图，并且分享了相关的产品设计经验以及可供参考的方法论，我从中受益匪浅。

——郭蕾，极客时间 App 总编辑

市面上关于产品经理的书很多，但能够同时涵盖和贯穿业务设计、产品设计、技术架构设计及项目运营和管理的书并不多，本书是其中一本，而且讲解通俗易懂，非常接地气，相信会给你的工作带来帮助。

——倪浩，VIPKID 高级产品总监

在中国，人口红利和补贴驱动的时代已经结束了，管理者的关注点也逐渐从 C 端产品向 B 端产品转移，运营模式创新与运营效能提升成为关键词，拥有扎实、体系化的B端知识储备的人才，越来越被市场需要。《决胜B端——产品经理升级之路》一书梳理并总结了作者在"枪林弹雨"的实战中收获的感悟和经验，可以作为我们迎接这个"B端决胜"时代的指南。

——王建斌，饿了么星选用户运营高级总监

在流量红利不在、供给侧改革的大背景下，利用B端产品帮助企业降本增效、加速创新是互联网行业的新关注点。B端产品的需求管理、商业模式设计、技术架构特性都与C端产品不同，因而对产品经理的要求也不一样。本书系统阐述了B端产品经理应该具备的技能和视野，并描绘了此方向的实操进阶之路，有很强的可操作性，对于B端相关从业人员、想转型B端产品经理的读者来说，是干货满满的优秀读物。

——任佩禹，nEqual产品合伙人

C端拼体验，B端拼效率。随着产业互联网的兴起，各大企业对内部运营效率越来越重视，B端产品是企业提升运营效率的核心武器，在企业持续的精细化运营管理中具备不可替代的作用。杨堃具有十多年的B端产品和架构的设计经验，他在VIPKID负责的B端产品为几千人的业务团队提供着支持。本书总结了他多年产品工作的经验和心得，相信有志于B端产品领域的读者都可以从书中获得启发。

——项碧波，VIPKID产品技术SVP

本书循序渐进地揭开了B端产品设计的层层面纱，对B端产品经理的专业能力提升和职业发展提出了宝贵的建议。互联网技术正在被深度融合到产业链改造的进程中，在这样的大背景下，市场对B端产品经理的需求也越发旺盛。推荐想要或已经在B端产品道路上前行的朋友们阅读此书。

——耿保坤，去哪儿玩乐事业部前CEO

互联网正在积极地融入各个其他行业，产业互联网正在受到越来越多的关注，在这种背景下，市场对B端产品经理的需求无疑会与日俱增。本书从B端产品架构的搭建、产品的运营与管理等多个角度，深入浅出地描绘了B端产品经理需要掌握的各种能力模型，并结合翔实的案例进行讲解，相信会让广大B端产品经理收获新知。

——郭兴锋，美团外卖后台产品负责人

我曾在传统商业银行与互联网企业工作了近20年，深感不同类型企业中的软件设计人员在意识形态、思维方式、价值取向、行事风格上的巨大差异。在产业互联网兴起的今天，B端服务受到了广泛的关注，很多互联网企业涉足了企业服务领域，且颇有建树，大量B端产品经理在产品建设过程中发挥了中流砥柱的作用。杨堃在本书中对B端产品经理的工作做了很好的总结，简明清晰，实用性强，相信能给有志于B端产品领域的朋友们带来很大帮助。

——石杰，百度金融科技事业部首席架构师

如何让组织效率更高、业务运转更流畅，这一直都是企业很关注的问题。随着流量红利的消失，人们比以前更加关注对B端产品的打磨了。本书深入浅出地介绍了B端产品建设的方法和技巧，并结合了实际案例，适合各个阶段的B端产品经理阅读。

——侯波，百度前产品架构师，优信拍产品技术中心总经理

本书简单实用、通俗易懂，朴实的文字间透露着作者深厚的专业功底，以及对互联网产品职业的思考与态度，相信能为初入职场、驻足路口的同学引路伴航。

——孙晓勇，阿里巴巴集团风控部高级产品专家

在全产业都在讨论线上线下业务流量大融合，以及更加重视B端产品能力建设之际，本书的出版让我们这些在产业互联网中的创业人受益匪浅。本书讲述清晰、透彻又发人深省，仔细阅读，收获良多。

——代黎明，百度前高级技术经理，至真创始人兼CEO

在产业互联网的浪潮下，从产业链的上下游到一个行业再到一个组织，都需要产品经理的深度参与，以更好地提高组织效率、提升商业变现能力，甚至整合产业链条中的各方。本书结合一个大的案例，深入细致地分析了产品经理决胜B端的工作流程与方法，值得B端产品经理或想转型B端产品方向的读者品读。

——付海丰，拉勾网原商业副总裁，音乐蜂巢CEO

读者服务

微信扫码回复：36370

- 获取各种共享文档、线上直播、技术分享等免费资源
- 加入读者交流群，与更多读者互动
- 获取博文视点学院在线课程、电子书 20 元代金券

序

缘起

在工作中,我发现身边有很多优秀的 B 端产品经理,聪明且勤奋,但缺少体系化的针对 B 端产品设计的训练,成长过程中会走很多弯路,而市面上关于 B 端产品的资料又非常少。因此,我尝试将自己多年做 B 端产品的经验提炼总结出来,一方面用于给团队成员做培训,另一方面也整理成文章,2017 年时陆续发表在人人都是产品经理及 PMCAFF 社区上,分享给其他同仁。没想到发表的几篇长文非常受欢迎,均被几家网站首页置顶,并在微信公众号推送,甚至还被技术类媒体 InfoQ、聊聊架构、极客时间转载。我在写作过程中也进行了查漏补缺,进一步梳理了自己的知识体系结构。

2017 年年底时,电子工业出版社的编辑王中英联系到我,邀请我写一本关于 B 端产品的专业书籍。受到邀请后,我兴奋不已,觉得这是一件很有意义的事,便欣然答应。

我从小就喜欢计算机,初中开始做个人网站,大学时用 VC++写 Windows 程序,虽然非科班出身,但自学了所有计算机专业的课程。毕业后凭着兴趣进入一家外资保险公司从事程序设计工作,经历了公司信息化建设的高速发展期,接触了当时最先进的信息化管理理念和成熟的商业软件产品;后来进入百度做产品经理,学习了不同的软件设计的理念,包括作为一名产品经理需要具备的思维模式;再后来自己有过一段创业经历,亲身体会和学习了如何经营管理一家公司;之后经历了独角兽企业业务和产品体系的高速发展和迭代过程。这一切的经历交融在一起,让我对企业软件产品体系的发展和建设有了多维度的认知和理解,也让我产生了强烈的表达欲望,希望将自己的思考和经验提炼总结成 B 端产品建设方法论,以一本书的形式完整地呈现给大家,这就是本书的由来。

成果

本书一共分为 4 篇。"概述篇"通过描述互联网行业的盈利模式及发展趋势,阐明市场对 B 端产品经理的需求将持续旺盛。"设计篇"讲述 B 端产品的设计,按照产品设计的实际流程,依次讲述业务调研、架构设计、功能模块设计、演进蓝图设计、业务数据建模、流程和角色设计、权限设计等一系列关键环节。"管理篇"讲述 B 端产品的管理,包括 B 端产品的项目管理、运营管理、迭代优化和数据分析,阐述了 B 端产品实施和运作过程中面临的一系列问题,包括复杂项目的推进、产品经理和业务团队的合作、需求和迭代的计划编排等。"进阶篇"讲述企业级应用架构,从前面的单一产品建设扩展到体系化产品建设,旨在帮助读者从更宏观的角度思考产品,站在企业经营管理和发展的视角,重新审视互联网产品体系架构的设计原则和方法论。

全书贯穿了一个基于经验设计的案例:在"设计篇"和"管理篇"中,我们为一家成熟的集团企业搭建了一套完整的分销业务平台,带领读者逐步设计、实现一个 B 端产品;在"进阶篇"中,讲述了这家集团企业是如何从小门店一步步发展起来,重点分析企业的应用架构体系随业务发展的演进规律。

致谢

写书是一件痛苦并快乐的事情,从 2018 年 2 月确认全书的内容大纲、2018 年 3 月开始写作,到 2019 年 1 月完成初稿,然后经历了多次反复修改,直到 2019 年 4 月完成终稿,这本书的写作耗时近一年半,可以说凝聚了我的心血。在繁忙的工作之余,完全通过业余时间完成,当然有苦涩和疲惫,但更多的是收获和幸福。

这里要特别感谢编辑王中英,她精益求精的态度和强烈的责任心令人感动和尊敬,专业的编辑能力更是令人佩服。我和中英从未谋面,也没有通过电话,全部是通过微信沟通的,想想也真是神奇,既感叹网络协作的便利,也感慨彼此的信任。

最后,还要感谢我的妻子,作为一名优秀的产品经理同行,她对本书的内容提出了很多宝贵的建议,并支持、鼓励我完成此书的写作。对了,还有我可爱的女儿安妮,你是我努力奋斗的动力源泉!

希望本书能够给大家带来帮助!

杨堃

目录

概述篇　走近互联网 B 端

第 01 章　互联网产品领域探秘 2

1.1　产品经理岗位的发展历程 2
- 1.1.1　产品经理的起源 3
- 1.1.2　传统 IT 信息化时代的产品经理 3
- 1.1.3　流量为王时代的产品经理 4
- 1.1.4　移动互联网时代的产品经理 5
- 1.1.5　互联网产品经理的本质 5

1.2　互联网行业的产品方向 5
- 1.2.1　什么是 C 端产品 6
- 1.2.2　什么是 B 端产品 8
- 1.2.3　什么是数据与策略产品 10
- 1.2.4　什么是商业变现产品 11
- 1.2.5　什么是 AI 产品 12

1.3　互联网公司的盈利模式 13
- 1.3.1　广告变现 13
- 1.3.2　增值服务 15
- 1.3.3　佣金提成 15

1.3.4　买卖差价 16
　　1.3.5　不同盈利模式的产品诉求 16

第 02 章　B 端产品概述 18

2.1　互联网行业的发展趋势 18
　　2.1.1　流量的竞争越来越惨烈 19
　　2.1.2　线下业务渗透程度越来越高 19
　　2.1.3　业务模式越来越重 20
　　2.1.4　运营效率成为核心竞争力 21
　　2.1.5　产业互联网成为新的蓝海 22

2.2　从事 B 端产品方向的优势 22
　　2.2.1　业务模式创新需要更多的 B 端产品经理 23
　　2.2.2　全面的能力培养 25
　　2.2.3　广阔的职业发展空间 27
　　2.2.4　具备壁垒性的专业经验 28

2.3　B 端产品有哪些方向 28
　　2.3.1　业务平台方向 28
　　2.3.2　办公协同方向 32
　　2.3.3　商家管理方向 33
　　2.3.4　小结 34

2.4　如何转型 B 端产品方向 35
　　2.4.1　其他方向产品经理如何转型 35
　　2.4.2　技术人员如何转型 37
　　2.4.3　传统 IT 人如何转型 38

设计篇　从业务诊断到形成方案

第 03 章　B 端产品建设概述 40

3.1　B 端产品的总体建设流程 40
3.2　B 端产品与 C 端产品建设流程的区别 43

- 3.3 案例：M电商公司的渠道分销产品设计 45
  - 3.3.1 案例背景与目标 46
  - 3.3.2 制订工作计划 47

第04章 B端产品的业务调研 49

- 4.1 B端业务调研的流程 49
  - 4.1.1 明确调研目标 50
  - 4.1.2 选取调研对象 50
  - 4.1.3 确认调研方法 50
  - 4.1.4 执行调研计划 50
  - 4.1.5 总结归纳输出 51
- 4.2 B端业务调研的目的和分析框架 51
  - 4.2.1 战略层 52
  - 4.2.2 战术层 52
  - 4.2.3 执行层 53
- 4.3 B端业务调研的方法 54
  - 4.3.1 深度访谈 54
  - 4.3.2 轮岗实习 55
  - 4.3.3 调研问卷 56
  - 4.3.4 数据分析 57
  - 4.3.5 行业研究 57
- 4.4 B端产品与C端产品业务调研的区别 58
  - 4.4.1 调研目标不同 58
  - 4.4.2 调研对象不同 59
  - 4.4.3 调研方法略有不同 59
- 4.5 案例：M公司分销业务调研总结 59
  - 4.5.1 业务现状梳理 60
  - 4.5.2 业务问题总结 63

第 05 章　B 端产品的整体方案设计 65
5.1　核心业务流程 65
5.2　产品定位 67
5.3　应用架构设计 68
5.4　功能模块设计 70
5.5　演进蓝图设计 72

第 06 章　B 端产品的细节方案设计 75
6.1　业务数据建模 75
6.1.1　设计理想版的分销业务客户模型 76
6.1.2　设计简化版的分销业务客户模型 78
6.1.3　业务数据建模错误会导致灾难 79
6.2　流程和角色 80
6.2.1　绘制分销业务流程图和角色 81
6.2.2　绘制分销业务的页面流转图 84
6.3　界面设计 86
6.3.1　界面设计的流程 86
6.3.2　线框图的绘制 87
6.3.3　尼尔森十大可用性原则 88
6.3.4　列表页经典设计方案 95
6.3.5　列表页设计 Bug "找茬儿" 99
6.3.6　界面设计的建议 100
6.4　报表设计 102
6.4.1　报表设计与应用流程 102
6.4.2　报表引擎 105
6.4.3　二维表格设计 Bug "找茬儿" 109
6.4.4　报表设计的建议 110
6.5　数据埋点 112
6.5.1　什么是数据埋点 113
6.5.2　常见的 B 端埋点工具简介 114

6.5.3　埋点工具的数据分析 116
　　　6.5.4　B 端产品与 C 端产品数据埋点的区别 120
　6.6　权限设计 121
　　　6.6.1　功能权限设计 121
　　　6.6.2　RBAC 权限模型 123
　　　6.6.3　数据权限设计 125
　6.7　文档编写与管理 128
　　　6.7.1　商业需求文档（BRD）的管理 128
　　　6.7.2　产品需求文档（PRD）的编写 129
　　　6.7.3　文档管理要点 133
　6.8　UML 和常用图表 135
　　　6.8.1　ER 图 136
　　　6.8.2　跨部门流程图 137
　　　6.8.3　状态机图 138
　　　6.8.4　活动图 139
　　　6.8.5　用例图 140

第 07 章　B 端产品经理与技术方案 142

　7.1　两段有趣的对话 142
　7.2　产品经理是否要懂技术 146
　7.3　产品经理是否要关注技术方案 148
　7.4　B 端产品经理的技术知识要求 148
　　　7.4.1　具备基本的技术知识体系 149
　　　7.4.2　了解程序设计的 MVC 范式 150
　　　7.4.3　熟悉接口与调用模式 152
　　　7.4.4　理解软件工程的"搭积木"设计 155
　　　7.4.5　掌握数据库与 SQL 159

管理篇 让产品落地并不断生长

第 08 章 B 端产品的项目管理与实施工作 168

- 8.1 为什么需要项目管理 168
- 8.2 互联网项目管理的工作重点 169
- 8.3 如何对 B 端产品做好项目管理与实施工作 170
  - 8.3.1 B 端项目管理面临的挑战 171
  - 8.3.2 如何协调并推动跨端协作 171
  - 8.3.3 如何把控项目进度 173

第 09 章 B 端产品的运营管理 178

- 9.1 B 端的产品运营岗 178
  - 9.1.1 B 端产品运营岗的工作内容 179
  - 9.1.2 B 端产品运营与 C 端产品运营的区别 180
- 9.2 B 端的业务运营岗 181
  - 9.2.1 B 端业务运营岗的管理模式 181
  - 9.2.2 B 端业务运营岗的工作内容 183
- 9.3 产品经理、产品运营人员、业务运营人员如何高效协作 185
  - 调整组织架构改善合作关系 185

第 10 章 B 端产品的迭代优化 192

- 10.1 B 端产品的需求管理 192
  - 10.1.1 需求的收集 192
  - 10.1.2 需求池管理 193
- 10.2 B 端产品的迭代管理 197
  - 10.2.1 迭代中的研发资源管理 197
  - 10.2.2 迭代中的技术优化资源分配 198
  - 10.2.3 典型的双周迭代模式 200
  - 10.2.4 双周迭代模式的局限性 202
  - 10.2.5 选择合适的迭代模式 203

第 11 章　B 端产品的数据分析 207

11.1　数据分析的流程 207
11.1.1　明确主题 208
11.1.2　提出假设、验证假设 208
11.1.3　得出结论 209
11.1.4　案例：M 公司零售业务销售额下降的数据分析 209

11.2　数据分析的要点 212
11.2.1　方法工具 212
11.2.2　业务知识 213
11.2.3　细心耐心 214

11.3　数据分析报告 215
11.3.1　报告的编写思路 215
11.3.2　报告的排版美化 216

进阶篇　支撑企业运转的整套产品体系

第 12 章　企业级应用架构概述 221

12.1　什么是企业级应用架构 221
12.2　学习企业级应用架构的益处 223
12.2.1　加深对业务和产品设计的理解 223
12.2.2　培养大局观 224
12.2.3　获得更好的职业发展机会 225
12.3　案例：M 集团的应用架构演变之路 225

第 13 章　传统企业的应用架构演变 227

13.1　小微型企业的应用架构 227
13.1.1　小门店的 Excel 管理之路 227
13.1.2　小超市的 ERP 之路 228
13.1.3　为中等规模的超市建立 CRM 系统 229
13.2　中型企业的应用架构 231

13.2.1　中型连锁超市的组织架构 231
　　13.2.2　建设 DW 和 BI 支持企业经营分析 232
　　13.2.3　建设 OCRM 系统支持企业客户业务 234
　　13.2.4　拓展：CRM 体系 237

第 14 章　多元化业务带来的应用架构演变 238

14.1　集团企业的应用架构 238
　　14.1.1　在线商城业务带来了互联网化管理 238
　　14.1.2　信息孤岛与主数据管理 241
14.2　加强基础服务建设，为新业务赋能 244
　　14.2.1　将通用功能抽象成基础服务 244
　　14.2.2　强健的基础服务支持新业务快速搭建 246
　　14.2.3　Passport 与客户资料管理 248
14.3　集团强化中台能力建设 249
　　14.3.1　业务部门加强中台能力建设 249
　　14.3.2　产研部门加强中台能力建设 250

第 15 章　通用的企业级应用架构设计 253

15.1　抽象出通用的企业级应用架构 253
15.2　不同发展阶段的互联网企业的应用架构畅想 255
　　15.2.1　初创企业的应用架构畅想 255
　　15.2.2　成长型企业的应用架构畅想 256
　　15.2.3　成熟企业的应用架构畅想 258
15.3　企业级应用架构设计的建议 259
15.4　浅谈企业架构（EA） 261

后记 263

概述篇

走近互联网 B 端

在互联网行业，产品经理已经成为一个不可或缺的岗位：识别市场机会，诊断业务问题，通过软件产品帮助企业增加收入、提高效率、降低成本、控制风险。如果你希望踏入互联网产品经理这个行业，就有必要全面了解产品经理的类型、特点，这对职业的选择、发展都非常重要；而要了解产品经理的类型和特点，就必须理解互联网公司的盈利模式和业务运作特点，因为正是不同的盈利模式催生了不同的产品建设诉求。本篇第 1 章将带你了解这些知识。

随着行业发展，线上与线下结合的商业模式越来越多，例如随处可见的共享单车、为生活提供极大便利的外卖服务，等等。在便捷生活的背后，是越来越多的 B 端系统在支撑着业务的运转，B 端产品经理的需求量也越来越大。本篇第 2 章将重点介绍 B 端产品方向，并对于想转型 B 端产品的同学给出转型建议。

本篇将帮助你对互联网行业和产品经理的工作形成全面、细致的了解，也为后面学习产品设计和管理打下基础。

第 01 章

互联网产品领域探秘

产品经理是一个很神奇的职业。

年长的人会称赞:"小小年纪就当'经理',真了不起!"

圈外人可能会羡慕:"高薪!年轻有为!"

刚入行的同学会胸怀大志:"我要改变世界!"

老一辈 IT 人会疑问:"产品经理和项目经理有啥区别?到底在干啥?"

每个人对产品经理这个岗位都有不一样的认识和理解。即便入行几年的产品经理,也可能对产品经理的分工和发展方向存在困惑。

互联网行业的飞速发展,使得产品经理这个岗位演化出了很多细分领域和方向,**不同方向产品经理的技能诉求、职业发展路径差别非常大**。各个方向的产品经理究竟都在做什么?也许从表面上回答这个问题并不难,但是要全面理解产品经理这个岗位,就需要我们全面了解产品经理这一岗位的发展历程、互联网行业的产品分类(对应不同方向的产品经理)、互联网公司的常见盈利模式(从公司角度理解产品建设诉求),以及新环境下企业经营管理的诉求。

1.1 产品经理岗位的发展历程

产品经理这一岗位在互联网时代之前就已存在,在互联网时代下发挥了越来越重要的作用。下面我们就一起看看,产品经理这一岗位经历了怎样的演变过程。

1.1.1 产品经理的起源

产品经理的概念起源于 20 世纪 30 年代的宝洁公司。宝洁公司的年轻雇员 Neil McElroy 给管理团队写了一封信，陈述了他想设置一个新工作岗位 Brand Man（品牌经理）的大胆想法：公司的职能团队只负责各自的工作内容，并不能从公司整体的视角分析市场与客户需求，组织、实施完整的产品运作计划并占领市场，而这个创新的岗位要负责产品的全流程管理。公司采纳了 Neil 的建议，并取得了良好的效果。Neil 在这封信中写下的观点，在之后的岁月中被各行各业广泛接受并推广应用，尤其是快消品行业。

到了 20 世纪 80 年代，一名叫 Scott Cook 的宝洁前职员，将 Brand Man 的理念第一次应用于计算机软件领域，他认为计算机软件行业应该面向终端消费者。作为 Intuit 公司的创始人，Scott 成功地运用产品设计运作的理念推广了公司面向消费者的计算机软件。包括微软在内的很多企业，在早期也汲取了快消品行业产品经理的工作和管理思路，将其应用在商业软件领域。

Brand Man 的理念被引入中国后，和本土管理模式融合，并以"产品经理"的名字流传开来。

公司从事商业活动的核心是售卖产品或服务，并产生利润。可见，**最早的产品经理要做的就是，聚焦公司售卖的产品和服务，帮助公司分析市场，识别需求，负责产品的设计、包装、宣传、推广和持续改进，提升公司销售额和利润。**

1.1.2 传统 IT 信息化时代的产品经理

20 世纪 90 年代到 21 世纪 00 年代初期，是传统 IT 产业的高速发展时期，大量商业化软件井喷式发展。

这一时期的软件项目，基本上由项目经理负责从整体上把握软件方案，由需求分析师负责识别客户的个性化需求，并输出软件设计文档。对于通用功能，会经过某个专家组或架构组评估，然后融入标准版软件。

在一些分工不太明确的小公司里，很多软件产品甚至由软件工程师直接进行需求对接、方案设计和编码实现。

此外，在绝大多数比较大的传统企业（尤其是信息化观念比较先进和成熟的外企）中，都会设置一个叫作业务分析师（Business Analyst，BA）的岗位，负责承接并管理软件开发项目。BA 一般向业务部门汇报，会根据业务需求编写软件需求规格说明书，然后由公司内部开发团队或外包开发团队编码实现。目前 BA 岗位在传统企业依然大量存在，其工作性质和互联网公司业务端产品经理岗位非常类似，但又有不同之处。

这一时期还处在 Web 1.0 时代，网络与电脑并未大范围普及，流量有限，普遍靠售卖广告（有段时间 SP 业务很火爆）为生的互联网公司还没有找到很好的盈利方式。此时，互联网产品经理的概念还未流行，互联网运营岗位也在萌芽期。

1.1.3　流量为王时代的产品经理

到了 21 世纪 00 年代中期，Web 2.0 时代到来，网络与电脑开始普及，流量爆发式增长，互联网行业进入高速发展期。

大量创新的用户产品（例如百度贴吧）全面流行，Ad Network（在线广告联盟）、竞价排名模式（搜索网站最经典的关键词广告售卖模式）也基本成熟，通过广告变现与虚拟商品售卖，互联网行业进入盈利模式清晰的快速增长期。

对于此时的互联网公司来讲，流量就是氧气，变现就是生命。这是一种全新的商业形态，之前从未有人想过，通过虚拟世界的纯线上运作，就能实现盈利、支撑公司的发展。基础设施的完备、市场的成熟、取之不尽的低价流量，让刚刚从互联网泡沫走出来的互联网公司找到了全新的自我。

设计优秀的用户端产品，通过运营吸引流量，这成为公司发展的根基。因此，不需要销售，很少需要客服，产品与研发团队成为公司的利润中心，决定了公司发展的好坏，决定了公司收入的高低。

这种新的在线业务模式对软件产品设计人员提出了全新的要求。**需要懂技术、懂商业、强执行力的人才，来负责软件产品的设计、运营、迭代和流量变现。在这个背景下，互联网产品经理应运而生。**

这时候的互联网产品经理拥有非常高的话语权和决策权，因为他们要承担经营压力：要全面负责商业分析、市场分析、需求分析、软件设计、项目实施、线上运营，还要对公司的核心经营指标负责。可见这是一个要求极高、压力极大的岗位。对于这个新兴的工种，行业内并没有成熟的方法论，所有人都在摸索中前进。

与此同时，**随着电商行业的快速发展，互联网公司的业务模式相对变重，公司对客户管理、业务人员管理、进销存管理的诉求增强，早期的业务型产品经理开始出现。**业务型产品经理要承担组织提效、降低成本、控制风险的职责。

1.1.4　移动互联网时代的产品经理

到了 2010 年左右，随着智能手机的普及和网络带宽的改善，人们的时间进一步被电子设备、线上生活占据，流量红利与人口红利进一步释放，一部小小的手机给人们的生活带来了翻天覆地的变化。线上线下的边界变得模糊，越来越多的传统企业开始全面"触网"，同时，更多的互联网企业开始向实体经济渗透。

移动端的重要性逐渐超越 PC 端，成为新的流量入口。如何在一块小小的屏幕内设计体验良好的 App，是互联网产品经理们要探索的新方向。

此时，互联网公司的业务探索延伸到了各个领域，覆盖衣食住行的方方面面。随着业务模式的多元化和复杂化，互联网公司的核心竞争力不仅体现在流量获取和变现能力上，同时也更多地体现在业务模式创新、流程创新、精细化运营和效率提升上，这都对业务型产品经理提出了更高的要求。

产品经理的职责和工作方向更加清晰和细化，除了引流与变现，还需要负责公司业务管理软件的建设，对业务效率优化负责。

1.1.5　互联网产品经理的本质

从上述发展历程可以看出，行业发展早期，产品经理作为互联网公司经营发展的先锋，帮公司扛起业绩打江山；随着商业环境的复杂化和竞争的加剧，流量与人口红利耗尽，业务模式变重，管理复杂度提升，产品经理的工作性质变得更加多元化，不再是纯粹的线上业务引领者，还需要参与到整个企业经营管理运作的方方面面：流量拉新、流量留存、流量变现、业务模式创新、管理提效、成本控制、风险管理等。

那么，互联网产品经理的本质是什么？笔者认为可以这样概括：他们是**一群聪明、创新、自驱、有激情、懂技术的人，通过软件与互联网帮助企业实现业务创新、变现，提升企业经营管理效率**。本书后面讲到的产品经理，如无特殊说明，都是指互联网产品经理。

1.2　互联网行业的产品方向

根据产品的属性和目标，业界习惯将互联网产品分为 C 端产品、B 端产品、数据与策略产品、商业变现产品和 AI 产品，本节将依次介绍。这里需要说明一点：如果单从用户来看，数据与策略产品可能是 B 端产品，也可能是 C 端产品。但是由于负责数据与策略产品需要具备较强的相关专业知识,所以在实际中并不由普通的 B 端产品经理或 C 端产品经理负责,而是由专门的数据与策略类产品经理负责。商业变现产品、AI 产品的情况与之类似。[1]

不同产品方向的产品经理,工作内容差别非常大,职业发展路径也大不相同。一名产品经理入行后,要在某个方向持续学习、发展、沉淀,成为某个领域的产品专家,这样才能保证很强的职场竞争力。因此,选择一个适合自己的产品方向,并坚持做下去,是比较成熟稳健的职业发展思路。

那么,如何进行选择呢?我们需要先了解各类产品的特点。

1.2.1 什么是 C 端产品

C 端产品也叫 2C(to Customer)产品,是面向终端用户或消费者的产品,往往承担流量获取和转化的重任。

对于业务模式复杂的公司,企业内部的运营服务体系可能最终被包装在一个易用的 App 中,让客户获得爽快的体验,例如,客户在电商 App 中购买商品的操作很简单,但其背后有复杂的供应链与仓储配送体系做支撑。对于业务模式简单的公司,一个日活巨大的 App 可能是企业获取利润的主要来源,例如,墨迹天气 App 背后并没有复杂的业务运作体系,但巨大的流量可以吸引广告,获取收入。

用户通过 C 端产品体验企业所提供的商品或服务,C 端产品是企业和客户接触的重要媒介之一,在企业中具有举足轻重的地位。

C 端产品有如下特点:

- **用户是个体**:使用 C 端产品的是独立的个人,而不是一个组织或机构。
- **强调交互体验**:C 端用户要求低的使用成本和学习成本,他们可能会因为体验上的一点不满意而轻易离开 App。因而,C 端产品非常重视交互设计,对每一个按钮的位置、大小,每一张图片的设计、配色,每一句话或短语的字数、用语,都要做到充分思考、论证、测试,以提供极致的交互体验。
- **数据驱动设计**:C 端产品对每一个按钮、组件、页面都要进行全面、精确的数据监控,通过数据分析来调整方案并持续优化,最终达成目标。

---

[1] 再拓展一下,其他需要较强专业知识的产品方向,也会有专门的产品经理,例如游戏类、硬件类产品等,但是由于这些产品不是广泛存在于各个公司中,所以本节不对它们展开介绍。

- **收益容易量化**：C 端产品关注的核心指标主要包括日活、UV、PV、转化率等，任何功能的设计都可以确定明确的考核指标，项目收益容易量化和评判。
- **运营决定存亡**：对于 C 端产品来说，产品运营和产品设计同样重要，共同决定了产品的成败。设计一般的产品加卓越的运营，很可能取得成功；设计优秀的产品加糟糕的运营，很可能走向失败。举例来说，假设抖音的录播功能非常强，但平台并没有通过良好运营吸引用户，缺少优质内容，以及假设抖音的录播功能相对较弱，但平台通过运营吸引了大量创意达人、聚集了优质视频，你觉得哪种情况更容易成功呢？

C 端产品按照运行的设备可分为：

- **PC 端产品**：包括 Web 版的官网、主站，以及运行在 PC 上的安装软件包，例如迅雷、360 助手。
- **移动端产品**：包括运行在所有手机、移动设备上的原生 App 或 H5 应用。
- **其他设备端产品**：包括智能硬件、车载环境下运行的软件。

C 端产品按照所实现的功能可分为：

- **工具类产品**：提供独立功能解决某一类具体需求，例如墨迹天气、随手记、美图秀秀等。
- **内容类产品**：为原创或聚合内容提供分享平台，内容产生形式包括 OGC（Occupationally Generated Content，职业生产内容）、PGC（Professional Generated Content，专业生产内容）和 UGC（User Generated Content，用户生产内容），例如今日头条、喜马拉雅 FM 等。
- **社交类产品**：实现陌生人、熟人之间的沟通交流，例如微信、陌陌、脉脉等。
- **平台类产品**：作为双边市场平台服务方，帮助买卖双方实现交易撮合，例如淘宝、滴滴、Airbnb 等。

目前很多软件在向着多元化、平台化的方向发展，可能不单纯属于某一类，例如我们每天都在用的微信，不仅为人们提供了强大的社交功能，微信公众号还产生了大量的优质内容。

C 端产品给传统企业带来的变化

互联网对传统企业最大的贡献之一是，提供了一种全新的销售渠道——线上渠道。通过线上渠道的 C 端产品，企业能够轻松触达更多更广的受众，获得的商业机会也大幅增多。同时，线上渠道也给传统企业的流程设计和操作层面带来很大变化。

例如，以前的保险销售都是通过代理人或电销外呼人员完成的，公司需要管理庞大的销售团队，来实现销售目标。现在，很多保险产品已改为线上形式，由客户自助购买，这大大减少了企业的销售管理成本。新形式带来的新挑战是，如何通过线上渠道导入流量、提高转化率：需要通过各种运营手段，吸引有购买保险诉求的客户进入公司网站或 landing page（着陆页）；需要保证自己的产品界面清晰、交互友好，以实现让尽可能多的潜在客户转化为成交客户；同时通过各种策略和机制，鼓励客户帮助产品传播口碑，引入更多流量和销售线索。要实现这一切，C 端产品经理和运营人员是不可或缺的。

如何把故事讲好，如何把产品最吸引人的地方展示清楚，如何让客户尽快下单付款——这些都是 C 端产品经理和运营人员要思考的问题，这实际上也是一个好的销售人员要思考的问题。不同之处是，销售人员可以通过面对面沟通掌握客户的真实心理动态，做出对应的举措，而产品经理则通过大量的数据统计来优化交互和流程。

1.2.2 什么是 B 端产品

B 端产品也叫 2B（to Business）产品，使用对象是企业或组织。B 端产品帮助企业或组织通过协同办公，解决某类经营管理问题，承担着为企业或组织提高收入、提升效率、降低成本、控制风险的重任。

1.2.1 节提到，C 端产品是企业与客户在互联网渠道接触的桥头堡，但在 C 端产品极简体验的背后，可能有一个非常复杂庞大的业务支撑体系，需要多个业务团队、业务单元协同配合。

例如，我们熟悉的电商，对于消费者来说，只需要使用 App 挑选商品、下单、收取快递，退款退货也都能在 App 中轻松完成。但是，其背后是财务、采购、仓储、配送、客服等一系列业务团队的配合协同，而这些团队都需要各自的业务系统来支撑其开展业务，而且所有业务流程需要被灵活地联系起来。

所以，**一个业务的开展可能只需要 1 个 C 端产品研发团队；但为了支撑其运作，可能还需要好几个同等规模的 B 端产品研发团队。**

B 端产品有如下特点：

- **目标用户是一个群体**：B 端产品用户群体是某个业务团队或组织，这一组人需要共同协作来完成工作，所以需要 B 端产品来帮助他们实现分工协作。

- **效能第一体验第二**：B 端产品的目标是解决组织的某类业务问题，因此聚焦于流程，提升业务效能是最重要的，打磨交互体验则处于次要地位。例如，产品设计时并不会过多地考虑 UI 设计，也不会为了几个按钮的摆放位置花费太多时间，即便某个功能的交互设计不太符合常理，业务人员为了完成工作也还是会使用软件（但这并不意味着 B 端产品经理可以无视交互体验）。

- **强调抽象和逻辑**：B 端产品背后的业务复杂度高，人员、分工、协作、流程、规则随时可能调整，这就需要产品经理有非常强的抽象能力和逻辑思维，将看似散乱无章的业务抽象出共性，进行合理建模和设计。

- **收益难以量化**：B 端产品要支持、解决业务问题，但业务成效的影响因素非常多，很多时候并非取决于 B 端产品设计的好坏。例如，采购部门的核心绩效是找到更多优质低价供应商，但这并不取决于采购软件设计的好坏，而更多地依赖于采购员的人脉和专业技能，以及管理考核体系（不过，供应商在合作过程中的服务如何，则可以通过 B 端产品进行监督和评价）。我们很难直接衡量 B 端产品上线的新功能对业务价值的贡献。这也是 B 端产品经理经常面临的烦恼——难以外化项目效果。

B 端产品的部署方式可分为：

- **私有化部署**：将软件部署在公司自己的 IDC 以及专门配置的主机与存储设备中，与外部网络隔离，安全性强，网络稳定。

- **云部署**：将软件部署在第三方云服务商（或企业自建 IDC 实现云管理），在保证安全性的前提下节省数据中心成本。业务系统一般采用私有云部署，安全性相对较高。

B 端产品的技术架构可分为：

- **B/S（Browser/Server）架构**，即浏览器/服务器模式，用户通过浏览器访问系统。目前市面上的 B 端产品基本都采用 B/S 架构实现产品设计。

- **C/S（Client/Server）架构**，即客户端/服务器模式，这是早期的 PC 软件普遍采用的架构模式，用户需要安装客户端来使用软件，每次软件升级都需要进行客户端更新，非常烦琐。现在这种模式已经很少使用。需要注意的是，通过原生代码编写的移动端 App，也属于 C/S 架构。

B 端产品按业务方向可分为：

- 对企业内部的 B 端产品，又可以分为以下两类。

- 业务支撑类产品：支持企业经营管理或核心业务的开展，例如仓配系统、CRM 系统。
- 办公协同类产品：支持企业内部办公协同，例如 OA 系统、HRM 系统。

- 对企业外部的 B 端产品，主要是指商家端的产品，即平台型企业给卖家提供运营管理支持的系统，例如淘宝的卖家管理系统、美团的商家管理后台。商家端虽然属于给客户使用的对外系统，但这类客户一般都是机构或小微型企业（而不是个人），所以在设计这类产品时，所采用的核心思路和方法与设计其他 B 端产品是一致的。

B 端产品中还有很独特的一类，叫 SaaS 产品。严格来讲，SaaS 只是软件的部署方式，但是现在很多互联网企业和软件公司都会设计、开发云端部署的业务系统，例如 CRM、HRM 等，并对中小企业客户售卖。所以，如果有人说他是做 SaaS 产品的，那么他很可能做的是面向中小企业售卖的业务系统产品。

B 端产品是一个非常庞大的体系，支撑着企业经营运转的方方面面，每一个细分业务线产品方向都需要充分的积累和沉淀。如无特殊说明，**本书所讨论的 B 端产品是指企业内部使用的 B 端产品**（包括业务支撑类产品和内部协同类产品）。在第 2 章中，我们会介绍更加细致的 B 端产品分类。

1.2.3　什么是数据与策略产品

数据类产品是对企业内外部所有数据进行挖掘并利用的产品，通过数据反映出来的深层次信息来有效提升对应业务的绩效。因为策略类产品同样是基于数据的应用，所以我们把数据产品和策略产品放在一起讨论，统称数据与策略产品。

数据与策略产品经理有以下工作方向：

- 数据仓库建设：设计公司底层数据仓库，包括业务数据模型、指标体系等。通过对业务的理解，设计一套合理的指标体系，识别业务的过去和现状、趋势和变化，协助诊断业务。
- 报表设计：将成熟的数据分析体系和思路，通过操作简便、易于理解的可视化工具呈现出来，让阅读者能够轻松、快速地通过图表解读数据。
- 算法策略输出：结合业务诉求，对数据进行探查与挖掘，设计出各种策略算法（包括画像标签的建设），并应用在不同产品方向。例如，基于价格敏感度分析的优惠券投放策略、外卖系统的派单与路径规划策略、电商首页的千人千面以及商品推荐策略。

- 数据监控：设计并持续优化监控工具，向客户售卖监控工具并提供相关服务。埋点产品（例如神策、GrowingIO），以及网站统计分析产品（例如 Google Analytics，百度统计），往往也属于数据产品的范畴。

基于使用对象，还可以将数据与策略产品分为：

- 对内产品：可视化报表或策略算法输出都是供企业内部使用的，给企业赋能。
- 对外产品：将企业的数据或算法或报表工具提供给外部客户使用，可以是免费的（例如百度指数、阿里指数），也可以是收费的（例如阿里云 QuickBI 等）。

从事数据与策略产品建设，一定要认识到**数据的挖掘、探查、分析和价值输出才是产品的"灵魂"，而报表、可视化工具只是产品的"表面"**。例如，一套 BI 产品设计的好坏，并不在于其可视化效果是否炫酷，而在于其呈现的指标体系、内在逻辑是否合理，以及能否对业务做到全面的解读和诊断。数据与策略产品经理要将工作重点聚焦于前者，才能更好地成长。

1.2.4　什么是商业变现产品

商业变现类产品，顾名思义，就是帮助互联网企业将流量转化为收入的产品。互联网企业往往手握巨大的流量，最常见的变现方式就是广告售卖，具体产品形态包括搜索引擎营销、广告投放平台、在线广告联盟，除此以外，有些公司会把提供增值服务的产品也归为商业变现产品，具体介绍如下。

- 搜索引擎营销（Search Engine Marketing，SEM）：最古老、最有效的互联网商业变现手段，对于百度、谷歌来说，SEM 是其核心主营业务收入；很多其他互联网平台也开通了这项业务，例如淘宝、京东、58 同城，都会售卖搜索关键词，实现按点击付费（CPC，Cost per Click）的广告投放，也就是常说的竞价排名。
- 广告投放平台：拥有研发实力的流量型互联网公司，往往会设计适合自己平台的创意广告形式，以及投放管理后台，从而方便广告主管理广告投放。例如，抖音会设计符合自己 App 风格的广告素材与投放管理后台。
- 在线广告联盟（Ad Network）：拥有流量的中小网站和 App 可以通过 Ad Network 实现广告变现。Ad Network 是一套完整的广告交易平台，在 Ad Network 中，广告主发布广告内容，中小网站和 App 承接广告，将自身的流量变现。Ad Network 是一个概念，更是一个生态和产业。有很多互联网巨头实现了自己的 Ad

Network 产品生态，例如谷歌 AdSense、百度网盟、阿里妈妈等。

- 增值服务：给消费者提供的比基础服务更高层次的服务，一般都是收费的。例如，QQ 虚拟道具的设计和售卖、会员权益售卖等。

商业变现产品是互联网企业重要的创收来源之一，尤其针对 C 端产品，最容易变现的方式就是广告售卖。我们可以发现身边的很多内容型网站、工具型 App，以及抖音这样的现象级产品，都内置了大量广告。

1.2.5 什么是 AI 产品

AI 是当下比较火热的话题，市场对 AI 产品经理的诉求也逐渐强烈。**凡是利用人工智能技术的产品，都属于 AI 产品。AI 技术使产品更智能，更迎合新时代的需求。**AI 产品体系包罗万象，包括操作系统、图像识别、语音交互、无人驾驶等。AI 产品的核心是数据、算法和应用场景的结合。

AI 产品的功能模块包括数据的收集处理、算法的优化、应用场景的设计和策略的落地。例如，针对语音识别算法，有后台采集数据加工处理的方向，有持续优化语音识别和算法的方向，有针对语音产品包装后产生商业应用的方向（又可以细分为智能呼叫中心语音应答、服务话术动态解析提示、语音输入法等），这些都是 AI 产品经理可能从事的领域。

各家互联网公司都把 AI 产品的落地作为战略级决策，投入了大量资源进行研究和探索。AI 在某些工作、生活场景中，已经实现了价值明显的商业化应用，例如图片自动鉴黄，自动拦截涉黄色图片的上传；IVR 语音交互，在车险热线中通过和机器人对话快速出险报案。但是在很多复杂场景和领域的商业化依然面临较大的困难和挑战。

我们将互联网领域的常见产品方向汇总起来，如图 1-1 所示。你可以思考一下，目前自己从事的工作属于其中哪个方向呢？

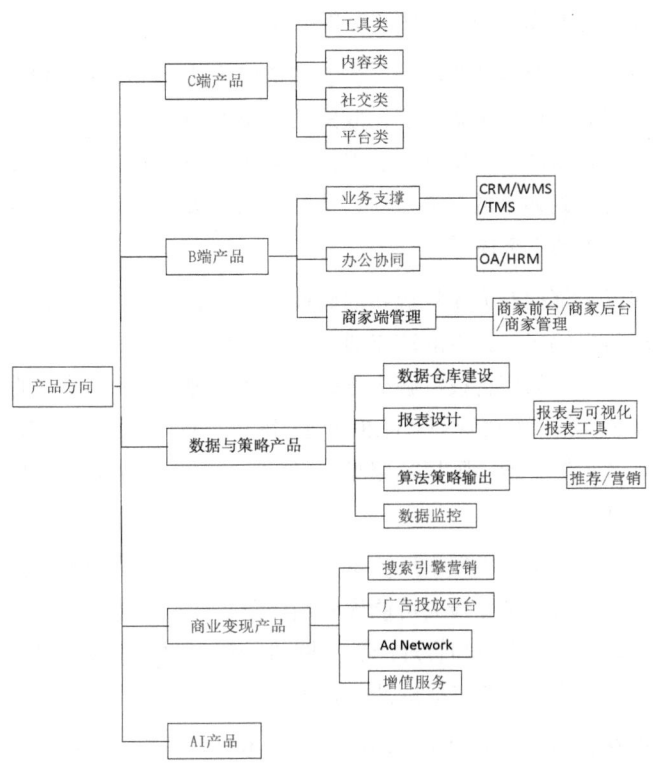

图 1-1　互联网的主要产品方向

1.3　互联网公司的盈利模式

我们已经了解了互联网行业的几大产品方向。不同盈利模式的互联网公司对不同方向的产品诉求区别非常大。

常见互联网公司的盈利模式可以概括为四类，分别是广告变现、增值服务、佣金提成、买卖差价，每一类盈利模式都有自己的产品建设诉求，以及独特的运营和管理模式。下面我们就来详细聊一聊。

1.3.1　广告变现

广告变现是在互联网行业发展早期便摸索出来的第一大变现方式。十几年前的互联网公司模式都非常轻，没有繁重的线下团队，通过线上运营就可以引来丰富的流量，有了流量，投放广告就成了理所当然的变现手段。

传统广告行业有一个经典难题：广告主知道广告费有一半被浪费了，但不知道哪一半被浪费了。互联网广告依赖线上投放的技术特点和优势，帮广告主解决了这个问题：互联网上广告素材的每一次展现、点击、转化，都是可以追踪衡量的。从传统门户网站的贴片广告，到如今的多屏互动，从互联网巨头到中小企业，互联网广告已发展成一个成熟、完整的生态体系。

- 互联网巨头都拥有庞大且成熟的商业广告产品体系，例如百度的百度推广、阿里的阿里妈妈、腾讯的广点通，都结合自身企业的产品布局、产品特点，提供了一站式的广告投放解决方案，包括关键词竞价排名（百度凤巢、淘宝直通车）、定向投放管理（百度网盟、阿里钻石展位、腾讯多端投放管理）、人群画像数据平台（阿里达摩盘、腾讯广点通数据平台）等广告创意管理与投放工具。

- 大中型互联网企业手握丰厚流量，广告变现依然是商业变现的最佳选择。同样，各家公司为了尽最大可能地利用流量，给广告主提供优质服务，也都选择自主研发广告投放和管理产品。例如，58同城、大众点评都有完备的广告投放产品体系，给商家提供推广服务。

- 小微型互联网企业或中小型网站，往往不具备自研广告投放平台的能力，因此多数会采用第三方广告平台服务，即 Ad Network。例如，平时浏览一些网站或使用某些 App 时，经常能看到贴片广告或 Banner，这些都可能是 Ad Network 提供的广告内容。只要具备流量，接入第三方平台提供的广告资源就可以变现。

要实现广告变现的盈利模式，首先要有优质内容吸引流量，其次要有广告主客户购买广告产品。表面上看，广告售卖和服务仍然是线上业务，实际上与互联网发展早期已经有了很大不同，互联网巨头和大中型互联网公司都有庞大的销售团队，负责广告售卖。不论是百度、今日头条，还是美团、饿了么，都有千人以上的销售团队，帮助其拓展、开发广告主客户。百度、今日头条的目标客户是所有中小企业，上千人规模的电销呼叫中心团队不停地打电话寻找线索、商机，说服客户投放广告；美团、饿了么的目标客户是所有商家，上千人规模的地推团队挨街挨巷地拜访门店，说服客户进行曝光推广。总体来讲，**广告变现模式下的互联网企业，既需要创新的 C 端产品保证流量，又需要稳定的商业产品持续变现，还需要强大的 CRM、呼叫中心等 B 端产品支持业务运作**。

1.3.2 增值服务

增值服务是从互联网发展早期便开始采用的第二大变现方式，具备经久不衰的潜质和魅力。在虚拟世界，花很少的钱就可以享受各种特权，这非常吸引用户。从最早的 QQ 皮肤、游戏道具，到如今的会员专享特权，**增值服务是任何互联网企业都非常容易采用的变现手段，尤其是虚拟化的增值服务。**

企业提供的免费服务依然存在，一般是基础服务，或仅供体验的部分服务，如果用户想获得升级的或全部的服务，就需要付费。随着版权管理的加强、支付环境的改善、消费水平和法治意识的提升，网民已普遍接受了"花钱买服务"的观念。视频网站会费、音乐 App 会费、云存储会费，都已被普遍接受。

过去，大家的固定支出可能只有水费、电费、有线电视费，现在，邮箱服务、视频服务、音乐服务、存储服务、个人助理 App 需要的花费，也都成为固定开销了。我们要接纳并鼓励这种增值服务的付费模式，因为只有获取收入并赢利的企业，才能给消费者提供更多更好的服务。

增值服务相关的产品需要由商业变现产品团队负责，也有一些公司则将其划归 C 端产品团队。

1.3.3 佣金提成

佣金提成是平台型互联网企业的经典变现手段。这类企业负责维护平台生态，撮合买卖双方完成交易，通过收取管理费或佣金来获取收入。比较典型的平台型企业有滴滴、淘宝、美团等。

平台型企业撮合的是买卖双方的交易，平台要努力增加供给方（卖方、商家端）和需求方（买方、消费者端），才能撮合更多的交易，收取更多的佣金和费用。以美团为例，美团一方面要引入更多的商家提供商品服务，另一方面也要吸引足够多的消费者来消费。入驻大量优质的商家，才能吸引更多用户、消费者；而拥有大量的用户、访客，才能吸引更多的商家，二者是相辅相成的。

平台型企业常见的运作方法是，通过线上手段来获取消费者端，通过线下销售团队来获取商家端；对于消费者端，需要做充分的客户分析与数据挖掘，做商品的精准推荐，提高交易撮合的成功率；对于商家端，需要通过 CRM 帮助销售团队跟进、获取更多商家入驻。

因此，佣金提成模式下的互联网企业，需要各种产品支持业务开展：需要负责获客与流量经营的 C 端产品，需要管理地推、销售、门店与内部业务团队的 B 端系统，还需要大量促成交易的策略产品，以及强大的帮助入驻商家进行经营分析的数据产品。

1.3.4　买卖差价

买卖差价，即自营模式的互联网企业通过赚取商品或服务售卖的差额来获得收入的盈利模式。

要理解这种模式，大家最熟悉的例子应该就是京东。

在京东的平台模式（POP，Platform Open Plan）下，京东只提供交易平台，商品管理、仓储、配送、售后服务、发票开具等工作，都由卖家自己负责，京东对交易收取佣金和管理费用。

在京东的自营模式下，京东从供应商那里按照采购价买断货物，按零售价格售卖，赚取销售差价。商品的仓储、配送、售后服务、发票开具等工作都由京东完成。

自营模式的好处是，企业的管理控制力度强，服务体验有保障，利润率高，缺点是运营管理成本高；平台模式则恰好相反。除了实物类电商会采用自营模式，服务类企业也可以采用自营模式。例如，滴滴快车采用平台模式运营，专车则采用自营模式运营。

越来越多的互联网企业为了保证服务体验和更高的利润，都逐步采用了自营模式，将优质服务作为企业的核心竞争力之一。

对于赚取差价来营收的互联网公司，从线上运作到线下团队管理，需要 C 端、B 端、数据与策略等产品全面支撑业务的发展。

1.3.5　不同盈利模式的产品诉求

以上介绍了互联网企业最常见的几种盈利模式，当然某些细分领域还有其他的盈利模式，例如，第三方支付公司对沉淀在平台中的流动资金进行投资管理，产生利息收入；数据公司通过售卖数据产生收入。

大多数互联网企业的营收方式是多元化的，我们依然拿京东举例，其收入来源既包括自营业务的买卖差价，也包括平台业务的佣金提成，还包括平台内的广告变现，以及针对消费者提供的增值服务，只是各收入方式的占比不同。

理解了不同盈利模式和业务运作的特点,我们就很容易理解这些盈利模式对不同产品类型的诉求,总结如表 1-1 所示。

表 1-1　不同盈利模式对不同产品方向的诉求

	业务特点	产品诉求	代表企业
广告变现	● 业务模式轻 ● 变现快	● 流量丰富的 C 端产品 ● 广告投放平台 ● 支持销售人员转化服务客户的 B 端产品(例如 CRM)	百度、今日头条
增值服务	● 业务模式轻 ● 变现快	● 黏性很强的 C 端产品	腾讯、优酷
佣金提成	● 业务模式重 ● 利润率低	● 流量稳定的 C 端产品 ● 强大的商家管理后台 ● 强大的运营管理后台 ● 各类支撑业务运转的 B 端产品 ● 广告变现产品 ● 经营分析报表平台	淘宝、滴滴、美团
买卖差价	● 业务模式重 ● 利润率高	● 流量稳定的 C 端产品 ● 各类支撑业务运转的 B 端产品 ● 强大的运营管理后台 ● 广告变现产品 ● 经营分析报表平台	京东

从表 1-1 可以看出,盈利模式为买卖差价的互联网公司,业务模式较重,对于各个方向的产品经理都有大量诉求;而盈利模式为广告变现、增值服务的互联网公司,业务模式较轻,主要需要 C 端产品经理和商业变现类产品经理。

理解了这些,大家在选择公司和岗位时就可以自己分析和判断:这家公司招聘的这个岗位,对公司而言价值如何?对个人成长来说,价值又如何?是否有较好的发展空间?

第 02 章

B 端产品概述

随着互联网线上红利的消失,越来越多的互联网企业尝试开展线下业务,寻找新的业务突破点和增长点。在这一趋势下,企业对 B 端产品建设的需求也越来越大,对 B 端产品人才的诉求变得更加迫切。本章就一起分析一下,选择 B 端产品方向会给你带来怎样的好处,并对不同背景的同学步入 B 端产品方向给出建议。

2.1 互联网行业的发展趋势

在 Web 2.0 时代与移动互联网时代的早期,几个产品经理、运营人员加研发工程师,就能组成一个高效团队,设计一款爆款产品。例如,曾经的团 800,不需要业务人员奔波,通过技术手段将各个团购网站的信息做聚合,就可以成为一个流量入口;早期的美丽说通过导购模式,分享了电商网站的发展红利,获得巨大成功。

然而今天,流量变得越来越珍贵,单纯的线上运作非常容易被对手抄袭并超越。为了寻找新的商业机会,越来越多的互联网公司开始涉足线下,依托技术手段探索新的商业模式,有的公司大获成功,有的则在探索途中倒下。在这个过程中,线上线下的边界变得越来越模糊,互联网思维被不断提起,互联网+的概念被不断放大,**线上公司摩拳擦掌欲闯关线下,搅个天翻地覆;线下公司跃跃欲试想转型线上,搞个绝地反击**。

总体来讲,互联网的商业探索体现出一些新趋势。

2.1.1 流量的竞争越来越惨烈

随着移动设备的普及，多少网民放弃了看电视、读书、户外娱乐，把宝贵的时间奉献给了各个 App。然而人们能够支配的闲暇时间毕竟是有限的，当互联网能够榨取的时间达到上限时，互联网能获取的总流量就达到了巅峰。于是各个公司开始了对流量的抢夺，也就是对网民时间的抢占。

试想每晚睡觉前你有 1 小时的自由时间，几年前只能看看视频和新闻，但现在你要决定是刷今日头条还是沉浸在快手中。今日头条抢了网易新闻的时间，快手抢了今日头条的时间，抖音又抢了快手的时间，竞争何其惨烈！

在激烈的流量争夺战背后是流量成本的步步攀升。广告平台赚得盆满钵满，却苦了创业公司，获客成本在几年内增长好几倍是正常现象，融资的钱还不够打一轮广告是真实情景。

线上流量如此宝贵，如何寻找新的突破？答案是，去线下！

2.1.2 线下业务渗透程度越来越高

线下的行业和领域已经平稳运转了若干年，它们也很想尝试互联网化的模式创新，但限制于基因、资本、经验、组织等因素，成功案例较少，这给互联网创业者们带来了无限的机遇和可能。

深入线下，不仅能够延展线上业务的服务体验，还能实现商业模式创新，我们细数一下曾经的或现在依然在进行中的尝试改变线下生活的创新项目。

2013 年：

- "e 袋洗"实现了对洗衣行业的创新。
- "美团外卖"实现了对餐饮行业的创新。

2014 年：

- "滴滴打车"实现了对出行行业的创新。
- "美菜网"实现了对餐饮采购行业的创新。
- "河狸家"实现了对美容美甲行业的创新。
- "58 到家"实现了对家政行业的创新。

2015 年：

- "VIPKID"实现了对线下 K12 英语教育的创新。
- "瓜子二手车"实现了对二手车行业的创新。
- "呱呱洗车"实现了对洗车行业的创新。
- "春雨医生"服务升级实现了对个人健康管理的创新。

2016 年：

- "便利蜂"实现了对便利店行业的创新。
- "摩拜单车"实现了对短途出行行业的创新。

2017 年：

- 无人货架实现了对自动售货机领域的创新。
- 共享充电宝实现了对充电宝租赁行业的创新。

2018 年：

- "VIP 陪练"实现了对线下乐器学习的创新。
- "火花思维"实现了对传统儿童思维启蒙的创新。
- "社区拼团"实现了对社区零售的创新。

以上只是简单列举了一些互联网公司尝试线下业务的例子。从 O2O 到共享经济，再到新零售，无数的商业创新正在努力摸索、尝试，虽然许许多多的项目在探索之路上倒下，但不可否认，互联网从业者们正在投入极大的热情和资本，深度参与到线下业务中，潜移默化地融入实体经济。

2.1.3　业务模式越来越重

互联网公司深度介入线下业务后，公司的业务模式会变重。

对于平台型的互联网公司（盈利模式为佣金提成），它们通过平台撮合交易，需要做好入驻商家的资质审核及管理，需要一定数量的线上运营人员和市场人员来支撑业务运转。对于自营式的互联网公司（盈利模式为买卖差价），从地推销售到服务人员，以及整个供应链，都要由公司直接管理运营，因而线下业务人员的占比会更高，管理成本也会急剧增加。我们来看几个例子。

- 一旦客户在瓜子二手车 App 上留下联系信息，就需要销售团队第一时间跟进客户，与客户沟通洽谈，为客户服务，实现转化，而不是简单地让客户自助交易。
- 河狸家自营签约并管理大量手艺人，公司一方面要提高流量，增加交易量；另一方面要为员工制订完整严格的培训、管理、考核体系，保证效率和服务质量。
- 摩拜在各大城市投放了百万辆单车，公司需要设计一套运营管理机制，有效管理单车从投放到回收的各个环节，并对线下作业人员进行规范管理。
- 众多无人货架公司在城市内摆放了成千上万的货架，如何完成商品的采购、补货、货损处理？这需要上百人的线下团队完成一系列的工作。

无论以平台形式还是自营形式介入线下模式，复杂的业务运作流程与庞大的线下业务团队管理都将是不可避免的，而这必须依靠 B 端产品助力。

2.1.4 运营效率成为核心竞争力

互联网公司拼的就是速度，短时间内的资本助力会带来业务的高速发展，团队规模从几十人突增到几千人是常见现象。人员的快速增长会给公司带来巨大的压力和挑战：政策不能准确下传，制度不能有效执行，管理层完全不了解一线运作情况，一线人员很容易浑水摸鱼，甚至违规事件急剧增多，管理完全失控。这样的情况下，业务面临的各种问题不会被有效解决，规模化不会带来边际成本的降低，反而会让成本呈现出几何式增长。

此时，提升企业内部的运营效率成为关键，而这离不开 B 端产品的助力。可以说，当企业发展到一定阶段时，B 端产品（指内部业务团队使用的业务系统）对企业的高效管理和运营发挥着不可替代的作用。

例如，对于外卖公司来说，配送员的效率是业务成败的决定因素之一，而配送员的效率取决于 TMS 的建设情况。如果两家公司有同样规模的订单量，其中一家的配送服务做得更好，无论是对配送员的招聘、考核、晋级管理，还是订单派发的策略、调度能力都更加完善，那么客户的体验就会更好，这家公司就会更受欢迎。而配送体系的建设，除了数据、策略、软件系统本身，还包括配套的管理运营体系的落地。如果没有足够多的积累和沉淀，以及业务管理上的创新和技术支撑，是不可能管理好几万人的配送团队的。

通过产品、技术手段对公司进行管理和运营提效，这是公司保持竞争力的关键因素之一。

2.1.5　产业互联网成为新的蓝海

流量红利消失后，以腾讯为首的互联网巨头提出了"产业互联网"的概念，主战场是 2B 及 2G（Government）领域。实际上产业互联网的概念早已有之，但是在新的形势下，业界希望产业互联网依托于国家提出的"互联网+"概念的大环境，通过云、物联网、SaaS、大数据、人工智能等技术，对传统企业和领域掀起新一轮信息化大升级的浪潮，希望通过互联网行业的成功经验，去帮助传统企业和行业进一步提升效率、产生变革、全面连接，实现创新和颠覆。

客观地讲，中国企业在十几年前虽然经历过一轮成功的信息化洗礼，但中小企业的管理专业度、信息化程度依然不高，而在新的竞争形式和经济环境下，科学管理和精细化管理的诉求在增强，这就要求企业必须通过管理软件等工具实现管理升级。

此外，行业之间、领域之间的信息打通，全面线上化也是势在必行的，2B 和 2G 领域的消费者和客户都希望享受更加便利、优质的服务。

这一切都给 B 端产品的爆发式增长带来了巨大机会，市场对专业的 B 端产品人才的需求量也急剧增加。

互联网巨头布局 2B/2G 领域，必须要有一批 B 端产品的精兵强将，帮助其实现战略意图。

2.2　从事 B 端产品方向的优势

上一节分析了 B 端产品领域在新形势下的重要性，相应地，市场对 B 端产品经理的需求也在增大，对比分析不同类型互联网公司的招聘信息，可以更直观地看出这一趋势。

作为一名产品老兵，我还想客观地谈一下从事 B 端产品方向的优势。B 端产品经理既要涉足软件设计领域，又要涉足业务运营领域，有机会接触并深入理解企业运作机制，而我们知道，**无论商业模式如何创新，企业的运作机制都是相通的**。可以说，B 端产品经理是懂技术、产品、业务的复合型人才，是企业在任何浪潮中都不可或缺的人才。

2.2.1 业务模式创新需要更多的 B 端产品经理

2.1 节中分析过，线上线下的模式正在被打通，很多创新的商业模式涌现出来。商业模式的创新必然会带来业务模式的创新，而新的业务模式就需要配套的运营、管理机制。多数情况下，市面上成熟的标准软件是无法满足新业务模式的需求的，诸如下例所述的技术驱动型的互联网企业一般会选择自主研发业务系统，来支持新的业务模式。

- 对于为出行行业带来革新的滴滴公司来说，一款可靠的司机管理运营软件是不可或缺的，但是在公司成立之时，市面上根本不存在现成的软件，因此就需要公司自主研发。这时就需要有专业经验的 B 端产品经理，结合业务，从无到有地设计一套司机（甚至包括针对司机运营的机构）管理系统。
- 对于为餐饮业带来革新的美团公司来说，有大量的地推人员和客户需要管理，而且销售区域和销售过程都需要基于门店坐标定位进行管理，传统的 OCRM（操作型客户关系管理）软件根本无法满足这种对地理位置管理有很高要求的客户管理需求。所以，公司需要自主研发一套全新的 OCRM 系统来支持业务。这时当然也需要有经验的 B 端产品经理来推进软件的设计和落地。

由此可以看出，互联网行业商业模式的不断创新，决定了必须有一批具备企业经营管理、软件系统设计等多方面经验和知识储备的 B 端产品经理，结合公司特殊业务诉求，快速、合理地设计配套业务系统，并落地支持业务。

从招聘信息看市场对 B 端产品经理的需求

为了更直观地体会重业务模式公司对 B 端产品经理的需求，我们可以看看互联网公司的招聘信息。我们挑选了两家有代表性的互联网公司，美团和今日头条，其中，美团代表重业务模式（有大量的线下团队需要管理）的互联网公司，今日头条代表线上运作的轻模式（线上广告业务，不考虑销售团队）互联网公司，我们对比看一下不同模式的公司对 B 端产品经理的不同需求情况。

我们通过爬虫在拉勾网上抓取了 2018 年年中时期两家公司招聘的所有产品经理岗位的信息，用来研究两家企业对产品经理的招聘诉求。原始数据处理的过程和规则如下：通过 Python 爬虫抓取到所有招聘岗位的信息后，删除其中疑似重复的招聘记录（通过岗位名称、描述、薪资范围来判断），并根据具体的岗位描述，判断并标注每条招聘信息的产品岗位归属的产品类别。

首先我们看一下今日头条招聘的产品岗位的类型分布，如图 2-1 所示。

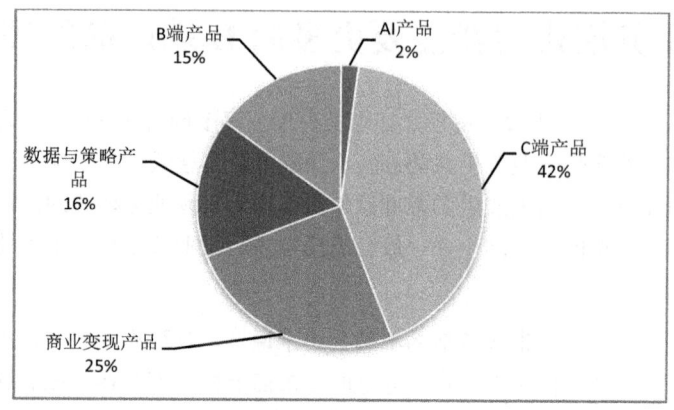

图 2-1　今日头条的产品岗位招聘类别分布

今日头条是一家以 C 端流量型产品为主的互联网公司，主要盈利模式为广告变现，在拉勾网公布的招聘岗位中，42%是 C 端产品，25%是商业变现产品，16%是数据与策略产品，15%为 B 端产品。整体来看，C 端产品和商业变现产品岗位的占比最大，符合今日头条产品类型分布及商业变现的诉求。

接下来我们看一看美团的产品岗位的招聘类型分布，如图 2-2 所示。

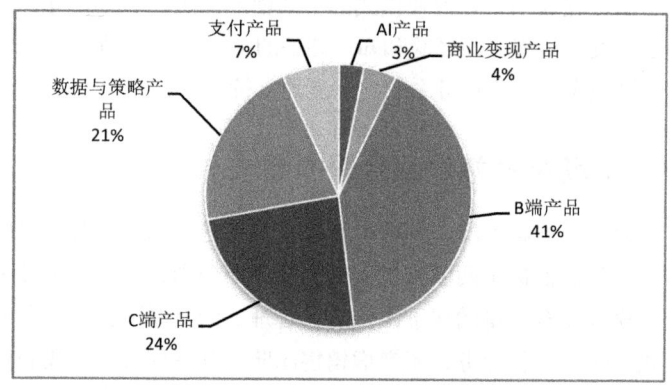

图 2-2　美团的产品岗位招聘类别分布

美团的主营业务为团购、外卖，需要强大的业务运营团队支撑公司运转，盈利模式主要为收取佣金和服务费，以及一些商业变现广告位售卖。在拉勾网公开的招聘岗位中，B 端产品占 41%，C 端产品占 24%，数据与策略产品占 21%，商业变现产品占 4%，AI 产品占 3%。另外，美团拥有支付牌照，智能支付产品是其战略布局中很重要的一部分，需要具备相关专业知识的产品经理来负责，招聘岗位占比达到 7%，我们把它单独提出来作为一个分类展示。

对于美团，我们分析得再细致一些，标注二级产品分类，如表 2-1 所示。

表 2-1 美团点评的产品岗位招聘类别分布（细化分析）

产品大类方向	产品细分方向	招聘数量	占比
B 端产品	B 端产品-业务支持	52	24%
	B 端产品-供给端管理	38	17%
	B 端产品-办公协同	2	1%
C 端产品	C 端产品	56	25%
商业变现产品	商业变现-广告投放平台	7	3%
	商业变现-搜索引擎营销	1	0%
数据与策略产品	数据与策略产品-报表	20	9%
	数据与策略产品-策略	19	9%
	数据与策略产品-数据仓库	3	1%
AI 产品	AI 产品	6	3%
支付产品	支付	16	7%

可以看出，在 B 端产品线中，业务支持方向占比最大，包括供应链管理、CRM、配送管理等方向；其次是供给端管理方向，主要是供商户、商家使用的产品；在数据及策略产品中，报表类和策略类产品各占一半，报表类产品包括报表工具、可视化分析产品及业务分析产品。

由此可见，对于美团这类重业务模式的公司，B 端产品经理的需求量很大。而我们前面已经分析了业务模式创新催生了众多与线下结合的公司，这些公司都属于重业务模式的公司，所以，不论是现在还是可预见的未来，市场对 B 端产品经理的需求将持续旺盛。

接下来我们再聊一聊从事 B 端产品工作，能够对个人成长带来哪些帮助。

2.2.2 全面的能力培养

2.2.1 节从市场需求的角度分析了 B 端产品经理的良好发展势头，本节将从个人成长的角度，分析一下从事 B 端产品经理能带来的能力提升。

逻辑思维与抽象能力

设计 B 端产品的一个特有挑战是，如何基于对业务的透彻理解，把现实世界的复杂场景抽象成结构性的系统和模块，将现实世界的抽象运转机制提炼成规律，这对需求把握能力、方案设计能力提出了很高的挑战，能够很好地锻炼产品经理的逻辑思维与抽象能力。

技术知识储备

规划、设计 B 端产品需要讲究体系架构、模型抽象，这和技术体系架构是一脉相承的，甚至很多软件技术架构的设计思想也会体现在 B 端产品的设计中，例如 SOA、微服务。B 端产品经理需要对技术体系有全面的了解，并且能够理解技术体系架构设计背后的原理和思想。

在工作中，B 端产品经理需要涉猎所有计算机领域的关键技术版块：做前端应用要了解 App 开发技术；做后端系统要理解编程语言和架构；做数据报表要理解数据仓库、ETL、Hadoop 等。

复杂项目管理能力

B 端产品经理往往要负责跨越多个团队、多个业务方的协同项目，项目复杂度高，牵涉面广，涉及人员多。B 端产品经理需要把控复杂的关系，确保产品顺利落地，这能够极大地锻炼沟通能力、执行能力、团队协作能力、组织协调能力等，提升对复杂项目的管理能力。

业务与经营管理知识

B 端产品经理从某一个细分业务方向入手，可以收获丰富的业务知识，从业务的角度理解公司的运转。随着进一步积累与学习，可以从一个点延伸到一条线，最终扩展成一个面，全面理解企业经营运转的原理。

例如，作为一名电商配送方向的产品经理，刚开始只能接触配送业务，这是一个点；随着工作深入，有机会涉猎仓储管理方向，配送和仓储串起来，这是一条线；如果有机会进一步接触采购业务，又学习了销售业务，最终能够把进销存、财务、客服等知识全部连接起来，就能形成完整的知识体系架构。这样，不论是对整体业务还是对具体业务，都会理解得更加深刻。

2.2.3　广阔的职业发展空间

B 端产品经理拥有较广阔的职业发展空间：既可以在产品研发路线上一路前行，也可以转向业务领域深耕发展，主要有如下的职业发展方向。

产品设计

B 端产品经理可以从某一个细分的产品方向做起，逐步延伸到一条或多条业务线的设计。从产品经理到产品总监，再到产品 VP，只要足够努力，再加一些机遇，一切都有可能。

举个例子，我之前的一位同事去某电商做了配送产品经理；两年后，O2O 火了，配送方向的人才紧缺，他被一家外卖公司挖去做配送产品负责人；又过了两年，同城闪送火了，因为他在配送业务领域积累了专业和丰富的经验，所以他加盟了某闪送公司，成为产品合伙人，统管产品研发和业务运营。

互联网的迅猛发展为所有人提供了无限的机遇，在一个方向打牢根基，同时关注新的动态，抓住机遇，就可以从点到面地拓宽自己的职业道路。

业务运营

B 端产品经理转岗对口的业务部门，是一个很常见的选择。例如，仓配业务的产品经理可以转岗仓储运营部门。不论是业务运营还是业务分析，这都是 B 端产品经理的日常工作，转岗业务部门，工作的角色变了，但工作的内容并没有太大改变，工作起来依然会得心应手。

角色转变后，看问题的视角和思考的方式肯定会有新的变化，对业务也会有新的理解和感悟。懂产品、懂技术、懂业务的 B 端产品经理，常常是公司内部争抢的对象。

咨询顾问

现在很多互联网公司都会将自己的成熟技术方案、解决方案进行商业化包装，并向外输出，此时产品经理要承担售前咨询顾问的工作，与销售团队一起发展客户，帮助客户分析业务问题，给出解决方案。

所以 B 端产品经理也可以加入一家提供 SaaS 解决方案的互联网公司，基于对公司产品体系和行业的理解，以及客户痛点和产品特色，为客户提供一整套解决方案，成为一名专家顾问。

2.2.4 具备壁垒性的专业经验

在很多 B 端业务的细分领域，专业知识和理论体系都已经发展了很多年，有着厚实的沉淀。例如，客户关系管理、仓配管理和供应链管理方向，虽然在新时代有新的发展变化，但业务的核心本质没有变，沉淀了多年的经验和方法论依然有实用价值。

作为一名 B 端产品经理，如果想在某个细分领域深耕，需要做到如下几点。

- 掌握该领域的所有方法论和专业知识。
- 对该领域的业务运营特点和难点有深刻的认知和总结。
- 对市面上所有该领域的商业化软件产品如数家珍，优缺点了然于心。
- 了解市场上所有类似业务模式公司的业务特点、产品特点。
- 认识行业内的相关专家，形成圈子，经常聚会探讨行业的案例和变化。
- 理解公司的业务现状、痛点，知道如何将行业最佳实践结合公司特点进行规划落地。

如果能做到以上几点，那么你在公司里一定是一个无法替代的资深专家，并且也会受到其他公司的认可。你的经验、知识、专业性将成为非常强的竞争壁垒，没有人能够轻易替代你。

2.3 B 端产品有哪些方向

我们已经了解了互联网行业的最新发展特点、市场对 B 端产品经理的旺盛需求，以及从事 B 端产品工作对个人成长的意义。现在，我们来进一步介绍 B 端产品的分类方向，帮助你对 B 端产品形成更全面、深刻的认识。

根据服务的对象，大体上可以将 B 端产品划分为三个方向：支持业务团队的**业务平台方向**、支持员工内部协同的**办公协同方向**，以及平台业务模式中支持供给方的**商家管理方向**，这三个方向覆盖了企业对内、对外所有的经营管理与业务运营工作。下面就来详细介绍一下这三个方向，以及每个方向下常见的产品和模块。

2.3.1 业务平台方向

供业务部门使用的产品，以及对这些产品提供基础服务支持的产品，可以统称为业务产品，属于业务平台方向。业务产品可以进一步细分出多条产品线，包括垂直业务线、基础服务产品线、交易平台产品线。

垂直业务线

该方向产品线为每一个具体的垂直业务单元提供支持，例如给销售团队使用的 CRM 系统、给仓储团队使用的 WMS 等，常见的产品如图 2-3 所示。

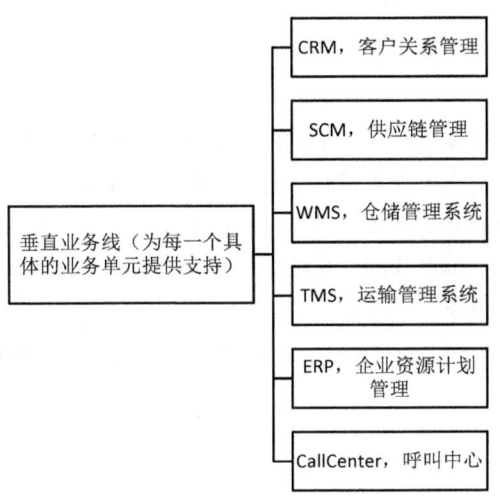

图 2-3　垂直业务线的常见产品

- CRM：Customer Relationship Management，客户关系管理。广义上的 CRM 包括从客户开发、管理、营销、服务的客户全生命周期管理；狭义的 CRM 是指给销售人员使用的销售过程管理软件。
- SCM：Supply Chain Management，供应链管理。广义的 SCM 包括完整的供应商管理、采购管理、仓储和配送管理；狭义的 SCM 指供应商管理。
- WMS：Warehouse Management System，仓储管理系统，用来支持仓库管理业务。
- TMS：Transportation Management System，运输管理系统，用来支持配送管理业务。
- ERP：Enterprise Resource Planning，企业资源计划管理。广义的 ERP 是一套庞大复杂的体系，涵盖原材料采购、生产制造、仓储配送管理、财务管理，甚至还包括客户管理、销售管理等；狭义的 ERP 常常被理解成财务系统，或轻量级的进销存系统。

- CallCenter：呼叫中心。广义的呼叫中心包括客服平台与话务平台，涉及软件、硬件、通信这一套完整体系；狭义的呼叫中心是指支持客服进行呼入呼出业务的软件系统，包括客服系统、质检系统、知识库系统等。

有一点请注意，在传统企业，人们习惯将软件产品称为"系统"，在互联网公司，则习惯称之为"产品"。虽然叫法不同，但实际上都是指软件产品。在本书中，提到"系统"或"产品"时，都是指软件产品。

基础服务产品线

在一家公司的软件体系中，各个软件产品是有一些共性需求的，例如各个产品都需要进行权限管理，各个产品都需要消息推送管理。如果为每个产品都实现一遍这样的需求，将会严重浪费开发资源，且导致软件架构冗余。因此，在软件体系搭建过程中，有必要将各个系统都需要的、功能重复的软件模块抽象出来，统一建设维护，所提供的服务叫作基础服务。

基础服务产品线需要给所有下游产品提供服务和支持，常见的基础服务产品如图 2-4 所示。

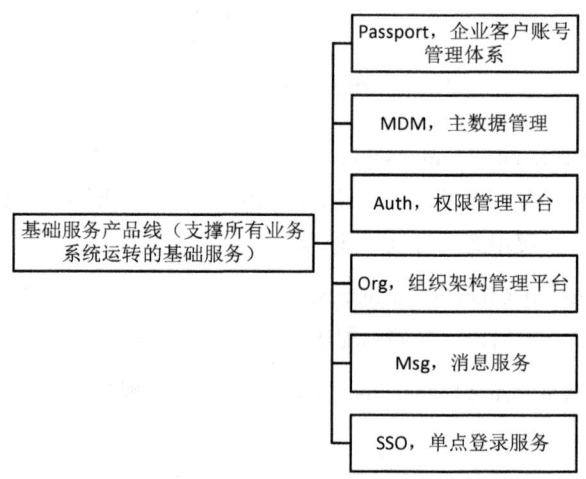

图 2-4　基础服务线的常见产品

- Passport：企业客户账号管理体系。对于开展了多个业务的企业，建设一套统一的客户账号管理平台，可以让客户更加顺畅、便捷地体验企业的所有产品和服务。

- MDM：Master Data Management，主数据管理。主数据管理是企业架构设计中非常重要的概念，简单来讲，一家企业应该有且只有一套客户资料存储系统和一套商品信息存储系统，以保证数据管理的一致性。
- Auth：Authorization Management，权限管理平台。公司的业务人员经常要访问不同的内部业务系统，如果针对每个业务角色在各个业务系统分别设置管理权限，那么管理成本将很高，并且浪费研发资源。常见的做法是通过集中的权限管理平台，把全公司业务系统统管起来。
- Org：Organization Management，组织架构管理平台。公司不同的业务团队有各自的管理层级，需要一套系统来统一管理业务团队的组织架构，并且允许其他业务系统获取组织架构数据。
- Msg：Message Service，消息服务。对于短信、通知、公告等各个业务系统常见的通用功能模块，条件具备时可以统一建设，避免重复开发。
- SSO：Single Sign On，单点登录服务。单点登录服务可以让用户只登录一次系统，就能访问所有接入单点登录服务的其他业务系统。单点登录服务是非常重要的业务系统基础服务，可以给用户带来极大的方便。

基础服务产品线涉及的这些概念和知识，可能会让很多读者觉得非常抽象、难以理解。不要着急，随着本书内容的深入，大家会逐渐理解这些产品及其背后的设计思路。

交易平台产品线

在电商[1]业务中，C 端产品负责拉新、转化，后台产品负责支撑业务，例如管理会员、商品、订单等。对于电商业务来讲，后台产品是一个非常独立、庞大且专业的体系，我们常把电商的后台产品称为交易平台，如图 2-5 所示。

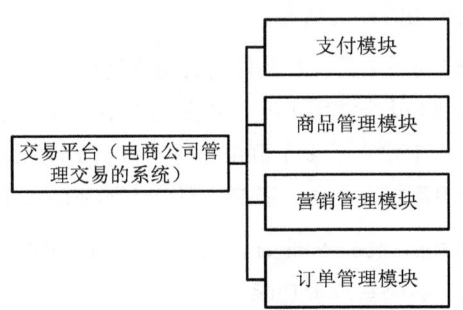

图 2-5 交易平台的常见模块

---

1 这里的电商，是指广义的线上交易电商，售卖的商品既包括实物商品，也包括虚拟商品和服务。

交易平台的概念比较宽泛，大体上包括支付模块、商品管理模块、营销管理模块、订单管理模块等，有的公司将 C 端的收银台和支付页也纳入交易平台的范畴。

交易平台的核心目标之一是支持公司的各种交易模式，比如某公司订单中心可能要同时支持团购订单、外卖订单、影票订单、无人货架订单；某公司交易后台可能要同时支持自营业务和第三方业务。

交易平台的部分模块可能会发展为公司的基础服务产品，例如支付模块就可能发展为集团的公共服务，为所有业务线提供支持。

2.3.2 办公协同方向

支持企业内部办公管理高效运转的业务系统，属于办公协同产品。多数公司对于内部办公管理没有太多个性化诉求，能提高办公效率就行，所以很多公司会购买成熟的办公协同产品。办公协同方向主要包括图 2-6 所示的产品。

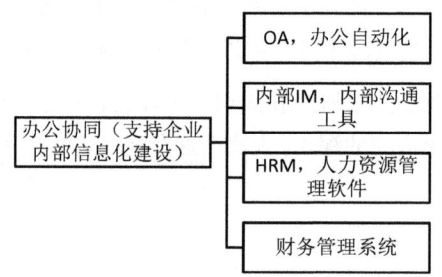

图 2-6 办公协同方向的常见产品

- OA：Office Automation，办公自动化。主要提供资料查询、单据审批等功能，是最基本、最常用的办公软件。
- 内部 IM：内部沟通工具，有条件的公司会选择自研，多数公司会选择钉钉、企业微信、Lync（外企常用）等。如果不用内部 IM 会怎样？假设你的公司用微信沟通，工作中建立了多个群组，每当有员工离职时，及时找到他所在的群并在每个群里删掉该员工，就是一件让人崩溃的事情。
- HRM：Human Resource Management，人力资源管理软件，包括招聘、简历管理、入职管理、薪酬管理等功能。
- 财务管理系统：这是专业性最强的业务系统，公司一般会采购成熟的财务软件。

2.3.3 商家管理方向

平台型互联网公司为商家提供了交易的平台。为了保证平台的持续、良性运转，公司需要对入驻的商家进行资质审核和服务管理，这就需要设计并开发企业内部使用的商户管理系统；同时公司需要给商家提供一套强大的经营管理后台，方便商家进行自主管理。从业务管理视角来看，商家管理方向大致分为图 2-7 所示的两个大系统。

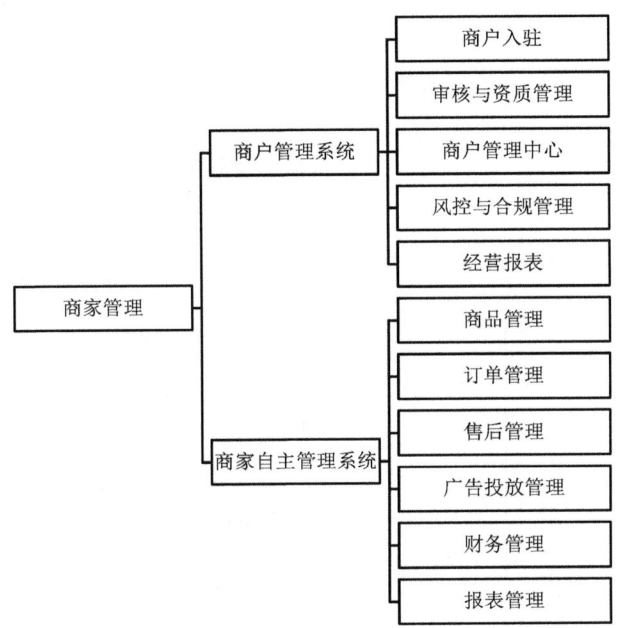

图 2-7　商家管理系统的常见模块

商户管理系统

对于入驻企业平台的商家，企业需要利用强大的后台系统来进行全面管理和控制，这就是商户管理系统，主要实现处理商家账号、管理商家订单、进行风险评估、资质审查等功能。

商家自主管理系统

商家成功入驻平台后，需要在平台上实现经营管理，因此企业还需要为商家提供自主管理平台，实现商品管理、订单管理、营销管理、售后管理等功能，有条件的平台还会实现广告投放管理功能。除此以外，还涉及财务管理、报表管理等功能。

给商家设计自主管理系统，需要从商家的视角出发，理解商家的经营管理诉求，这样才能设计出真正实用的系统。

2.3.4 小结

我们将上述介绍的产品方向汇总起来，绘制一张B端产品方向的整体示意图，如图2-8所示。

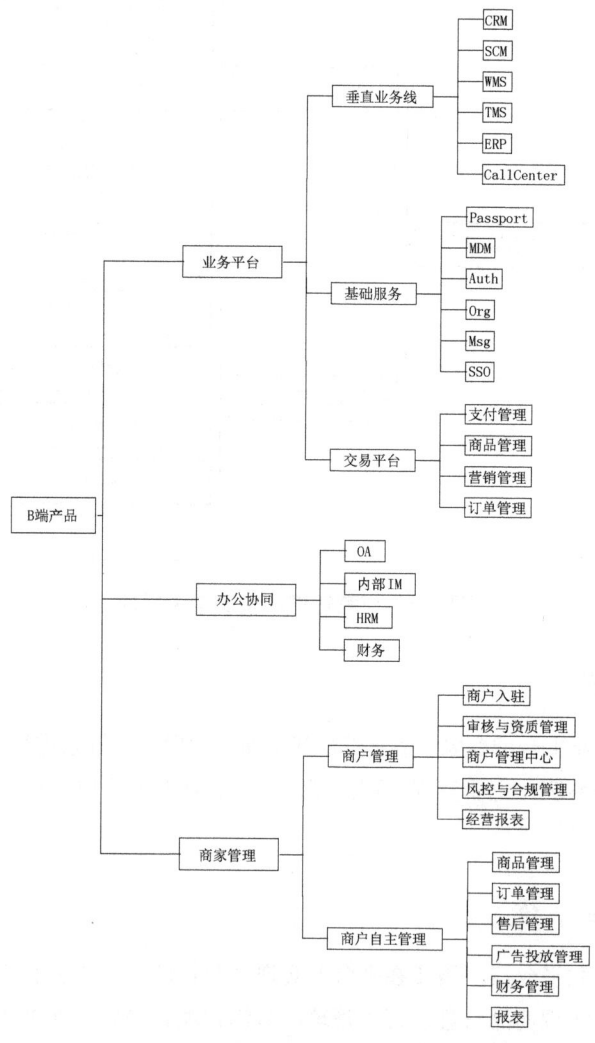

图2-8 B端产品的方向和分类

请大家注意，图 2-8 只是列出了一些常见的产品和模块，并不是企业中可能涉及的全部产品。而且，有很多产品不能归于某种单一类别，例如，支付产品既可以归于交易平台类，也可以归于基础服务类。我们的重点在于从整体上理解 B 端产品的范围，形成宏观的感受，而不必给每个产品贴上一个严格的类别标签。

2.4 如何转型 B 端产品方向

介绍了这么多，你是否也对 B 端产品产生了兴趣呢？如果你希望从其他方向转型 B 端产品方向，需要做哪些准备？有哪些需要注意的方面呢？下面对不同行业背景的同学转型 B 端产品方向给出一些建议，希望能对你有帮助。

2.4.1 其他方向产品经理如何转型

C 端产品经理如何转型

如果你之前负责的是内容类、工具类、社交类的 C 端产品，基本没有和后端打过交道，那么你可能会对 B 端产品感到非常陌生；如果你之前负责的是平台类、电商类的 C 端产品，工作中需要经常和后端打交道，那么你应该对 B 端已经有所了解。具体来说，C 端产品经理转型 B 端产品方向的优势、挑战和建议如下。

- 优势
  - 身处接触用户的一线，更加了解、理解用户。
  - 思维灵活，创新意识强，敢于大胆尝试。
  - 数据分析和处理能力强，善于以数据驱动决策。
  - 具备互联网项目管理运作的经验。
- 挑战
  - B 端产品和 C 端产品差异大，很多知识需要从零开始学习。
  - 需要花时间适应和业务方协作配合的模式。
- 转型建议
  - 将某个 C 端产品背后的业务方向，或者自己了解或对口的业务方向作为切入点。
  - 在项目中与 B 端产品或业务人员合作时，搞好人际关系，为内部转岗打下基础。

> 做好从零开始学习的心理准备，迎接全新的开始。

数据与策略产品经理如何转型

数据与策略产品涉及的知识本身就是 B 端产品经理应该了解和学习的。数据与策略产品经理转型 B 端产品方向的优势、挑战和建议如下。

- 优势
  > 拥有扎实的数据应用功底，可以直接应用于 B 端产品工作中。
- 挑战
  > 需要跳出相对细分、精专的领域。
  > 有不少业务知识需要重新学起。
- 转型建议
  > 从自己所做的业务切入 B 端。
  > 从数据报表可视化方向切入 B 端也是不错的选择。

商业变现产品经理如何转型

商业变现产品方向，尤其是广告相关方向，是一个专业性极强的领域。广告产品的 C 端以及策略部分，和 B 端业务基本没有交集。但是因为广告投放产品常常服务于企业客户，所以广告产品的管理后台方向和 B 端产品又有很大的交集。具体来说，商业变现产品经理转型 B 端产品方向的优势、挑战和建议如下。

- 优势
  > 广告后台产品设计经验可直接应用于 B 端产品设计。
- 挑战
  > 如果你只具备广告产品 C 端和策略的相关经验，那么需要从零开始学习 B 端产品的知识。
- 转型建议
  > 如果具备 DMP 经验，可以考虑从 Marketing CRM 方向切入。

AI 产品经理如何转型

AI 产品也可以分为 C 端和 B 端两个应用方向。以语音识别技术为例，语音识别技术被广泛应用于电话销售和客服领域，相关的产品就是 B 端产品；语音识别技术也被应用于语音指令、智能音箱等个人辅助领域，相关的产品就是 C 端产品。AI 产品经理转型 B 端产品方向的优势、挑战和建议如下。

- 优势
  - 对 AI 技术和领域熟悉，擅长让 AI 对 B 端业务产品赋能。
  - 如果本来就是 B 端的 AI 产品经理，则不涉及转型问题。
- 挑战
  - 如果本来是 C 端的 AI 产品经理，则需要从零开始学习 B 端知识。
- 转型建议
  - C 端背景的 AI 产品经理要做好心理准备，迎接全新的开始。
  - 尊重业务，让 AI 对业务赋能，而不能脱离业务，夸大 AI 的作用。

2.4.2 技术人员如何转型

我们知道，产品经理要具备商业、用户体验、技术这三方面的经验，其中技术部分最难弥补，因此技术人员转型产品经理是非常有优势的。具体来说，技术人员转型 B 端产品方向的优势、挑战和建议如下。

- 优势
  - 懂技术。因为懂技术，所以在考虑需求时能够衡量技术实现成本，不会提出太不切实际的需求；如果提出的需求不存在技术实现困难，却被技术人员搪塞推迟，还可以和他"用技术语言对话"，顺利推进项目。
  - 技术人员的逻辑思维和抽象能力往往很强，这在设计 B 端产品时很受用。
- 挑战
  - 技术人员喜欢做确定的事情，但产品经理做的都是不确定的事情，所以心态要调整，学会灵活变通。
  - 技术人员和代码打交道多，很多都不善言谈，转型产品经理后需要和各相关方沟通、协调，因此要培养自己的沟通能力。
- 转型建议
  - 尝试首先从业务角度思考问题，而不是从技术角度。
  - 敢于接受不确定性，并说服别人接受不确定性。
  - 从自己熟悉的产品方向做起。

2.4.3 传统 IT 人如何转型

传统 IT 信息化产业培养了大量高素质系统设计人才,不论是系统分析员、需求分析师还是项目经理,所做的工作都或多或少地和产品经理的工作有一些重叠。

我见过很多从传统软件公司转型互联网产品经理的人,他们在产品经理的岗位上做得非常成功。实际上,传统 IT 企业给互联网行业输出了大量专业人才,尤其是在 B 端产品领域,资深的传统 IT 从业者为互联网行业带来了更专业的设计理念和行业经验。例如,对于自研 HRM 系统的互联网公司来说,如果能挖到 PeopleSoft 公司(全球最大的人力资源管理商业软件公司)的相关员工,就可以充分发挥其专业的 HRM 领域设计能力,结合公司自身诉求,快速设计并落地产品。具体来说,传统 IT 人转型 B 端产品方向的优势、挑战和建议如下。

- 优势
  - 基础知识扎实,专业领域经验丰富。
- 挑战
  - 突破乙方思维,改变被动接收需求的习惯。
- 转型建议
  - 寻找与自己熟悉的方向对口的产品机会。
  - 培养通过数据分析业务并做出决策的习惯。
  - 尝试主动做出业务决策,改善业务。
  - 始终具备为业务结果负责的心态。

以上给出了转型 B 端产品方向的一些分析和建议。如果你想踏足 B 端产品,无论你是刚毕业的学生,还是其他岗位的从业者,你都需要清楚自己的兴趣、优势、劣势,当然,也需要了解 B 端产品这一领域。希望本书能帮助大家对 B 端产品形成全面的认识,帮助你做出更适合自己的选择。

如果你已经在 B 端产品领域中耕耘,也希望本书能够帮助你夯实基础、拓宽思路,帮助你在 B 端产品的道路上取得更多成绩。

产品经理是一个需要沉淀和积累的工作,在一个方向沉下心,长期坚持,成为新分领域的专家,你的竞争力就会越来越强。相信只要目标明确,足够努力,所有的经历和沉淀都会成为宝贵的财富。

设计篇
从业务诊断到形成方案

从本篇开始，我们将正式进入 B 端产品设计的主题：**如何从零开始构建一套 B 端产品，来支持一条业务线**。这其实是相当有挑战的，设计人员要完成业务梳理、流程设计、组织架构设计、数据建模、界面设计、权限设计等一系列工作，既要有对宏观的把控能力，又要有对细节的专注力。

为了便于大家理解，我们将结合一个完整的案例——设计一个分销平台，来讲述 B 端产品设计中各个环节的方法、要素和技巧。各章的主要内容如下。

第 3 章概述 B 端产品设计的一般流程，并引出贯穿全书的 M 公司案例的背景；第 4 章介绍 B 端产品的业务调研，这是产品设计开始之前的重要工作；第 5 章介绍 B 端产品的整体方案设计，一起分析并勾勒出产品的轮廓；第 6 章介绍 B 端产品的细节方案设计，包含 B 端产品细节设计的所有关键主题，例如业务建模、界面设计、数据埋点等。第 7 章介绍 B 端产品经理应该具备的技术常识，理解这些技术常识，对日常工作会有很大帮助。

很多产品经理入行后，可能一直在做迭代优化的工作，没有机会参与从 0 到 1 设计一套产品的过程。当积累了足够多的经验后，产品人一定要为自己争取或创造机会，亲历一次从零开始的产品设计与落地的过程，锻炼自己的全局性思维和设计能力。

现在，让我们做好准备，开始这场有趣的 B 端产品建设旅程吧！

第 03 章

B 端产品建设概述

B 端产品往往涉及复杂的业务关系和场景,该如何设计并实施一套 B 端产品呢?其实是有规律可循的,遵循标准的流程逐步开展工作,可以提升效率、少走弯路。本章将从总体上介绍 B 端产品建设的一般流程,以及流程中每个环节的要点。此外,我们还将对比 B 端和 C 端产品建设流程的区别,帮助大家理解二者的不同。

3.1 B 端产品的总体建设流程

开展 B 端产品建设时,会面临两种可能的业务情况:

- 业务还未开展,只讨论了初步的可行性,需要设计最低成本的试错方案。
- 业务已经通过线下的初步验证,现在需要系统支持,实现线上化,全面推进业务。

第一种情况不需要设计完整的产品,只需要设计一个方案,让业务以最低成本做初步尝试,论证可行后再考虑产品化支持。

第二种情况需要做全面的产品化支持工作,我们要讲的就是这种情况下的总体建设流程。

B 端产品的总体建设流程需要借鉴软件工程自顶向下的设计思路,从抽象到具体逐步展开工作,大体上可分为业务问题诊断、设计解决方案(包括整体方案和细节方案)、执行并优化解决方案(又分为设计技术方案、实施、迭代)三大阶段,每个阶段包含具体的关键步骤,不同阶段会涉及不同的参与人员,如图 3-1 所示(其中 PM 代表产品经理)。按照这个流程和思路来梳理业务、进行产品设计,比较容易保障工作效果。

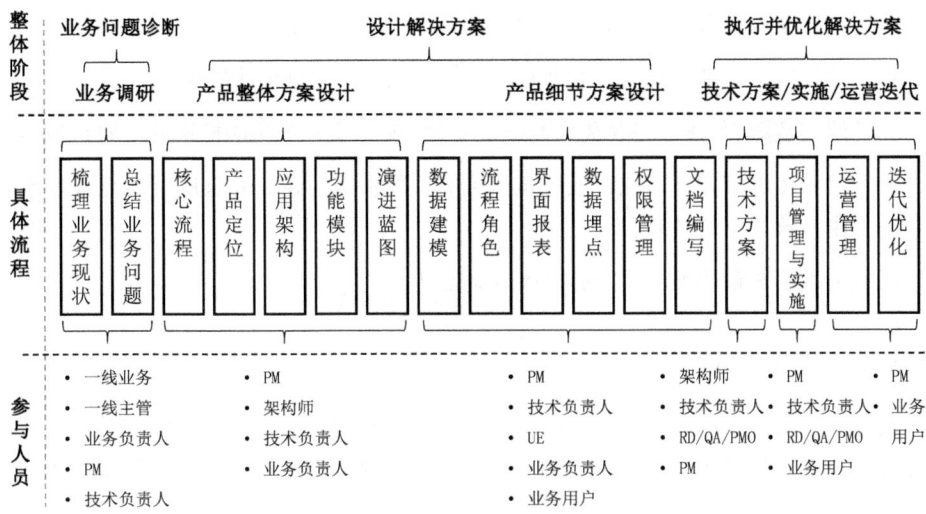

图 3-1　B 端产品的总体建设流程

业务调研

业务调研是在产品设计之前要开展的非常重要的准备工作，在这个阶段，产品经理要全面研究并理解业务的现状和规划，挖掘并总结业务问题。

在业务调研阶段，产品经理需要尽可能地用各种手段和工具收集业务关键信息，通过对业务负责人、一线业务人员等角色进行访谈，获取全面的信息；另外，可以邀请技术负责人一起参与业务调研，确保对业务的理解是一致的。

通过业务调研找到关键业务问题，这是设计产品解决方案的核心前提。

我们将在第 4 章详细讲述业务调研。

产品整体方案设计

B 端产品整体方案设计讲究体系性、结构性。基于对业务现状与发展方向的理解，产品经理需要和架构师、技术负责人一起，规划产品的功能范围、定位，以及和公司现有产品体系如何融合，形成对后续细节设计有指导意义的整体方案，包含以下方面。

- 核心业务流程：梳理整个业务主干流程，并确定其中哪些环节需要由该产品实现线上化。
- 产品定位：明确该产品有哪些子系统，分别支持哪些业务流程和业务版块。

- 应用架构：考虑该产品和公司现有系统的融合关系。
- 功能模块：基于对业务的理解，抽象出该产品的具体功能模块。
- 演进蓝图：根据业务优先级与发展策略，制订实现各功能模块的计划和节奏。

在产品整体方案设计阶段，业务负责人有必要参与讨论，并且所有参与者需要通过讨论得出一致认可的结果。

我们将在第 5 章详细讲述产品整体方案设计。

产品细节方案设计

梳理了核心流程、产品定位、应用架构、功能模块和演进蓝图，相当于完成了万丈高楼建设的规划蓝图；接下来的细节方案设计就要基于蓝图，逐一分析业务细节，设计产品的具体功能。

数据建模，也叫业务建模或领域建模，是细节方案设计中最重要的环节，是保证产品设计严谨可行的关键工作。只有基于对业务的理解，抽象出合理且灵活的数据模型，才能设计出有持续灵活性和扩展性的应用系统。在后续的学习中，你会慢慢理解为什么数据建模是产品细节设计成功的基石。

角色与流程设计会涉及业务团队的组织架构和岗位编制，需要产品经理与业务负责人一起讨论决定。

界面与报表是业务用户直接看到的部分，在设计时最好能提供可以体验的交互界面，让业务用户提前感受并反馈意见，减少不必要的返工。

我们将在第 6 章详细讲述产品细节方案设计。

技术方案设计

产品的整体方案、细节方案都设计好后，就需要技术人员做技术方案设计了，从而保证软件系统在正确的技术选型和合理的技术架构下进行编码开发工作。产品经理一般不需要直接参与技术方案设计，但还是有必要理解相关技术知识。

我们将在第 7 章讲述技术方案设计相关的内容，并梳理产品经理应该具备的技术知识体系。

项目管理与实施

技术方案设计完毕，接下来就要进入具体的开发实施环节了。

B 端产品往往涉及多个业务部门，需要多个业务系统的跨端配合，如何推进跨端项目？如何保证项目如期高质量交付？做好项目管理是关键：完善的项目管理机制可以保证实施环节顺利进行；相反，如果项目管理混乱，任意变更需求、扩大项目范围，就会导致项目无限延期。

我们将在第 8 章详细讲述互联网产品的管理，以及项目推进执行的相关问题。

运营迭代

新系统上线后，产品经理要和业务人员一起参与产品的运营迭代工作，包括宣传、推广、使用效果分析、问题和反馈意见的收集，以及持续的迭代优化。

B 端产品的运营管理工作有一定的独特性，因为 B 端产品都存在对应的业务方，而业务部门都会设立业务运营团队。在 B 端产品领域，产品经理、产品运营、业务运营三者的工作职责往往有所重叠，各自的工作内容该怎样分配？协作关系该怎样处理？处理好这些问题会让你的工作事半功倍。

我们将在第 9 章详细讲述 B 端产品的运营管理。

对于迭代优化工作，B 端产品也有自己的特点，我们需要管理好需求、分配好研发资源、选择合适的迭代模式。

我们将在第 10 章详细讲述 B 端产品的迭代优化。

3.2　B 端产品与 C 端产品建设流程的区别

在产品从 0 到 1 的建设过程中，B 端产品和 C 端产品在很多环节上是完全不同的。图 3-2 将两者的建设流程对比呈现出来了，我们可以清晰地看出两者的异同点。其中，C 端产品的建设流程是根据经验总结抽象出的常见流程，不同的需求和背景下的流程可能略有不同。

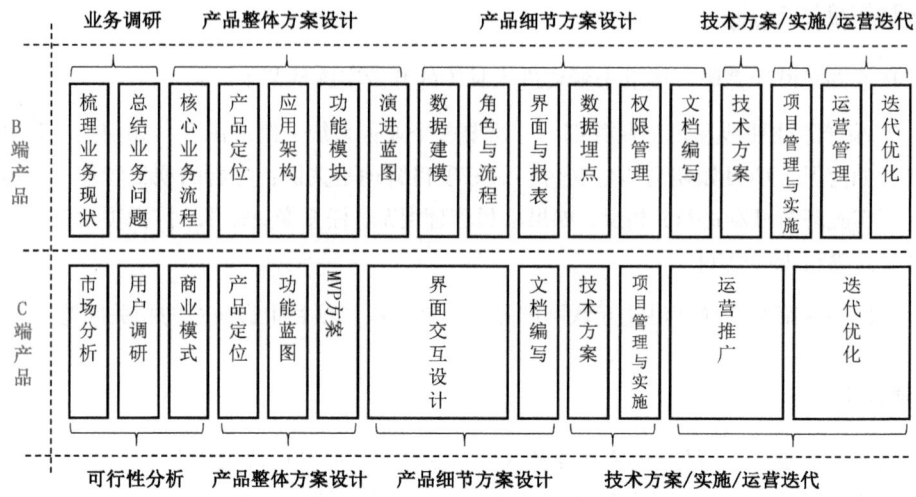

图 3-2　B 端产品和 C 端产品建设流程对比

从图 3-2 可以看出，B 端和 C 端产品的建设流程很大不同，具体体现在如下方面。

设计起点不同

进行产品设计之前都需要进行调研，这是设计的起点。因为 B 端和 C 端产品的定位、目标完全不同，所以两者的设计起点不同：

- B 端产品是为了解决业务问题而设计的，设计的起点是进行业务调研，研究业务问题。
- C 端产品要实现公司商业模式的落地，承载着公司的商业目标，设计的起点是对商业模式本身的分析与研究，包括市场分析、客户群分析等。

当然，如果是一家 SaaS 软件公司，设计的 B 端产品要卖给具体客户，那么设计的起点就和 C 端产品一样，是进行商业分析，而不是进行业务调研。

MVP 思路不同

MVP（最小可行产品，Minimum Viable Product）是《精益创业》一书中提出的产品理念，在互联网公司中被广泛接受并实践，简单讲就是用最小的投入去验证业务，通过快速迭代逐步优化。

在建设 B 端和 C 端产品时，大的原则是类似的，都是先做加法，即充分讨论、穷举所有需求和可能性；然后再做减法，选出最核心的需求点；最后设计具体方案并将其落地，用最短的时间和最低的成本支持业务启动。

但是在选取最小功能集合（或最小可行产品）时，B端和C端产品的区别很大：

- B端产品要支持业务整体运作，所以在选取最小功能集合时，即便再简化，也要保证一个核心业务流程的运转，因此B端MVP往往是一个具备一定复杂度的系统，不可能是一个或几个功能点。
- C端产品需要解决用户的痛点，需要挑选一个核心痛点去打动用户，如果核心痛点定位错误，就会导致验证失败。所以在选取最小功能集合时，C端产品要聚焦用户的核心痛点，C端MVP可能只包含一两个功能点。

细节设计不同

两类产品在细节设计上的关注点可谓完全不同。

- B端产品面临复杂的业务场景和用户场景，因此进行细节设计时，必须关注建模、抽象、角色、权限等问题。
- C端产品面临的场景相对单一，并且使用者是相对独立的单个用户，因此不用关心角色、权限管理，而要关注用户的体验，需要在交互设计上投入很大精力。

对运营的依赖程度不同

相对B端产品来说，C端产品对运营更依赖：

- B端产品上线后，要进行全员宣导培训，产品运营工作相对简单。可以说，B端产品上线后肯定有用户使用，因为公司会要求自己的业务团队使用新产品。
- C端产品上线只是走完了万里长征的第一步，接下来需要运营团队进行持续推广，并且通过快速迭代迅速优化产品，响应用户需求。可以说C端产品上线后还要靠运营团队继续奋战，才可能走向成功。在图3-2中，我们将C端产品运营迭代的过程绘制得更长一些，以体现运营工作对C端产品的重要性。

3.3 案例：M电商公司的渠道分销产品设计

通过3.1节的讲解，大家对B端产品的整体建设流程应该有了初步认识。接下来，我们会通过一个**贯穿设计篇和管理篇**的大案例，按照图3-1中的流程，带领大家一步步搭建一个 B 端产品。首先，我们来介绍一下案例的背景。

3.3.1 案例背景与目标

背景

M 集团是一家经营了十几年的成功企业，旗下拥有零售连锁超市、生鲜电商、金融理财多条业务线，业务发展良好，系统建设成熟。

M 公司是 M 集团下属的电商公司，成立 5 年，主营生鲜商品，以 C 端客户为主，业务稳定。

M 公司在三个月前尝试开展**分销业务**[1]，成立销售团队，开发分销商合作伙伴。分销业务的**目标客户**是大型的餐饮连锁集团，以及大型生鲜分销商等企业级客户。

业务试点在北京、上海开展，三个月以来业务发展迅速。目前分销业务月流水 50 万元，以每月 20%的增幅快速发展。但是，在高速发展中，若干流程、管理、风险问题越来越突出。

诉求

由于分销业务发展迅速，现急需配套的软件系统来提升业务效率，控制经营风险。

评估

经管理层评估，公司决定投入研发资源建设软件系统，支撑分销业务发展。项目期间 CTO 全力提供资源支持。

目标

在 2~3 个月的时间内搭建一套**分销业务平台**，至少支撑分销业务在未来 2 年内的高速发展，有效地提升效率、控制经营风险。

以上就是案例的大概背景。之所以选择一家集团企业下属电商公司的分销业务作为案例，是因为它非常有代表性：

---

1 分销渠道是非常重要的商品销售渠道之一，它介于商品的生产者和终端消费者之间，帮助生产者将商品批量推广到下游经销商或终端客户。分销业务具有薄利多销的特点。

- 首先，M 集团是一家成熟集团，拥有完善的应用架构，大家可以了解如何将新设计的产品与公司现有产品架构融合。
- 其次，分销业务场景具备足够的复杂性，既要支持公司对客户的运营管理，又要支持客户的自主管理，涉及的系统具备比较全面的功能。
- 最后，分销业务模式涉及复杂的多层级子母账号[1]管理和组织机构管理，这是 B 端产品设计中的典型问题，也是设计的难点。

为了让大家更加聚焦产品设计而非业务规则，我们将会对一些无关紧要的业务细节做处理，大家阅读时请重点关注业务分析、产品设计的思路，忽略案例中可能存在的数据和流程上的小瑕疵。

3.3.2 制订工作计划

假设你是产品经理，接到公司安排的这项任务：在 2~3 个月的时间内搭建一套支撑分销业务的软件系统，你会怎样入手呢？这是一项大任务，产品经理首先需要做的是梳理工作思路，拆解任务，并制订时间计划，只有严格遵循时间计划执行工作，才能保证整体工作有序展开，如期落地。

在制订项目计划时需要略微卡紧节奏，我们按照两个月来安排，这样能够为各种意外情况留一些应对时间。假设目标是两个月时系统一期上线，进行倒逼排期：最后一到两周联调，往前三到四周开发，最开始的三周完成业务调研、方案设计工作（如图 3-3 所示）。当然，这只是产品经理初步安排的时间表，接下来需要尽快了解更多信息和情况，才能做出更合理细致的时间预估。

---

[1] 母账号（也叫根账号）是供客户或机构用户使用的最高级别的管理员账号；子账号一般是分配给具体业务人员使用的个人账号。

序号	任务	负责人	进度	前置任务	Jun W1	Jun W2	Jun W3	Jun W4	July W1	July W2	July W3	July W4
1	业务调研	产品经理，业务人员	100%	—	■							
2	系统整体方案设计	产品经理，架构师	10%	1		■						
3	系统细节方案设计	产品经理	0%	2			■					
4	技术方案设计	研发人员	0%	3				■				
5	xxx模块开发	研发人员	0%	4					■			
6	yyy模块开发	研发人员	0%	4					■			
7	联调	研发人员，测试人员	0%	5、6							■	
8	上线	研发人员，运维人员	0%	7								■

图 3-3　分销平台项目整体计划表

图 3-3 是一个简化版的甘特图，虽然简单，但非常实用。左侧列出了拆分后的具体任务、负责人、进度，右侧列出了项目计划的时间周期，采用了比较粗的周粒度来计划时间，这样，任务的先后顺序、时间计划就都清晰了。在刚开始的阶段，这个表格可能只是产品经理自己的行动计划，并没有向团队或项目组展示，但是它可以让产品经理对事情有基本的判断和预期。随着工作的深入，工作表会被拆分得越来越细，甚至细化到天，每日跟踪计划和风险点，保证项目如期进行。

当我们接手一件比较复杂的工作时，制订明确的工作计划是一种良好的工作习惯。即便是个人管理使用，梳理思路并拆解出关键任务和计划的时间点，也是非常有必要的，会让自己感到踏实，有节奏感。如果没有进行时间管理，则很容易感到焦头烂额，难以控制。因此，不论做什么事情，都应该先从总体上理清思路，列好时间计划。

制订好工作计划，我们进入业务调研环节。

第 04 章

B 端产品的业务调研

在设计任何产品之前,都需要先分析市场和业务,这样才能保证产品满足实际需求,并且顺利落地;未经过充分业务调研的设计方案只能算凭空想象的空中楼阁,脱离实际,难以落地。

对于 B 端产品来说,通过业务调研,能够从经营思路、管理模式等多个维度全面透彻地梳理业务,总结业务面临的问题,是掌握业务情况的有效手段。

业务调研要讲究方法和技巧,了解并运用这些方法和技巧,能够让业务调研工作事半功倍;反之,很可能没有太大的收获,无法为设计提供有效的参考。

本章将首先介绍 B 端产品业务调研的流程、目的和分析框架、方法,及其与 C 端产品业务调研的区别;最后以 M 公司的分销平台的业务调研为例,陈述 M 公司的业务现状和问题,这将是整个后续产品方案设计的重要参考和依据。

4.1 B 端业务调研的流程

与各种调研活动的流程类似,B 端业务调研的核心流程包括明确调研目标、选取调研对象、确认调研方法、执行调研计划、总结归纳输出几个环节,如图 4-1 所示。

图 4-1 B 端业务调研的一般流程

4.1.1　明确调研目标

调研目标即调研的目的，有了明确的目标，工作才能朝正确的方向开展，因此这一步非常关键。具体应该如何确定调研目标，详见 4.2 节。

4.1.2　选取调研对象

对于 B 端业务调研，调研对象一般包括业务高管、业务经理、一线业务人员、合作伙伴高管、合作伙伴经理、合作伙伴一线人员等。

针对高管，可以了解业务战略定位、战略目标等信息；针对经理或负责人，可以了解业务的管理思路、经营思路等信息；对于一线业务人员，可以获取作业过程、操作细节等信息。

针对 M 公司，我们计划安排调研对象为：分销业务负责人 1 人，运营专员 1 人，北京、上海业务主管各 1 人，一线销售人员 2~3 人，北京、上海各选择一家分销客户。

4.1.3　确认调研方法

调研方法包括定性分析法和定量分析法，具体包括访谈、轮岗实习、问卷调研等方法。在实践中，需要结合具体情况选取合适的调研方法，例如，某业务团队一共有 10 人，可以很方便地对每个人都进行访谈，因此就没有必要准备调查问卷了；又如，某个项目预留的调研时间非常紧迫，因而无法安排轮岗实习。

关于业务调研方法的具体介绍，详见 4.3 节。

针对 M 公司，因为项目时间紧张，所以不打算安排轮岗实习；此外，业务团队目前一共不到 10 人，因此直接通过一对一访谈以及全面的数据分析，来摸清目前业务的现状、问题和规划。

4.1.4　执行调研计划

如果前面的准备工作做得足够充分、细致，那么具体执行时就会相对顺利且有效。调研工作需要耐心，需要专注和投入，每天晚上结束后还要整理素材或资料，保证获取的所有信息都能被及时准确地记录下来。

4.1.5 总结归纳输出

业务调研的主要目的是掌握业务情况、诊断业务问题。调研结束后，要产出一份详细的调研报告，总结业务现状和问题，并确定各个问题的优先级，以便为后续的方案设计和实施路径提供决策支持。

需要注意，设计良好的 B 端系统能够规范流程、提升效率，但这不代表所有的业务问题、管理问题都可以通过软件系统来解决。一个优秀的团队用 Excel 也可以管理好业务，只是到一定规模后效率会变低（关于这个话题本书后续章节还会探讨）。有了这样的基本认知，产品经理在梳理问题时就要做出判断，哪些问题可以用软件系统提效，哪些问题和软件系统无关，更适合用线下方式处理。

关于调研输出的示例，详见 4.5 节。

4.2 B 端业务调研的目的和分析框架

在开始业务调研之前，需要明确调研的目的，这样才能安排好调研的计划和方法，让调研工作有效果、有价值。一般来讲，业务调研有两个重要目的，一是**梳理业务现状**，二是**总结业务问题**。

那么，面对一项并不熟悉的复杂业务，该从何处切入呢？我们可以参考典型的业务分析框架，如图 4-2 所示，我们按照它拆解并分析业务，就可以分析得全面、透彻，梳理出现状，总结出问题。这个分析框架也体现了一个业务在开展前自顶向下进行规划的思路。

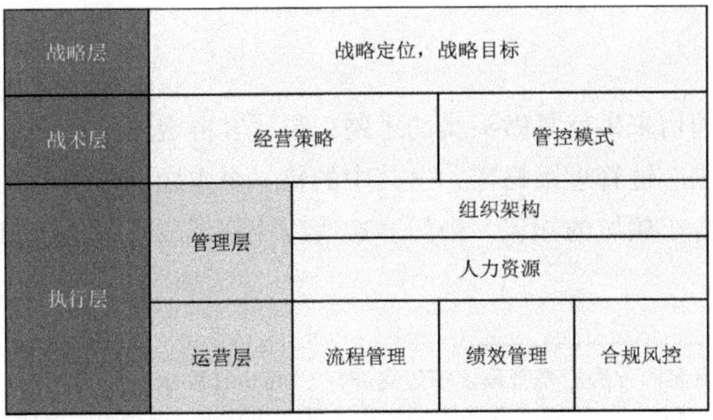

战略层	战略定位，战略目标			
战术层	经营策略		管控模式	
执行层	管理层	组织架构		
		人力资源		
	运营层	流程管理	绩效管理	合规风控

图 4-2 典型的业务分析框架

4.2.1 战略层

战略层包括业务的战略定位和战略目标。战略是公司关于生产经营活动的顶层设计，决定了公司的走向和资源的聚焦点；战略决策会对公司的经营发展甚至存亡产生影响。公司战略[1]是管理学中很重要的研究范围，制订战略需要研究市场、经济、环境等方方面面因素。

业务调研首先要明确该项业务在公司中的战略定位，因为战略定位会决定具体的经营策略，并最终影响产品方案设计。理解战略定位、战略计划，可以在产品方案设计的关键点上做出正确选择。

例如，某集团决定以独立品牌开启新业务，希望两个品牌之间隔离，不希望消费者认识到两个品牌同属一个集团。基于此战略定位，在设计产品体系时，可以考虑重新搭建一套客户资料库，和公司已有客户池隔离，两个品牌的用户账号体系也进行隔离，客户需要分别注册账号来体验两边的服务。当然，这会在一定程度上影响两边业务人员做一些离线的客户资料打通分析。

反之，如果集团希望消费者认识到两个品牌属于一个集团，那就是完全不同的战略定位了，所做出的设计也会完全不同，需要采用一套账户体系，以保证集团层面客户资料的唯一性，以及客户体验感知的一致性和便利性。

4.2.2 战术层

战术层是对战略层的认知进一步具象化的层级，可以从经营策略、管控模式两个方面开展分析。

经营策略

经营策略，通俗来讲就是做买卖的思路，包括客群定位、定价策略、营销策略、渠道管理策略、供应链管理策略等，这其中的每一个主题都涉及庞大的知识体系，产品经理需要扩充各个领域的知识，最好对这些版块都形成基本的认知，这会对工作的顺利开展有帮助。

---

[1] 研究公司战略最有名的方法论是管理学家迈克波特（Michael Porter）在 20 世纪 80 年代提出的五力模型（Five Force Model）。随着经营环境的变化，更多的方法论被提出，例如互联网公司比较推崇的研究商业模式和公司战略的工具精益画布（Leads Startup Canvas），还有分析外部环境的 PEST 模型（Political Economic Social Technological），分析内部业务的波士顿矩阵（BCG Matrix）等，有兴趣的读者可自行查阅相关资料。

业务调研的目的之一是理解公司的经营策略，确保对产品的定位、形态做出准确判断。

例如，某流量巨头 App 对销售渠道做了这样的规划：针对一线城市，计划开展大客户地推直销、中小客户电销直销；针对二三线城市，计划开展代理商合作模式。有经验的产品经理应该敏感地意识到这几种销售模式区别非常大：大客户地推直销业务重在线下销售过程管理，中小客户电销业务重在电话作业流程管理，代理商合作业务重在业绩核算分析。三种业务模式的重点完全不同，需要建设的系统也不同，CRM 产品设计上一定要分别建设，不能糅在一个系统中。

管控模式

管控模式是指集团对下属企业的集权、分权管理策略，也可以指总公司对分公司的运营管理策略。不同的管控模式所需的配套管理系统当然大不相同，因此这也是 B 端业务调研需要弄清楚的事项。

例如，有些公司会把运营决策权下放到分公司，并提供足够的经费支持；而有些公司会把运营决策权集中到总部，分公司只负责执行。系统需要具备灵活的权限管理体系，随时支持管控模式的调整和变化。

4.2.3 执行层

执行层包含比战术层更具体的执行策略，包括管理层和运营层两方面。

管理层

在明确了经营策略、管控模式等基本方针后，需要梳理组织架构关系，以便对组织架构做出优化；还需要明确人力资源计划，从管理角度保障上层策略的落地。这是业务调研的又一个目标。

运营层

接下来就是明确具体业务流程、绩效管理、风险控制等更加细节的规则，以便在实际运营中推进上层策略的落地。其中，梳理具体业务流程[1]是理解并掌握业务的重要

---

[1] 除了新业务需要梳理业务流程，还有很多已有业务需要重构不合理的业务流程，即业务流程重构（BPR，Business Process Reengineering），这是管理学中一个很重要的概念，已经有大量的理论和实践积累。

途径，同时也能理清楚人员、岗位、职责的关系。流程合理会让管理和运营提效、风险可控，这也是 B 端产品的重要业务价值之一；流程不合理，会导致成本增加、服务质量降低。

还要留意一点，流程规范化是一把双刃剑，一方面可以规范管理，另一方面可能导致僵化死板，在梳理、设计互联网公司的业务流程时要把握好尺度。

关于组织架构和业务流程的业务调研示例，详见 4.5 节。

4.3 B 端业务调研的方法

B 端业务调研的常用方法包括深度访谈、轮岗实习、调研问卷、数据分析、行业研究。这些方法使用起来都有一些技巧和注意事项，下面我们就来一一介绍。

4.3.1 深度访谈

深度访谈是了解业务全貌的最快的手段。通过一对一面谈，可以直面问题，迅速获得答案。在做深度访谈时，产品经理就像一个记者，要在有限的访谈时间内，赢得访谈对象的信任、好感，获得有价值的信息。深度访谈有以下注意事项。

准备好访谈大纲

提前准备好访谈思路、大纲、问题，选好访谈对象，想清楚通过访谈想要了解什么。如果事前没有做好准备，就好比记者采访前没有准备好提纲，必然会导致对话内容发散、混乱，无法收集到足够多的有效信息。典型的访谈大纲模板如图 4-3 所示。

调研访谈表					
访谈对象	×××	部门	×××	职务	×××
联系电话	×××	Email	×××	微信	×××
访谈时间	2019-06-15 14:30-17:10		访谈地点	北京分公司	
访谈人员	×××				
访谈目的	了解KA销售的数据需求				
访谈记录	将访谈内容详细记录于此				

图 4-3　典型的访谈大纲模板

从高级别人员开始访谈

从高级别人员开始访谈工作,按照从概览到局部、从全局到细节的顺序研究业务,更容易把握整体调研工作的脉络和节奏。如果一开始就陷入细节的汪洋大海,会导致抓不住关键问题。

提前研究访谈对象

访谈前要从各种渠道了解访谈对象的背景,尤其针对高级别访谈对象,了解得越充分、细致越好。比如,有些访谈对象可能在项目中是利益受损方,如果提前不知道这个情况,可能会得到很多干扰信息,对决策和判断产生影响。

和访谈对象保持联系

访谈结束后,最好和访谈对象建立长期联系,尤其是一线业务人员。人和人面对面聊过后,会产生基本的信任感和好感,要借助访谈的机会,拉近和业务人员的距离。如果后续项目中遇到问题,想获取最真实的一线反馈,可以联系之前的访谈对象,寻求帮助。

4.3.2 轮岗实习

轮岗实习是指,产品经理深入一线,直接体验一线业务人员的具体工作,这是深入了解业务的最好方法。

做产品经理,最忌讳的就是凭自己的主观感觉进行设计,脱离实际。如何准确挖掘客户的真实需求?要么不断地和客户沟通、确认,要么直接和客户一起工作,看看到底遇到了什么问题。

假设你是一家外卖公司的配送产品经理,负责设计配送员接单用的 App。如果你不了解配送员实际工作的复杂性与突发性,怎么能做好产品设计?最好的办法就是,去做两周配送工作,理解真实工作场景,再总结提炼问题,并设计解决方案。

再举一个例子,某 P2P 公司催收业务部向产品经理反馈一线催收员压力大、人效低,系统不好用,提了一堆需求,要对催收外呼系统做各种改动。产品经理收到需求后,并没有马上开始编写 PRD(产品需求文档,第 6 章会介绍),而是去催收部做了一周的催收工作,并且和一线员工打成一片,深入沟通,最终发现业务人员抱怨大的主要原因并不是系统不好用,而是呼出的电话 80%都打不通,极大地影响了效率。为此,产品经理只做了一件事情：采用预测试外呼的技术手段，即系统自动呼出电话，客户接通后马上给空闲的业务人员弹屏提示，这样保证业务人员的时间花在了和客户沟通上，而不是不停地尝试拨打无人接听的电话上。功能上线后，催收人员效率极大提升，从根本上提高了人员效率。

深入一线是产品经理有别于传统需求分析师的重要特征之一。如果不能深入一线，而只是被动地接受需求，产品经理的价值就会大打折扣，产品经理的成就感和积极性也会越来越弱。只有投身于一线，才能深刻地理解业务，做出正确的决策。产品经理要当一个冲在前线的人，而不是在后方拍脑袋的人。

4.3.3 调研问卷

线上的调研问卷是比较灵活的调研手段，既可以进行定性分析，也可以进行定量分析，并且很容易推广。问卷的内容设计一定要谨慎，因为一旦问卷发出，就无法修改问题了，如果辛辛苦苦收回了大量反馈，却发现当初的问题设计不合理，是多么让人崩溃的事情。设计调研问卷时要注意以下几点。

激励用户完成填写

问卷调研首先要确保能够回收足够多的、有效的反馈结果。如果问卷冗长、乏味，用户填写到一半很可能就离开了，因此要控制问卷的长度。在问卷的开头部分，最好告知问卷设计的目的、预计占用的时间，以便填写者有大概的心理预期。最好能带一些活动礼物，提高大家参与的积极性。

控制好开放式和封闭式问题

问卷中的开放式问题和封闭式问题的比例要合适。一般来讲，建议大部分使用封闭式选择题，以便获取定量分析的数据支撑。在问卷结尾可以留一到两个开放式问题，以保证调研对象可以自由表达想法。如果开放式问题超过 2 个，你需要谨慎地思考每个开放式问题的意义是什么，是否必须采用开放式。毕竟很少有人愿意花时间填写大段的文字。

避免诱导性问题

在问卷设计中，要避免诱导式的提问，例如"我们要做一个更好的个人管理功能，您会使用吗？"而要尽量采用中性描述，例如，"您使用这款产品的体验如何？"

也尽量不要设置非此即彼的问题，例如"您是否喜欢我们的产品呢？"可以提供多个描述主观感受的选项供调研对象选择。注意，选项要采用平均切分主观感受的描述，例如可以采用"非常喜欢""喜欢""一般""不喜欢""非常不喜欢"这样的设计，而不能采用"非常喜欢""较为喜欢""一般喜欢""喜欢""不喜欢"这样的设计，因为后者提供的五个选项中有四个都是"积极的"回应，显然有失公正性。

谨防"幸存者偏差"

英军曾经对战斗结束后的飞机进行检查分析，发现机翼部位的弹孔较多，因此判定机翼是战斗机交战中容易受到攻击的部位，从而决定加强机翼装甲。但实际上，战斗中坠落的飞机大都是因为腹部受到了攻击，腹部才是战斗机最薄弱的地方。幸存的战斗机对分析工作产生了误导，这叫幸存者偏差。

在实际工作中经常存在"幸存者偏差"，例如，假设你需要收集业务团队对某功能的评价，选择了在北京团队投放问卷，但实际上北京团队很少使用该功能，因而得到的反馈无法反映真实的状况，价值不高。在问卷调研工作中，要当心"幸存者偏差"，分析并选择合适的样本。

4.3.4 数据分析

调研时，有必要掌握业务的关键过程指标和结果指标。

对于分销业务来说，过程指标包括新客户开户时长、订单处理时长、分拣配送时长、销售拜访量、新销售线索进量、销售线索转化率等；结果指标包括订单量、客单价、收入、成本、利润率等。

产品经理要像业务经理那样关心业务运行的各项数据，这样才能了解业务现状，并进行业务诊断。

4.3.5 行业研究

虽然 B 端产品和业务的竞品调研比较难做（4.4 节会讲到），但行业研究依然要尽力而行，收集的信息越多，帮助越大。行业研究可采用如下方式。

研究针对业务相关领域的经典管理案例

尽管互联网创新灵活，有很多独特的业务模式，但现代企业经营管理与业务运营的本质并没有变,总可以找到模式类似的经典管理案例进行分析参考,例如供应链管理、渠道管理、定价策略,不论是理论还是实操知识,都可以在网上获取大量参考资料。

研究市面上同类业务的商业软件特点

目前市面上大多数管理软件都有可以免费试用的 SaaS 版本,或具备丰富的应用案例资料。例如,如果研究 CRM,可以试用 SalesForce、销售易等;如果研究电商 ERP,可以试用管家婆、商派等;如果研究报表可视化,可以试用 Oracle BIEE、IBM Cognos、Tableau、百度指数等。

实际上,企业经营管理所需的各类管理软件都能在市面上找到大量成熟的商业软件产品,完全可以研究参考。

4.4 B 端产品与 C 端产品业务调研的区别

业务调研,在 B 端产品领域一般就叫业务调研,在 C 端产品领域叫用户研究,因为 C 端产品面向的是终端用户,需要更多地从用户体验的角度进行调研分析,一般由用户研究团队负责,不一定由产品经理执行。

从总的调研流程来看,二者是类似的,但在调研目标、调研对象、调研方法上都有所不同,如图 4-4 所示。

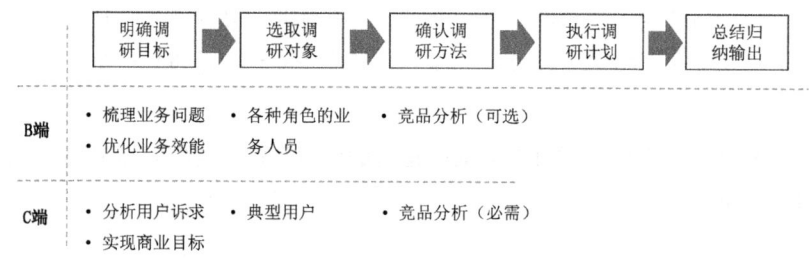

图 4-4 B 端与 C 端产品业务调研的区别

4.4.1 调研目标不同

B 端产品面向企业用户,产品目标是更好地支持业务运转。所以调研目标是分析业务现状和业务问题,为方案设计提供支撑,最终解决企业的业务问题,提升运转效率。

C端产品直接面向终端用户，而且一般是承载着公司的商业目的（可能是变现，也可能是获取更多流量，等等）的。所以调研目标是获取真实有效的用户需求和体验感受，以便后面结合用户的需求、痛点设计解决方案，最终实现商业诉求。

4.4.2 调研对象不同

B端产品的目标用户是一个组织或机构，所以调研对象要涵盖组织机构中的不同人员，从高层管理人员到一线执行人员，关键角色要全部覆盖。

C端产品的目标用户是独立的个体，所以调研对象一般都是个人，主要是基于用户细分和用户画像的代表性用户。

4.4.3 调研方法略有不同

B端产品和C端产品的调研方法大体相同，但在竞品分析的处理上区别很大：

- C端产品必须做竞品分析，因为将来需要和那些已经存在的同类产品瓜分用户。C端产品的竞品分析做起来比较容易：作为普通用户体验各个竞品，就可以写出一份完整的竞品分析报告。
- B端产品的竞品分析则是选做的，因为不同公司的业务流程、模式都不一样，需要的系统也不同。并且如果真的做，难度比较大，因为我们很难从公开渠道获取、分析竞争对手的业务运营管理机制。

4.5 案例：M公司分销业务调研总结

通过上述介绍，大家对B端产品业务调研应该有了较详细的了解。在开始看具体案例前，还要说明一点，业务调研可以分为两种情况：一种是对新业务（打算开展，尚未开展）的业务调研，调研重点在于市场分析、行业分析、竞品分析等；第二种是对于已有业务（已经在开展）的业务调研，调研重点在于梳理当前的现状和问题。本书M公司的分销业务调研属于第二种情况。

现在回到案例，针对M公司的分销业务，我们确定的调研目标如下：

- 了解生鲜B2B业务线相对于整个M集团的战略定位，及其战略目标。
- 了解该业务的经营策略、管理模式。

- 了解当前业务的线下运作方式与细节，包括组织架构、业务流程等。
- 梳理业务问题与痛点，确定优先级。

产品经理通过访谈、数据分析等方法，整理出了分销业务的现状和问题。

4.5.1 业务现状梳理

战略定位和战略目标

通过对 M 公司高层的访谈，我们确定 M 公司对分销业务的战略定位是，扩充并尝试新销售渠道，发展高端零售的分销通路；战略目标是在 3 年内打入主要一二线城市高端零售分销市场，并站稳脚跟，形成初步竞争力。

经营策略

通过对业务负责人的访谈，我们了解到 M 公司对分销业务给出的经营策略是，目标客户群体是大型的餐饮连锁集团，以及大型生鲜分销商等企业级大客户；定价策略是能够基本覆盖采购、仓配成本加运营管理成本，不追求利润率，甚至可以在一定范围内略微亏损，以快速占领市场；供应链采用当前 C 端供应链体系，即现有的仓配服务。

管控模式

通过对业务负责人的访谈，我们了解到 M 公司对下属部门采取了事权下放的管控模式，下属部门在遵守基本规则的前提下拥有售卖定价权、运营管理权等权利。

组织架构

通过对业务负责人的访谈，我们梳理出当前分销业务部基本的组织架构图，如图 4-5 所示。分销业务部是独立运营的新事业部，负责人直接向 CEO 汇报。分销业务部下属的运营部由分销业务部直管，支持北京和上海分公司的运营工作，包括客户资料审核、报价管理、订单管理、账期回款等，北京和上海分公司只安排了销售人员，负责开发客户。这是业务开展初期能够快速运转的一种团队结构安排。通过梳理组织架构图可以理解人员结构和岗位设计，为系统的权限管理设计做好准备。

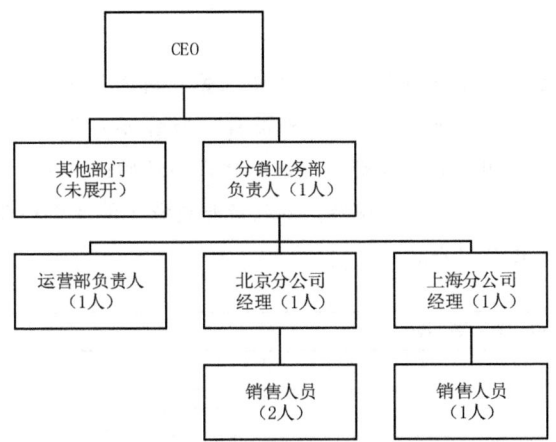

图 4-5　M 公司分销业务目前的组织架构图

根据与分销业务部负责人沟通，分销业务的管控模式将进行如下调整：

- 计划北京和上海分公司各自成立运营部，自己直接管理运营工作，不再由分销业务部统一管理。业务负责人希望通过这样的调整，将决策权下放给分公司，让分公司实现更灵活的经营管理，提升效率。
- 随着分销业务的规模不断增大，风险控制的需求越来越凸显，因而公司决定在分销业务部下面成立业务支持与风控部门，负责整体把控运营执行情况，控制分公司运营风险。

图 4-6 是计划调整后的组织架构图，其中深灰色的节点为计划新增加的业务单元。

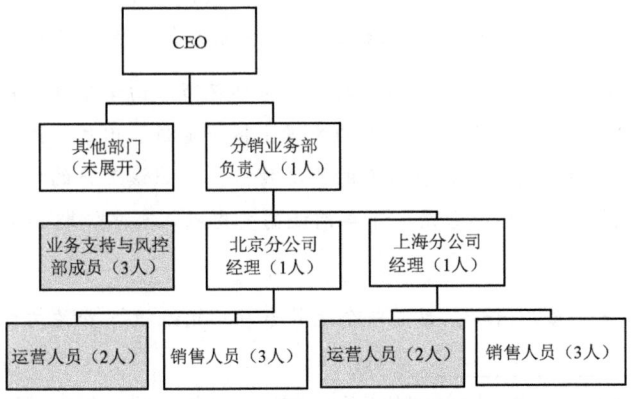

图 4-6　M 公司分销业务计划调整后的组织架构图

业务流程

经过对业务负责人、业务运营人员、销售主管、销售人员以及分销客户进行全面访谈,我们绘制出目前分销业务的手工作业流程,如图 4-7 所示。图表采用了经典的泳道流程图,横轴代表相关的业务部门,纵轴代表涉及的业务系统。这种方式可以清晰地描述业务在不同部门之间如何流转,以及流转过程中涉及哪些业务系统。第 6 章会进一步介绍流程图的绘制要点。

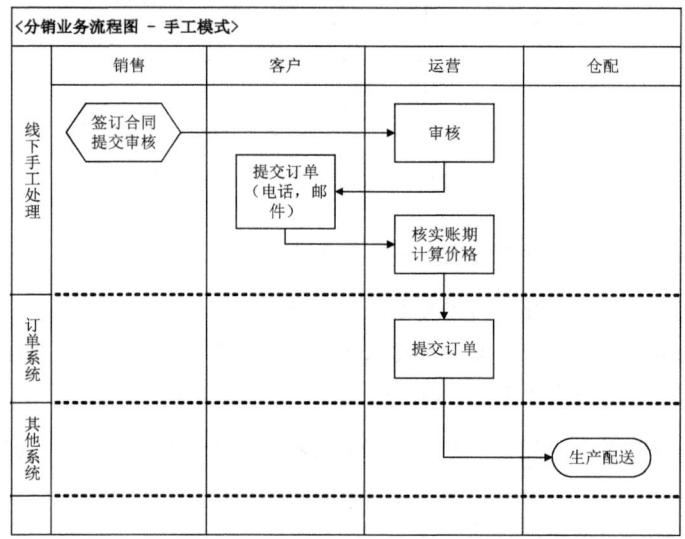

图 4-7　M 公司分销业务的手工作业流程图

从流程图中可以看出,目前分销业务的客户开发、签订合同、确认售卖价格,都是在线下完成的,从提交订单开始走线上流程,完成后续的生产配送。

对于业务人员来说,流程中最麻烦的就是下单环节。由于生鲜价格实时变化,和客户签订的商务合同又要求在商品售价的基础上按一定折扣出售,因此下单人员每次需要根据客户提报的采购清单拉取当天的商品售价,按照该客户的折扣系数表换算售卖价格,再手工改价录入订单系统。下单前还需要先确认客户账期[1]是否逾期,是否允许发货。

由于流程复杂,容易出错,目前一个运营专员只能维护 5 个左右的客户,每日处

---

[1] 所谓账期,是 B2B 分销交易中很常见的一种结算模式,即商品发货后买方并不马上给卖方结款,而是在约定的某个时间,例如每个月 15 号,先进行对账,无误后,在一定时间内完成打款。如果买方在账期到期后仍然没有完成结算并付款,则存在逾期,卖方会停止发货,避免进一步的损失。

理 10 笔订单，人效极低。

显然，业务人员在下单环节的工作非常烦琐，有待优化。

具体数据指标梳理

最后，我们通过数据分析，整理当前的关键业务指标和全年的业务目标，作为了解业务运作情况和预期的一个重要补充资料，总结如表 4-1 所示（注意，此处只是示例，不用纠结数字指标之间的关系）。

表 4-1　M 公司分销业务的关键指标总结

指标	当前（5月）情况	全年目标
月营业额	500,000 元	6,000,000 元
利润率	15%	20%
月增长率	20%	—
月订单量	250	—
平均客单价	2,000 元	3,000 元
月下单客户数	25 人	—
累计合作客户数	20 人	50 人
开展业务的城市	北京、上海	北京、上海、深圳、广州

4.5.2　业务问题总结

关键业务问题梳理

经过调研分析，目前分销业务存在如下业务问题。

- 生鲜实时变价，每次下单要根据折扣表手工计算价格，效率低，易出错。
- 不能及时控制账期客户的回款进度和账期风险。
- 对账和开票工作复杂，需要处理大量数据表，容易出错。
- 因为没有实现客户的子母账号管理体系，所以无法实现客户总部集采、大区集采、城市集采、门店自采等混合采购模式。
- 因为无法标识特殊客户的特殊订单，因此不支持特殊分拣、配送要求，例如做不到针对某些特殊客户的订单提供蔬菜预加工和加急配送。

问题解决思路

针对以上列举的业务问题,我们可以概要性地列出如下解决思路,括号中注明了优先级。

- 实现客户自主下单(高优)。
- 实现系统自动定价(高优)。
- 支持客户多门店分别定价与下单(高优)。
- 实现对账报表(高优)。
- 运营人员聚焦参数设置、审核和异常问题跟进(高优)。
- 将运营工作下放到各城市分部(中优)。
- 支持账期和预付款模式(低优)。
- 系统实现账期风控(低优)。

我们将业务主流程优化确定为高优诉求,将小众功能、风控功能列为低优诉求,经过探讨和业务人员达成一致,产品一期将聚焦高优诉求的实现。

梳理清楚业务现状和问题,接下来,我们进入产品整体方案设计环节。

第 05 章

B 端产品的整体方案设计

通过业务调研，我们已经对业务脉络有了较好的了解和掌握，对业务问题有了比较准确的判断和总结。现在，需要从整体上构思产品的解决方案了。

B 端产品的整体方案设计需要遵循自顶向下的设计思路，可以依次设计核心业务流程、产品定位、应用架构、功能模块、演进蓝图，从抽象到具体，逐步勾勒出 B 端产品的轮廓。这些是后续细节设计的指导性方针，是细化设计的基础。

5.1 核心业务流程

从核心业务流程切入产品设计，是开展整个设计工作的非常好的起点。核心业务流程代表业务的主干脉络，需要思考业务的各个参与方、涉及的系统。

根据第 4 章对 M 公司的业务调研，我们总结出当前紧迫的业务诉求包括客户自主下单、自动定价，以及支持客户对多门店分别定价与下单。因此我们考虑调整业务流程，由运营人员将客户信息录入系统，客户具备一个初始账号后，可以自主管理下属的多个门店和子账号。

因为 M 公司可能和客户总部签署了框架协议，具体合作关系又由客户的下属分公司或门店分别谈判，所以价格系数表要针对每个门店分别设置，以保证定价的灵活性。因此当客户创建新门店后，还需要由运营人员设置一次价格系数表，之后，门店采购人员就可以通过关联的子账号进行下单了。

下单之后的环节保持之前的运作流程，不做改变。

综上，我们可以绘制出设计的跨部门核心业务流程图，如图 5-1 所示。

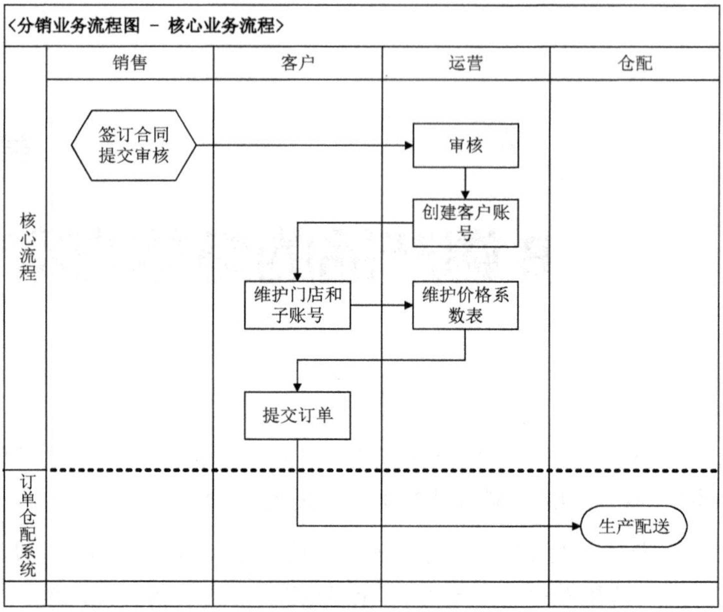

〈分销业务流程图 – 核心业务流程〉				
	销售	客户	运营	仓配
核心流程	签订合同提交审核 →		审核 ↓ 创建客户账号	
		维护门店和子账号 →	维护价格系数表	
		提交订单		
订单仓配系统				生产配送

图 5-1　M 公司分销业务的跨部门核心业务流程图

经过和分销业务负责人沟通，因为目前销售人员数量有限，暂不需要设计给分销业务销售人员使用的 CRM 系统，客户线索管理、客户资质审批与合同签订审核，都可以继续保持线下运作。

因此，我们考虑将客户签约作为一个分界点，签约之前的环节依然线下运作，而为签约之后的环节设计一套全新的系统，支持后续业务流转。我们将这套系统暂且称为**分销系统**，将图 5-1 中的流程图略修改，体现出包含新系统的新业务流程图，如图 5-2 所示。从图中可以清晰地看出一套全新的业务系统对分销业务的支持，及其在主业务流程中的位置。

通过对核心流程的梳理，以及明确其中哪些环节需要线上化支持，分销系统的轮廓初现。

此时，我们暂时不需要深入细节，而要基于这个初现的轮廓，进一步思考分销产品的顶层设计。

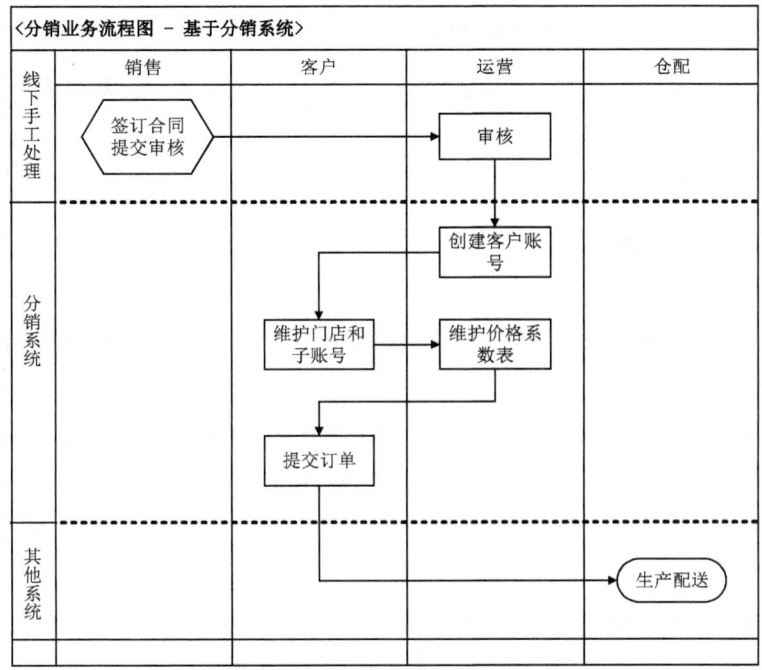

图 5-2　M 公司基于分销系统的核心业务流程图

5.2　产品定位

　　产品定位是对产品概要性的总结和陈述，简明扼要地描述产品对业务的支持范围，或总体的功能目标。产品定位要说清楚**产品针对谁提供什么支持**。

　　通过对 M 公司分销业务的核心流程梳理，我们已经对分销系统在整个系统中的位置有了初步判断，现在，我们进一步思考更精确的形态和定位。

　　首先在分销业务中，客户需要一个快速下单的工具，可以提供一个手机版商城 C 端。考虑到投入产出比，公司决定通过 H5 来实现，而不是 App。H5 所写的网站具有独立域名，外网可访问。

　　其次，需要为客户提供一套方便操作的管理后台，因为涉及大量的商品定价编辑、处理、账号、门店管理等功能，所以考虑 PC 版本实现，暂不支持手机版。

　　最后，考虑到客户管理员和 M 公司管理人员的管理诉求不同，操作功能和页面差异较大，所以决定将管理后台拆解为两个独立的系统：给客户管理员使用的客户管理后台具备独立域名，外网可访问；给 M 公司管理人员（和运营人员）使用的运营管理后台也具备独立域名，但仅限内网访问。

经过以上分析，我们进一步将分销系统拆分为三个独立系统，每个系统的定位不同：

- **分销商城前台**（移动端，通过 H5 实现）：为分销客户提供下单功能。
- **客户管理后台**（PC 端）：为分销客户提供子账号管理、门店管理及业务辅助功能。
- **运营管理后台**（PC 端）：为分销业务部门提供客户及商品定价管理的业务支持功能。

设计业务系统时的常见问题是，为了省事，或者由于业务部门之间边界模糊、权责界定不清晰，导致很多本应该独立的功能被糅合到一个系统中，这样会造成将来管理的混乱，尤其是系统维护的混乱。理想情况下，独立的业务部门应该由独立系统来支持工作。

举例来说，假设 M 公司分销业务的运营人员和公司订单中心的运营专员是同一拨人，你会考虑在订单系统上扩展功能，来支持分销业务吗？

5.3 应用架构设计

所谓应用架构，是指公司所有产品和系统的整体结构和布局，我们在"进阶篇"会详细讲述。任何公司的应用架构都不是随意设计的，有复杂的设计思想蕴含在其中。

在设计一套新系统时，必须考虑如何和公司现有系统架构融合，不同系统的模块之间如何衔接。这项工作复杂度较高，不仅需要有丰富的电商架构经验，而且需要深刻理解业务特点和可能的演进方向，还要熟悉公司目前的系统架构，这样才能快速提炼出相关问题。一般由产品负责人和公司的架构师甚至 CTO 共同讨论确定。

M 集团已经发展了多年，集团的软件体系结构非常成熟，这就意味着在设计一套新的系统或产品时，完全可以复用现有的部分系统或模块，从而快速实现新系统，提高系统建设效率，减少重复开发，更重要的是，保证合理的整体系统架构。

对于新设计的分销平台，该如何和公司现有系统融合呢？

首先，M 公司作为一家成熟的公司，之前已经有面向零售业务的 C 端商城，用于支持个人客户线上购物。那么针对分销业务的客户，我们是单独做一套 C 端商城，还是改造、复用现有的 C 端商城呢？经过分析评估，个人客户和分销客户（属于企业客户）需要的功能差别较大，因而两套商城的整体区别较大，如果通过对原有商城进行改造来支持分销业务，需投入的工时会很多，甚至可能比新开发一套系统还要多，而且还会影响主营业务系统的健壮性，因此公司最终决定做一套新的 C 端商城（**分销商城前台**）来支持分销业务。

其次，我们要思考的问题是如何**维护**、**管理客户数据**，是在分销平台中独立管理，还是通过公司现有的客户资料管理模块管理？对于 M 公司来讲，现有 C 端客户资料全部存储在客户主数据 MDM（Master Data Management）系统中，我们认为无论是 C 端客户信息，还是分销业务的 B 端客户信息，都是企业的核心资产，应该采用集团统一管理的方式，因此决定通过改造现有客户主数据系统，支持分销业务的客户信息存储和管理。

接着我们要思考如何**管理客户账号体系**。账号是用户登录系统的凭证，对于企业来讲，账号和客户是两个概念，一个客户可能有多个账号，但一个账号只会对应一个客户。比较成熟的企业都具备一套成熟的用户管理中心（Passport）系统，实现统一账号管理。经过思考，我们打算将现有 Passport 系统升级，从单一账号体系升级为子母账号体系，支持分销渠道的企业客户账号管理。

然后我们考虑如何**连接订单和仓配系统**。公司已经有一套成熟的订单中心，基于订单中心可以完成正逆向交易操作及财务处理，且目前已经在支持分销业务手工下单模式的作业处理。因为分销业务售卖的商品和 C 端业务售卖的商品来源是相同的，所以订单中心能够完美支持分销业务，因此决定分销平台不单独开发订单中心，而直接把交易发送给现有订单中心，由它作为桥梁，连接后续生产配送环节。这样就实现了分销平台和仓配系统的完美解耦。

关于分销平台的**商品管理**，完全可以复用 C 端的商品中心，只需要对价格模块做定制开发。

最后，我们考虑后端系统的**权限管理**，以及分销商城前台的**支付**问题。由于 M 公司现有权限管理系统（Auth）与支付平台（Pay）都是基于服务化建设思路实现的完善解决方案，因此可以作为基础服务快速支持新系统，无须重复开发。

至此，我们梳理并确定了分销平台和公司现有架构的融合关系，确定了系统的复用方案。我们将分销平台分为三个子系统，将其绘制到公司整体应用架构图中，如图 5-3 所示。深灰色矩形是新增的系统，浅灰色矩形是原平台中需要结合本次项目进行升级修改的系统，白色矩形是原平台中不受影响的系统。关于这张架构图代表的含义、形成的原因、分层的目的，在"进阶篇"会详细讲解。

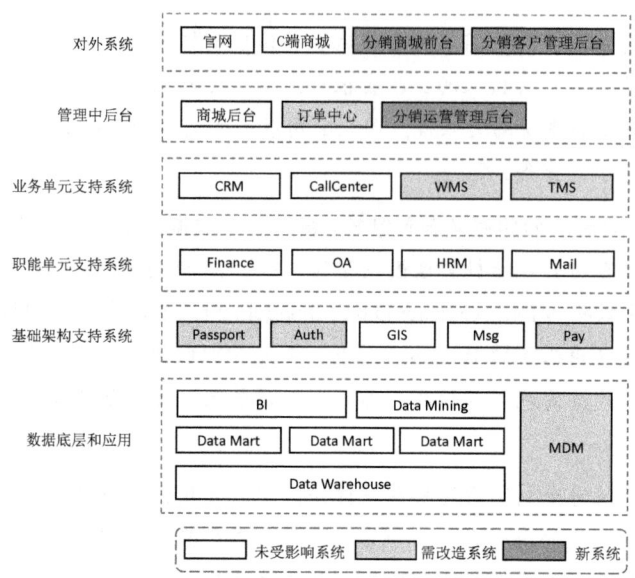

图 5-3 支持分销系统的公司整体应用架构图

5.4 功能模块设计

明确了应用架构,以及需要新建或改造的系统之后,我们需要进一步细化,为每个系统设计功能模块。这个系统应用于哪些业务场景?用户可能在系统中做的操作有哪些?通过思考这些问题来抽象出需要具备的功能模块。产品经理设计的功能模块代表了其对业务本质诉求的理解和提炼,蕴含了他对业务、系统未来发展的期望。

我们常说,系统建设要有规划、有节奏,实际上功能模块图就是一幅完整的规划蓝图,能体现出系统的一二级导航菜单结构,是系统的骨架。结合业务需求实现的每一个具体功能,都是在对骨架不断地填充血肉,让它更真实、更立体、更丰富。

设计功能模块的常见问题是模块层次混乱,以及后来新增功能的随意摆放,这都会造成用户使用系统时产生困惑,同时也会导致开发人员编码设计的混乱。下面我们为分销业务设计功能模块。

通过自顶向下的分析思路,我们明确了分销业务的三个独立系统(分销商城前台、分销客户管理后台、分销运营管理后台,见图 5-3),以及三个系统与公司整体架构的融合关系。接下来,我们进一步拆解设计,每个独立系统应该具备哪些功能或模块?我们把能想到的功能集合,现在或未来可能需要的功能列表都列出来,这是一个产品做加法的过程。

分销商城前台

分销商城前台即客户下单的 H5 工具，是一个经典的电商 C 端系统，分销客户需要在上面完成下单购买操作，也需要完成自我管理（例如对下属门店的管理，对发票、售后的管理），因此主要包括购买流程和个人中心两大部分。从购买流程的角度考虑，商城需要具备以下功能或模块：首页、搜索、推荐、列表页、详情页、购物车、结算页、收银台。个人中心要包括订单管理模块、账号管理模块、售后管理模块等；针对分销业务的特殊诉求，还需要包括门店维护、对账管理等模块。分销商城前台的功能模块如图 5-4 所示。

图 5-4 分销商城前台的功能模块图

分销客户管理后台

分销客户管理后台是给分销客户管理员使用的管理后台，主要用来管理下属门店和子账号；还需要随时了解下属门店和子账号的经营情况，因而需要查询所有下属门店和子账号的数据；此外还需要进行统一的财务管理。因此分销客户管理后台一共包括下面三个大模块，其功能模块如图 5-5 所示。

- 客户管理模块，支持子账号管理与门店管理。
- 综合查询模块，实现所有可能的查询与信息检索诉求，包括门店报表、订单查询、综合报表、售后查询。
- 财务管理模块，支持基本的发票管理、对账管理，以及分销业务特有的预付款管理。

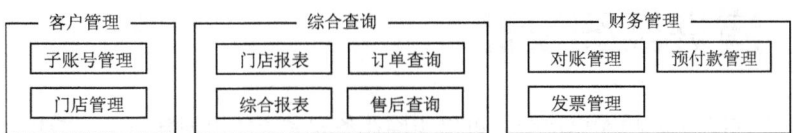

图 5-5 分销客户管理后台的功能模块图

分销运营管理后台

分销运营管理后台是支持 M 公司分销业务的核心业务系统，同时也是一套典型的电商管理后台。典型的电商管理后台需要具备商品定价管理、财务管理、风控管理、运营管理、客户管理、报表管理几大模块，另外，针对案例中的分销业务，还需要具备账期管理模块，其功能模块如图 5-6 所示。

- 商品定价管理模块：一般支持商品管理、价格管理。根据 5.3 节的分析，在 M 公司的分销业务中，其商品管理模块将完全复用 C 端业务的商品中心；其价格管理将通过价格系数设置模块和门店报价管理模块完成；商品的基本定价数据将从 C 端业务的价格中心获取，然后在分销平台维护价格系数表和门店报价单，从而计算针对不同客户和门店的售价。

- 财务管理和账期管理：基于前期业务调研，我们明确分销业务要支持账期和预付款管理，所以相对应的账期回款监控、预付款管理都是必备功能。

- 报表管理：报表管理模块将提供各类分析报表，实现对业务运作情况的监控和诊断。

- 风控管理、运营管理：在这两个一级模块中还可以实现定价风控、订单风控、CMS（内容管理）以及消息中心等，这里不再一一介绍。

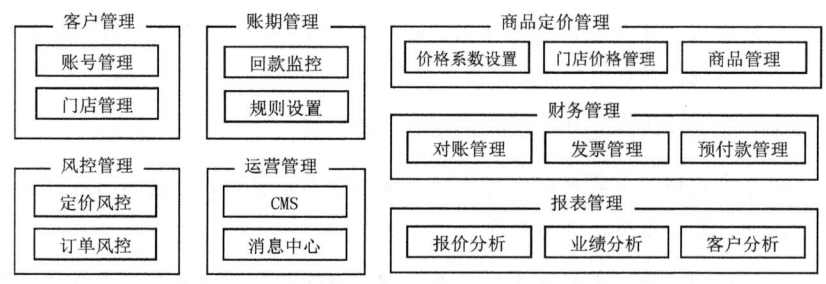

图 5-6　分销运营管理后台的功能模块图

5.5　演进蓝图设计

通过绘制系统的功能模块图，可以明确业务和系统的规划脉络。将能想到的功能集合都列出来，这是一个做加法的过程。但是我们不可能一次实现全部功能，而要根据业务优先级，拆分成几期来完成，所以接下来需要做减法：确认产品的功能规划与实现节奏,就是常说的演进蓝图(Roadmap)。

在对 M 公司的业务调研中,我们不仅列出了需求,而且明确了需求的优先级(参见 4.5.2 节)。根据优先级,以及前面绘制的分销平台三个系统的完整功能模块(图 5-4、图 5-5、图 5-6),我们计划将分销平台分为三期实现,其演进蓝图如图 5-7 所示。

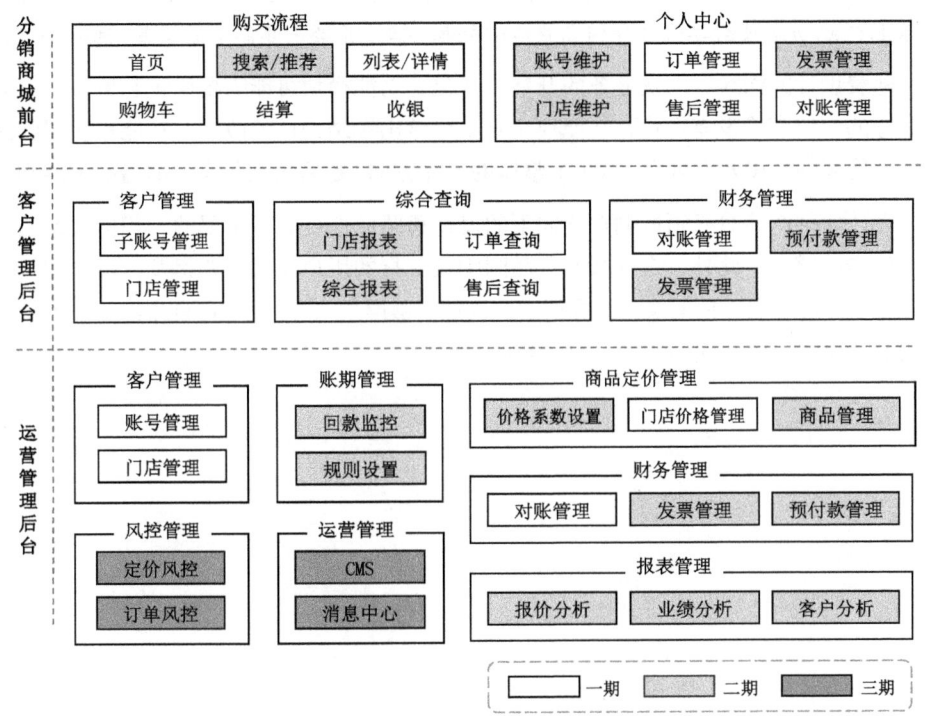

图 5-7　分销平台功能规划演进蓝图

一期项目聚焦解决最基本的业务流程线上化问题及核心痛点(例如对账功能),在图 5-7 中用白色矩形表示。一期项目要实现哪些功能?有一个原则可以参考:凡是可以手工处理和解决的问题,都暂时不做系统支持。例如,报表管理功能可以通过定期运行 SQL 语句实现;价格系数设置功能的使用频率低,可以由 RD 在后台改数据库完成;缺少搜索、推荐功能并不会对客户下单的效率产生明显影响,因为根据调研,目前每个客户维护的 SKU 数量最多也不过 20 个。

二期项目聚焦于解决部分特殊业务刚需的诉求。对于 M 公司的分销业务,需要支持预付款模式、账期模式、发票管理,如果时间允许,还可以实现报表查询的若干功能。在图 5-7 中用浅灰色矩形表示。

三期项目聚焦风险控制，并强化运营功能，在图 5-7 中用深灰色矩形表示。一般来讲，很多互联网公司初期都会聚焦于业务本身，提升 GMV（成交总额）、验证可行性，不会太在意成本和风险控制。当业务达到一定规模时，则必须引入系统风控机制，实现事前、事中、事后的风险控制。

此外，基于本案例 B2B 业务的特点，我们在设计中并没有考虑太多的 C 端功能。实际上 C 端功能只需要保证分销客户能够轻松下单，并做一些简单的运营、通知即可。

随着设计的深入，以及业务的开展、变化，功能模块可能需要修正和调整，但只要业务的本质模式没有变化，功能模块就不应该出现结构性的改动。功能模块图和演进蓝图代表的是概要性方案，指明了整体的产品方向，是后续细化设计的指引和准则。

设计软件产品时必须遵循自顶向下的设计思路，这是非常重要的，相信大家已经有了初步的感觉。此外，在互联网产品圈中很流行的用户体验五要素及其提出的五个设计层次（表现层、框架层、结构层、范围层、战略层），也是一种自顶向下、由粗到细的设计思路，感兴趣的读者可自行查阅。

第 06 章

B 端产品的细节方案设计

经过整体方案设计，B 端产品的轮廓和结构变得越来越清晰了，我们已经为细节方案设计做好了准备。

B 端产品的细节方案设计包括业务数据建模、页面流转设计、界面设计、权限设计等，这些都是产品经理的必修课，即便没有经历从 0 到 1 的设计过程，也会在日常的迭代工作中经常接触。

本章将首先介绍业务数据建模，这是对业务进行抽象的过程，合理的建模会让后续的功能设计水到渠成，而不合理的建模会导致后续设计重复返工。接下来将通过梳理业务角色和业务流程，来确定系统需要的页面，以及各页面之间如何流转。然后讲解产品经理需要具备的一些硬技能，包括界面设计、报表设计、数据埋点设计、权限设计以及文档编写和管理的相关问题。最后介绍软件设计中常用的一些绘图方法和模型，通过图形来表达一些抽象设计概念，会让沟通变得更加简单。

6.1 业务数据建模

业务数据建模也叫实体建模、领域建模，或业务对象建模，是指针对业务特点，归纳并设计对应的底层数据模型的过程。

B 端产品进行细节设计的常见流程是，首先构建业务数据模型，然后基于流程确定页面流转图，再着手每个页面的具体设计，同时提前规划好系统用户角色，最后完成权限设计。

为什么产品细节方案设计要从业务数据建模开始呢？这是因为软件系统的模块和功能实际上就是对现实世界的对象和规则的抽象。而软件系统设计的难点恰恰在于合理地总结客观世界的对象和关系，并实现最基本的数据模型设计。只有总结并设计出正确的数据模型之后，才能思路清晰地完成功能模块和操作交互的设计。

实际上，业务数据建模是数据库设计中最重要的部分，会影响数据库表结构的设计，体现了设计者对业务本质的理解和认知。很多产品经理常常忽略业务数据建模，只关注功能界面设计，最终陷入混乱的逻辑中。**一定要在设计细节方案之初就进行业务数据建模。**

接下来，我们以 M 公司分销平台的客户模型设计为例，详细阐述业务数据建模的思路。我们首先会设计一套理想版的客户模型结构，该模型实现了 B 端常见的比较复杂的组织架构设计。但是理想版客户模型的开发成本很高，为了降低开发的复杂度，我们会进一步演示如何在既满足业务诉求，又并保证模型灵活性和扩展性的前提下，对模型进行精简，得到一套简化版的客户模型结构。

6.1.1 设计理想版的分销业务客户模型

在业务数据建模工作开始之前，我们首先回顾一下客户诉求。在目前的分销客户中，有比较大型的集团客户，下设若干机构、库房和门店。调研时，集团客户有如下诉求：

- 上海分公司采用了中央仓库模式，客户从 M 公司采购商品后，商品首先会被配送到中央仓库，再由客户自己从中央仓库向上海地区各门店发货。因此上海分公司需要开通采购员账号，以实现在中央仓库系统中下单。

- 广州天河区也采用了中央仓库模式，客户从 M 公司采购商品后，商品首先会被配送到天河区中央仓库，再由客户自己从中央仓库向天河区各门店发货。因此天河区需要开通采购员账号，以实现在天河中央仓库系统中下单。

- 广州其他区是门店自采模式，即门店采购员自行下单采购，商品直接从 M 公司配送到门店，因此需要针对每个门店创建采购员账号。

- 广东省还需要一个高级别的采购员账号，能够帮广东各仓库和门店代下单。

上述诉求是业务系统建设中非常典型和常见的树形组织机构管理诉求。企业往往有多层级管理的需求，需要软件系统支持多层级业务体系。多层级机构管理通常使用组织机构树呈现，M 公司分销业务的组织机构树如图 6-1 所示。

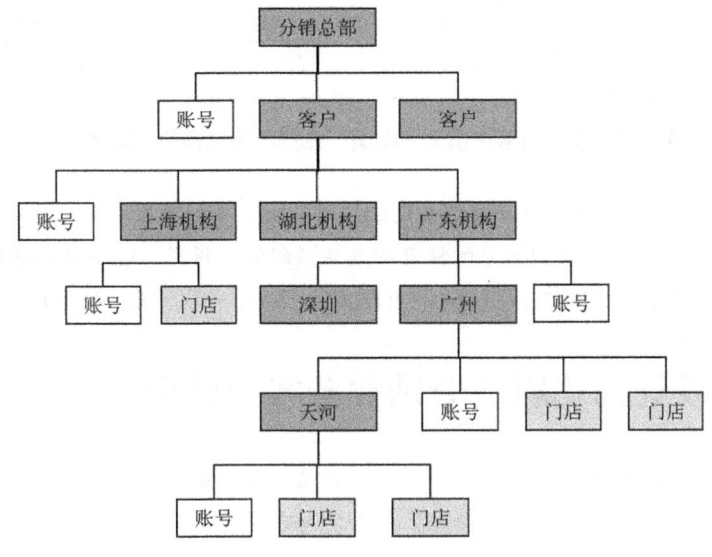

图 6-1　分销业务的组织机构树

这是一个非常典型的多层级组织机构树，树中存在三种对象：

- 组织机构对象，图中用深灰色节点表示，用来描述客户的行政管理层级结构。分销总部位于组织机构树的根节点上。
- 门店对象，图中用浅灰色节点表示，是下单的目标，是挂在某个机构节点下的收货对象。在数据结构中称其为门店，实际上有可能是小门店，也可能是中央仓。
- 账号对象，图中用白色节点表示，代表系统的用户。账号也挂在某个机构节点下。在"分销总部"根节点下的账号，是分销业务后台的管理员账号，可以管理整棵组织机构树中的所有数据，包括所有的门店和账号。每个账号所管理的数据范畴（包括能给哪些门店下单、能查看哪些门店的数据等），是通过遍历其所在节点的所有子节点来确定的。

这个组织机构树究竟是如何支撑各种灵活的客户下单管理需求的呢？我们在 6.2.2 节中会进一步分析。

每个组织机构（简称机构）对象都有一个"上级机构"字段，基于这个字段，可以绘制出完整的组织机构树；每个账号或门店对象只能隶属于一个机构节点；每个门店下可以维护多个收货人。我们将这几种对象的关系通过数据建模 ER 图（ER 图是一种经典的描述对象之间关系的规范，6.8 节会详细介绍）呈现出来，如图 6-2 所示。

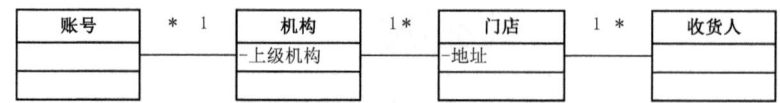

图 6-2　理想版客户模型 ER 图（业务数据建模得到的模型）

ER 图看似简单，但能够清楚地表达组织机构树中各种对象之间的关系。实现了这样的模型，便可以描述集团客户的任意的复杂层级管理诉求。业务数据建模的过程就是将业务对象及其之间的关系抽象出来的过程，ER 图呈现了业务数据建模的结果。

6.1.2　设计简化版的分销业务客户模型

完整的组织机构树的开发复杂度很高。产品经理和业务人员及客户沟通后确认，一期暂不用支持复杂的行政层级管理，只需要为客户实现若干子账号，让他们可以管理若干门店即可。因此，产品经理最终决定采用一套简化版的客户模型来支持一期业务，不过这个简化版客户模型完全可以在需要时升级为理想版的客户模型。

根据上述需求，我们对组织机构树做一些调整，如图 6-3 所示。

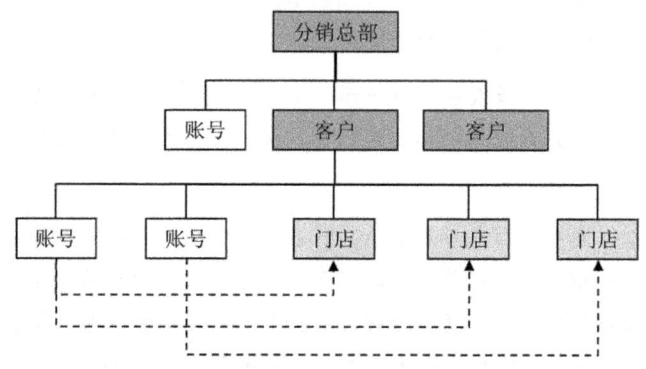

图 6-3　简化版的分销业务组织机构树

从图中可见，现在每个客户节点只有一个父节点（隶属于分销总部）；客户的所有账号和门店都挂在该客户节点之下；账号和门店的管理关系不再需要通过遍历机构节点来获取，图中虚线箭头直接标明了它们的归属关系。这样的设计将导致账号无法对不同层级的门店进行灵活管理（像图 6-1 中那样），但是会让代码开发简单很多，因为工程师不需要处理一棵层级复杂的树形结构，也就不需要编写大量的递归算法，这大大降低了开发难度。

在业务开展时，每个客户有一个管理员账号，可以创建并管理子账号和门店，子账号可以设置为采购员角色，能够对关联的门店进行下单操作。而分销业务的超级管理员角色挂在"分销总部"根节点下，依然可以对所有客户的账号、门店进行全面控制管理。

根据上述规则对理想版客户模型进行简化，如图 6-4 所示。

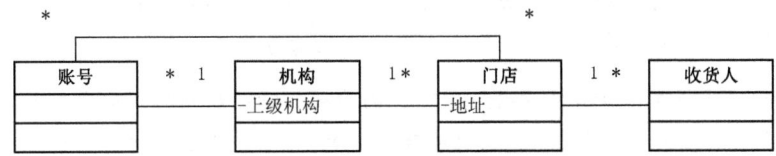

图 6-4　简化版客户模型的 ER 图

仔细观察可以发现，该模型与图 6-2 中的模型相比，唯一的变化是在账号和门店两个对象之间建立了关联关系。这样处理保持了模型的可扩展性，将来需要实现全面的组织架构管理时，将账号、门店之间的对应关系打断，在业务系统中实现遍历算法和组织机构树管理维护功能即可，整个数据底层基本不需要调整。

请读者仔细思考并理解 ER 图中的对象模型，以及为什么这样的模型能够描述出一棵完整的组织机构树。这个模型是 B 端产品设计中非常典型的设计模型，组织机构树也是业务系统中最常见的数据模型。例如，对于 CRM 系统，销售团队分为总部、大区、大组、小组，这就需要用组织机构树来实现对销售团队的多层级管理，此外，团队成员能够查看哪些客户数据、业绩报表，也需要依据组织机构树体现的管理范围，来实现数据权限控制及汇总运算。

理清了账号、门店、机构和收货人之间的关系，实际上已经把分销业务中最独特、最复杂的逻辑和规则都梳理清楚了，接下来进行页面和功能设计时便会胸有成竹。如果没有梳理清楚这些关系，在做功能和界面设计时必然会一头雾水、漏洞百出。

6.1.3　业务数据建模错误会导致灾难

业务调整的灵活性取决于软件系统的灵活性，而软件系统的灵活性取决于业务数据模型的可扩展性。为什么业务数据建模这么重要？让我们来分析一个建模错误的案例。

对于图 6-4 的客户模型，如果设计人员认为，目前的业务诉求很明确，一个门店只能被一个账号管理，所以账号和门店的对应关系应该为一对多（而非多对多），如图 6-5 所示。

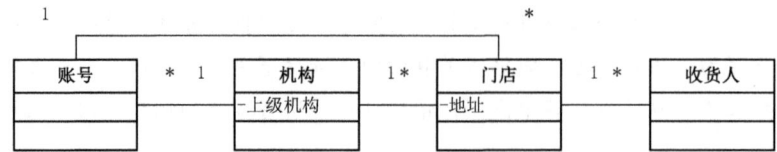

图 6-5　客户建模错误的 ER 图

假设有一天，客户的某个门店雇用了多名采购员，因而客户要求实现账号和门店多对多的设计，这在现实世界中是一种非常合理的业务场景。

为了实现此诉求，开发难度将非常大，因为从数据底层到前端功能实现，都认为子账号和门店是一对多结构，如果将结构改成多对多，首先底层数据库结构需要调整，所有历史数据要处理；其次，基本上所有涉及读取账号和门店关系的功能代码需要全部重写。看似简单的一个改造，会造成一场灾难。

可见，设计人员在设计之初就需要做好预判，虽然早期业务诉求中账号和门店是一对多关系，但是因为在现实世界中多对多关系是一种合理的存在，因此数据模型依然要按照多对多的关系来设计。只要模型和数据底层设计好，后续调整就会很简单。

那么问题来了，是不是所有对象的关系都设计成多对多就行了？也不对，比如门店和订单的关系，现实世界中只可能是一对多的（某个订单只能是针对一个门店提交的），不可能是多对多的。

业务数据建模能力体现的是设计人员对客观世界的抽象描述能力，只有对业务本质理解透彻，再结合积累的软件设计经验，才能抽象并构建出合理的业务数据模型。

6.2　流程和角色

通过业务数据建模，我们对业务的本质有了更深入的思考和沉淀，对业务中要研究和分析的对象有了深刻的提炼。

接下来，我们开始着手设计业务的流程和角色。流程合理、角色清晰是系统正确设计的前提和保障。遵循自顶向下的设计思路，我们首先设计主干流程，在这个过程中可以进一步明确系统角色及业务岗位的安排，然后基于主干流程图设计页面流转图，最终完成页面细节设计。

6.2.1 绘制分销业务流程图和角色

我们在第 5 章已经为 M 公司的分销业务绘制了粗粒度的核心业务流程图，为了方便阅读，我们将它复制过来，如图 6-6 所示。现在，我们要绘制创建客户与下单流程的跨职能分系统流程图。这需要仔细研究、梳理业务流转的具体环节和步骤，区分不同的角色，描述不同角色在不同子系统中需要完成的具体工作。

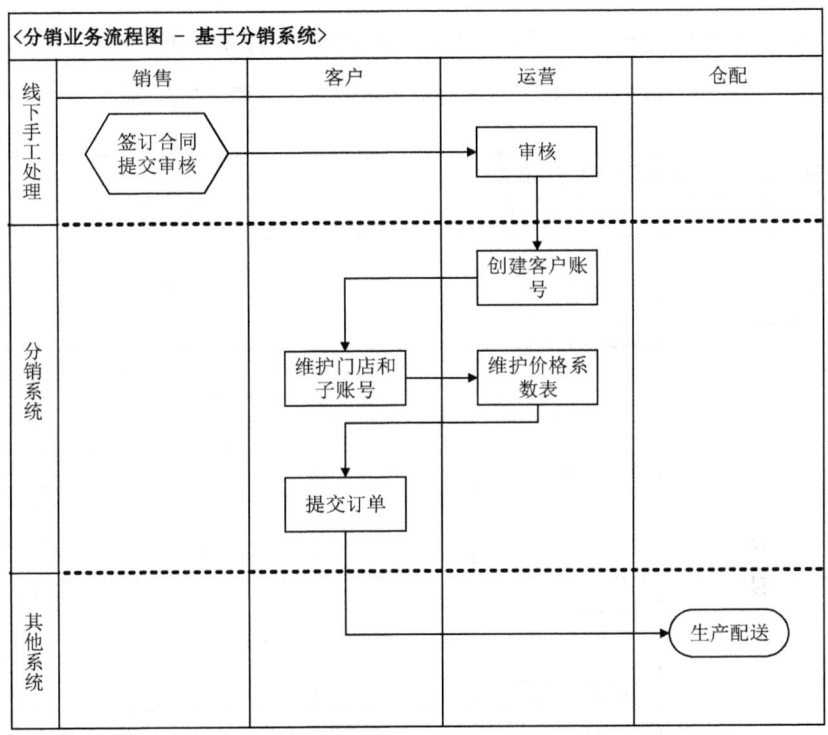

图 6-6　M 公司基于分销系统的核心业务流程图

在流程梳理的过程中，必须谨慎思考各个环节在逻辑上的先后顺序与依赖关系，例如，对于分销客户来讲，创建账号和创建门店的顺序是怎样的？是一次性创建完成还是分别创建？什么时候维护价格系数表？

通过思考，我们梳理出如下不同角色。

分销业务在 M 公司内部包含如下几个角色。

- 分销–销售人员：M 公司分销业务的销售人员，负责完成客户开发与合约签订（目前继续采取线下作业的方式）。

- 分销–管理员：M 公司分销业务总部的管理人员，主要负责审核分公司提交的创建客户的申请，核查各分公司维护的价格系数表，并进行毛利核算。
- 分销–运营人员：M 公司分销业务总部的业务运营人员，负责具体的客户创建、维护、报价单维护等事务性工作。

分销业务客户包含如下几个角色。

- 客户–管理员：分销客户的管理员，维护并管理客户公司内的所有子账号、门店。
- 客户–采购员：分销客户的采购人员，负责给门店下采购单、补货。

基于上述分析，我们绘制出更细致的业务流程图，如图 6-7 所示。

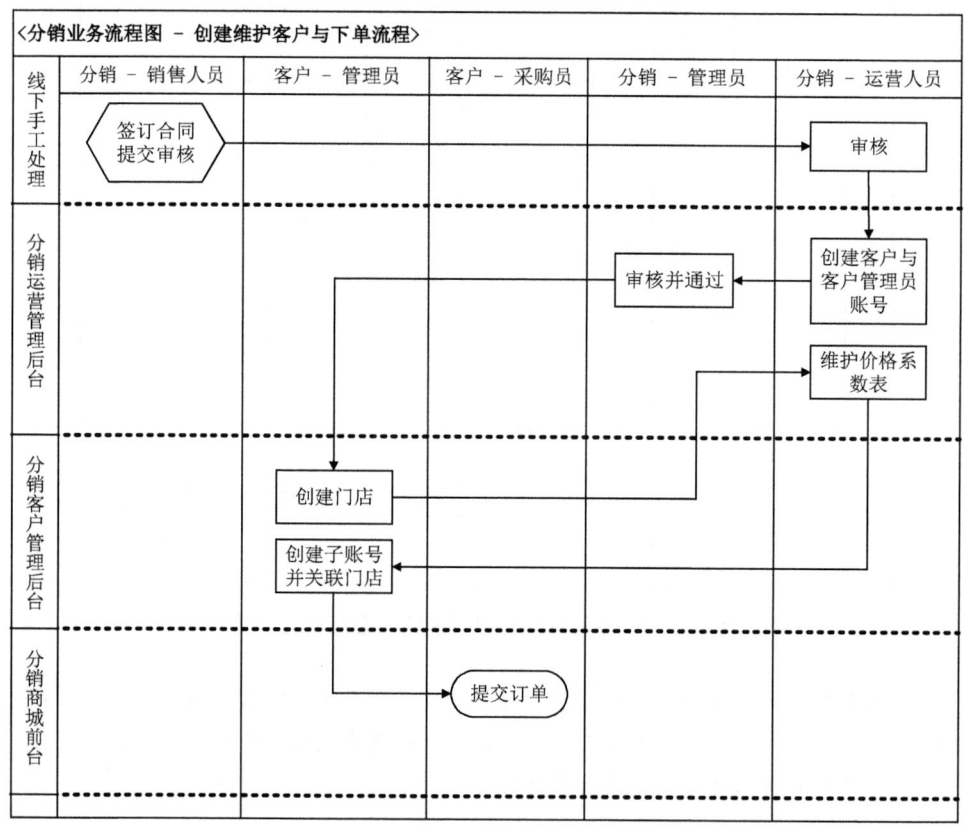

图 6-7　创建维护客户与下单操作的流程图

图 6-7 中的各个环节分析如下。

首先，分销业务的销售人员（角色为"分销-销售人员"）在线下开发客户（即分销商），将签约客户的合同交给运营人员（角色为"分销-运营人员"）进行审核，这些都是没有系统支持的**线下动作**。

运营人员审核通过后，在**分销运营管理后台**创建客户以及客户管理员账号（母账号，也叫根账号），其中，客户的信息包括机构名称、营业执照、税号等，客户管理员账号只是提供给客户的管理员使用的系统账号。

运营人员添加了客户和客户管理员账号后，必须由分销业务总部的管理人员（角色名称为"分销-管理员"）在**分销运营管理后台**进行审核，这是为了控制风险的必需环节。

营销客户的根账号（客户管理员账号）创建完毕后，由分销业务的销售人员（角色为"分销-销售人员"）通知客户，此时客户可以使用客户管理员账号登录**分销客户管理后台**，维护并管理具体的收货门店和子账号（对应"客户-采购员"角色的账号）。

创建收货门店后，必须由"分销-运营人员"在**分销运营管理后台**针对门店编辑报价表，只有设置了报价表，门店才能购买商品。

"客户-管理员"在**分销客户管理后台**将创建的子账号和门店进行关联，从而让"客户-采购员"可以通过子账号登录**分销商城前台**，给关联的门店进行下单操作。

除了新客户创建、下单流程，还有退货流程、对账流程，都需要一一设计，设计方法与上面的介绍类似，此处不再展开讲述。

图 6-7 清晰地描述了从客户开发到下单的关键流程节点，以及不同的角色在不同的子系统中各完成了哪些操作，最终完成整个流程。**通过跨职能分系统流程图，可以清晰地看出谁（操作角色）在哪儿（哪个系统）做什么（完成什么工作）**。无论是大型系统设计，还是某个具体需求的设计，都应该绘制流程图来帮助自己梳理业务、理清思路。

需要注意的是，流程图在表述并行工作或异步工作时不是很方便。从流程图 6-7 来看，似乎创建门店和创建子账号有先后关系，实际上两者是可以同时进行的，而且需要等待"分销-运营人员"对门店设置报价表并使其生效后，"客户-管理员"才能维护门店和子账号的关联关系。关于异步任务或并行任务的呈现方式，我们会在 6.8 节进一步介绍。

关于角色还需要说明一点。角色在业务开展初期就已经存在，但是在设计系统中的角色时，需要结合业务流程进一步梳理，并修正完善，以保证各角色的工作内容是明确且固定的，各角色之间尽量避免职责交叉，这样才能保证团队成员分工明确，共同协作，达成业务目标。当角色梳理清晰之后，公司会从管理角度设置不同的岗位，方便管理。

有时可能会出现一个岗位对应多个业务系统角色的情况,例如工作人员 A 负责某电商运营岗工作,A 在系统中被赋予"运营人员"的角色,本职工作是设计并配置商品的促销方案。但老板也安排 A 在工作闲暇之时协助订单专员做一些订单审核工作,因此 A 在系统中也被赋予"审单员"的角色。这种安排相当于要求员工身兼两个岗位的工作,在一些规模比较小的公司或业务开展初期的团队中,这种情况比较常见;在管理步入正轨的公司中,这种情况很少见,如果在系统管理中发现某些员工需要被赋予多个角色,最好和业务部门确认一下岗位的分工与定位是否合理。

6.2.2 绘制分销业务的页面流转图

梳理完业务流程和角色,我们进行下一步的页面流转图设计。对于系统设计来讲,业务流程图依然属于比较粗粒度的概要性设计,如何将它与软件产品的页面设计对应起来呢?绘制页面流转图是一个很好的衔接方式。

页面流转图描述的是,用户完成某项工作需要访问的页面及页面跳转顺序。绘制页面流转图可以帮设计人员审视、思考系统中的页面设计方案,包括系统中总共需要哪些页面,哪些页面可以重复使用,哪些页面需要定制化开发。一般来讲,我们绘制页面流转图时,都是针对某个单一角色绘制某个特定场景下的页面访问和跳转逻辑,从用户的视角来梳理一遍所有相关页面,每到一个新页面时,都要思考:需要新做一个页面,还是可以复用原有页面?最终整理出系统涉及的所有页面的初稿。

绘制页面流转图没有明确的形式要求,重点在于帮助设计人员在大脑中构思页面设计思路,铅笔和白纸是最好的绘制工具。

我们以分销-运营人员创建客户和客户管理员账号,以及分销-管理员审核客户这两个子流程为例,演示如何绘制页面流转图。

请你闭上眼睛,在脑海中思考,如果你的角色就是分销-运营人员,需要创建客户和客户管理员账号,都需要访问哪些页面呢?

分销-运营人员首先需要登录系统,进入**首页**,因为要创建客户和客户管理员账号,所以需要分别访问**客户列表页**与**账号列表页**,在列表页中都有创建按钮,点击"创建客户"或"创建账号"按钮后,分别进入**客户创建/编辑页**和**账号创建/编辑页**。

创建客户后,需要由分销-管理员进行账号审核。

分销-管理员同样要先登录系统,进入**首页**,因为要处理客户审核工作,所以需要访问**客户列表页**。针对某个客户点击"审核"按钮,进入**客户审核页**,在客户审核页中可以录入审核结果,并执行通过或拒绝操作。

这里面有一个问题:分销-管理员和分销-运营人员都要访问**客户列表页**,二者看到的客户列表页是否是同一个页面?我们从实际情况考虑:管理人员可以对每一条客户信息进行查看明细、审核、删除的操作,而运营人员只能查看客户信息的明细,可见二者查询客户列表的诉求是类似的,只是操作的功能点不同,这样的差异点完全可以通过权限配置实现(见6.6节),而没必要开发两套客户列表页。

构思完页面访问操作的场景,我们开始绘制页面流转图,如图 6-8 所示。图中对每个页面做了编号,如果两个流程中某一页面的编号相同,则代表同一个页面,例如两个流程中都有"2.1 客户列表页"。

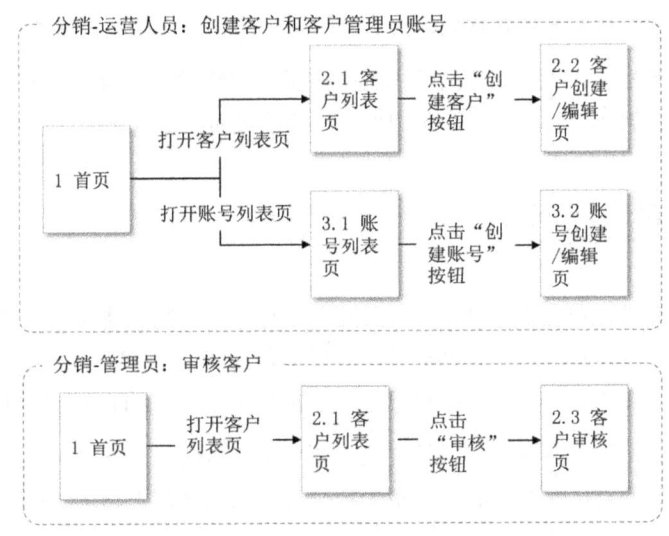

图 6-8　页面流转图示例

可见,页面流转图比业务流程图更加细致。在之前的业务流程图中,关于分销-运营人员创建客户和创建客户管理员账号的操作,只是通过一个矩形框就完成描述了,但是在页面流转图中,需要更加细致准确地描述实现操作的具体步骤和对应的页面。

经过对业务流程、使用场景、页面流转的完整梳理,我们总结出在分销业务后台(包括分销运营管理后台和分销客户管理后台)需要开发的页面,如表 6-1 所示(此处只展示了部分页面)。仔细观察可以发现,这些页面其实就是针对不同对象(客户、账号、门店、报价单等)的增删改查页面。

表 6-1 分销业务要开发的页面（部分）

1. 首页			
2.1 客户列表页	2.2 客户详情页	2.3 客户创建/编辑页	2.4 客户审核页
3.1 账号列表页	3.2 账号详情页	3.3 账号创建/编辑页	
4.1 门店列表页	4.2 门店详情页	4.3 门店创建/编辑页	
5.1 报价单列表页	5.2 报价单详情页	5.3 报价单创建/编辑页	
6.1 报表相关	……	……	
7.1 ……			

从本质上讲，一套软件系统就是对不同数据对象的增删改查操作的集合，这个特点在业务系统中更加显著。

当积累足够多经验后，页面的梳理和设计工作会变得得心应手，例如，看到客户资料维护，就马上意识到需要有列表页、详情页、编辑页、创建页这几个页面。

有一点需要注意：**不是所有的页面都来自页面流转图**，因为有些页面是独立于总体流程之外的，例如报表页、对账查询页等，这些页面源自对功能模块设计的思考。

6.3 界面设计

我们已经完成了功能模块设计、演进蓝图设计、业务数据建模、业务流程梳理、角色梳理、页面流转梳理这一系列环节，已经细化到每个操作需要访问哪些页面、总共有哪些页面，现在需要为每个页面设计具体的交互功能了，即进行界面设计。

虽然在界面设计之前的流程很长，但只要你细心体会就会发现，我们对整个业务形态和系统形态都已经了然于心，对整个项目和产品的掌控力越来越强。此时，界面设计已经是水到渠成之事。

6.3.1 界面设计的流程

在团队分工明确、人力储备充足的情况下，在开发一套全新的 B 端业务系统时，界面设计的流程一般如下：

1. 产品经理绘制线框图原型，表达软件中每个页面的设计需求。
2. UE 设计师协助产品经理完善交互体验，并制作交互原型。
3. UI 设计师基于交互原型进行美工设计，生成切图文件。

4. 前端工程师拿到切图文件，进行前端开发，包括实现交互、动效等。

当一套业务系统上线后，后期迭代则基本不再需要 UE 和 UI 设计师的支持，前端工程师参考线框图就可以直接进行前端页面开发，因为前端工程师一般会采用现成的控件，例如按钮、文本框、下拉框、表格等。这种情况下，产品经理相当于同时承担了交互设计师的职责，一定要保证线框图排版整齐、重点突出。

6.3.2 线框图的绘制

产品经理需要将每个页面的排版样式、控件设计及交互效果，用通俗易懂的形式表达出来，以方便其他同事快速理解。线框图（也叫原型图）是一种很好的表现形式。绘制线框图的工具有很多，常见的有 Axure、Mockplus、墨刀、Visio 等。

线框图的重点在于说清楚界面上的交互功能设计，而非 UI 效果。如图 6-9 所示是通过 Axure 绘制的分销商城前台结算页的线框图示例，图中呈现了结算页中的所有关键信息，包括收货信息、商品信息、购买数量（可以编辑），以及切换收货账号和提交订单按钮。通过这幅线框图，已经可以清楚地看明白该页面需要具备的基本内容和交互效果了。

图 6-9　分销商城前台的结算页线框图示例

关于线框图的绘制方法，网上有大量的学习资料，读者可自行查阅并实践，本书不再展开。

6.3.3 尼尔森十大可用性原则

线框图需要反映出交互功能，因而在绘制的过程中需要考虑：用户在这个页面上会进行哪些交互、怎样设计能达到最好的交互效果。虽然互联网公司的分工越来越细致，有些公司甚至会给产品经理配交互设计师，但是大多数情况下，B 端产品经理还是需要自己完成交互设计的。因此，产品经理有必要投入精力来学习和练习交互设计。

交互设计领域有丰富的理论沉淀，最著名和经典的理论当属人机交互大师雅各布·尼尔森（Jakob Nielsen）博士在 1995 提出的尼尔森十大可用性原则（Jakob Nielsen's Ten Usability Heuristics），该理论是针对 PC 端交互设计提出的，但同时也适用于移动端交互设计。我们将结合具体案例详细阐述这十条指导原则，产品经理在绘制线框图时要注意遵循这些原则。

反馈原则（Visibility of system status）

系统应该在合理的时间、用正确的方式，向用户提示或反馈目前系统在做什么、发生了什么。

人机交互的基本原则是，让系统和用户之间保持良好的沟通和信息传递。系统要告知用户发生了什么，预期是什么，如果系统不能及时向用户反馈合适的信息，用户必然会感到失控和焦虑，不知道下一步要做什么。

以下是遵循反馈原则的一些常见设计案例。

- 安装程序时显示进度条，并预估还需要多久结束。
- 上传文件时显示进度条，并提示预估剩余时间。
- 提交表单时，如果校验失败，则在填写有误的内容旁边提示错误原因。
- 程序未响应时，系统会让用户选择是关闭程序还是等待程序响应，如图 6-10 所示。

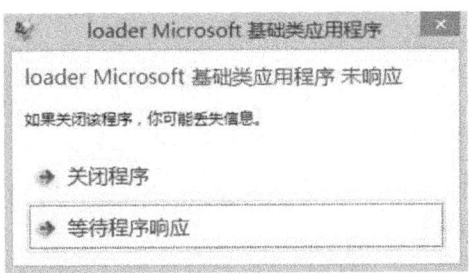

图 6-10　程序没有响应时的窗口提示

隐喻原则（Match between system and the real world）

系统要采用用户熟悉的语句、短语、符号来表达意思。遵循真实世界的认知、习惯，让信息的呈现更加自然，易于辨识和接受。

在人机交互设计中，程序的沟通和表达、功能的呈现，都要用最自然的、用户容易理解的方式，避免采用计算机程序语言的表达方式。设计时要采用符合真实世界认知的方式，让用户通过联想、类比等方法轻松地理解程序想表达的含义。

例如，某音乐播放器 App，功能按钮设计如图 6-11 所示，即便不做说明，用户也很容易理解每个按钮是做什么用的。

图 6-11　某音乐播放器 App 的功能按钮图

再例如，百度外卖（已于 2018 年 10 月正式改名为饿了么星选）App 的类目 icon 的设计非常有趣，且非常容易理解和使用，让人印象深刻，如图 6-12 所示。

图 6-12　百度外卖 App 的类目 icon

回退原则（User control and freedom）

用户经常会不小心操作错误，需要有一个简单的功能，让程序迅速恢复到错误发生之前的状态。

用户误操作的概率极高。对于误操作，软件系统应该尽量提供"撤销""重做"或"反悔"的功能，让系统迅速返回错误发生之前的状态。当然，不是所有操作都是可以"反悔"的，比如，你可以撤销一笔错误的订单，但不能撤销一笔成功的转账交易。

以下是遵循回退原则的常见设计案例。

- 编辑类软件都提供撤销功能，例如 Word、美图秀秀等。
- 点击删除或关闭按钮后，会让用户进行二次确认。
- 电商平台允许在一定的规则下取消订单。

一致原则（Consistency and standards）

同样的情景、环境下，用户进行相同的操作，结果应该一致；系统或平台的风格、体验也应该保持一致。

软件设计、产品设计中有很多约定俗成的规范，虽然没有明文规定，但大家都在遵守，因为用户已经习惯了这些规范。我们在进行设计时，应该遵循惯例，并且保持系统的一致感，不要盲目地标新立异。

例如，在 App 底部的导航图标中，"首页"永远排在第一个，个人中心（"我的"）永远排在最后。并且对于类似"首页""购物车""订单"等常见按钮，不同 App 的设计样式都非常相似，图 6-13 展示了美团、去哪儿、百度外卖三款 App 底部导航栏的设计，可以看到上述特点。如果你特立独行地把个人中心放在第一个位置，或者采用奇怪的图标作为个人中心的 icon，用户使用时肯定会觉得别扭。

图 6-13 三款 App 的导航栏设计

此外，在一个或多个系统中，要采用统一的设计风格。不论是图标的选用，还是布局的规划，要保持整齐的一致性，这样用户容易理解，并且容易习惯和适应。

例如，Office 软件中包含的各个产品，其界面布局和设计风格就保持了高度一致，如图 6-14 所示是 Word（上）和 PowerPoint（下）的界面，可以看出，二者的"插入"一级菜单下所包含功能的排列顺序、布局方式乃至图标图形，都是高度类似的。

图 6-14　Word 和 PowerPoint 的设计风格很统一

防错原则（Error prevention）

系统要避免错误发生，这好过出错后再给提示。

进行设计时，首先要考虑如何避免错误发生，其次再考虑如何检查、校验异常。这样做一方面可以让问题更简单，另一方面可以让用户避免或减少无谓操作。

例如，有些时候，为了防止用户重复提交或重复点击，第一次点击按钮后就将按钮置灰，直到处理完成才恢复。

有时还会通过调整按钮顺序，避免用户误点。比如，对于很重要的操作，为了防止用户顺手误点，会将二次确认对话框中的"是"和"否"两个按钮对调位置，模拟效果如图 6-15 所示。因为常见的对话框都将"是"按钮放在第一个位置，所以用户在操作时，很容易产生条件反射，顺手点击第一个按钮，然后才突然发现自己点错了。虽然看起来有些别扭，但是很有效，因为多点一次要好过误删文件。这种设计在软件卸载、App 取消会员订阅等操作中也非常常见，只不过后两种情况下主要是为了做一些心理暗示和引导，避免用户卸载或退订。

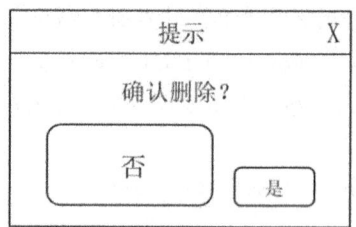

图 6-15　通过调整按钮顺序避免用户误操作

记忆原则（Recognition rather than recall）

让系统的相关信息在需要的时候显示出来，减轻用户的记忆负担。

计算机应该减轻人们的记忆负担，而不是相反。例如，当切换页面时，不应该让用户记住不同页面的内容，而应该在合适的地方积极地呈现或提示之前的信息。

例如，几乎所有的 App 和 PC 端的搜索引擎都会记录用户的搜索历史并呈现给用户，图 6-16 是大众点评 App 的搜索页，可以看到上面的"搜索发现"是推荐类功能，下面的"最近搜索"则是保留的用户最近使用过的搜索关键词。

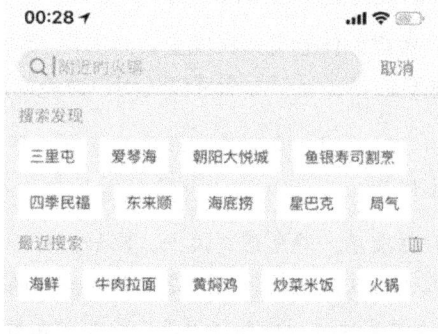

图 6-16　大众点评 App 的搜索功能

再例如，在所有的电商购物流程中，在用户提交订单后，都会出现一个核对页面，让用户再次核对填写是否正确。这个设计非常有用，我就经常在下单时忘了修改默认地址，再次核对时才发现。

灵活易用原则（Flexibility and efficiency of use）

系统的用户中，中级用户往往最多，初级和高级用户相对较少。系统应为大多数人设计，同时兼顾少数人的需求，做到灵活易用。

灵活易用原则不仅是一个交互设计原则，也代表了一种软件产品设计理念：系统既要做得简单、易用，让所有中级用户用起来得心应手；也要提供必要的帮助，让刚入门的初级用户顺利上手；还需要支持灵活的个性化定制，让高级用户能够以进阶的方式使用系统，充分发挥其价值。

让高级用户灵活定制的最典型的例子是各类软件和 App 的配置功能，基本上所有软件都会提供定制化功能，从快捷键设置，到页面布局，再到自定义参数，软件系统会尽量提供全面的个性化设置功能，来满足不同用户的使用诉求和习惯。

例如图 6-17 所示是 Word 的自定义功能，提供了非常强大的配置能力，用户可以对 Word 的 UI 实现颠覆性的重新设置。

图 6-17　Word 提供了强大的自定义配置功能

简约设计原则（Aesthetic and minimalist design）

对话中不应该包含无关的或没必要的信息；增加或强化一些信息就意味着弱化另一些信息。

重点太多，相当于没有重点。在视觉设计中，要掌握好"突出标记"的度，以及内容的呈现方式。

例如，图 6-18 所示是一份停机通知示例，左图只突出了停机这件事和停机时间，右图突出标记了更多内容，但是用户反而无法一下子抓住真正的重点。

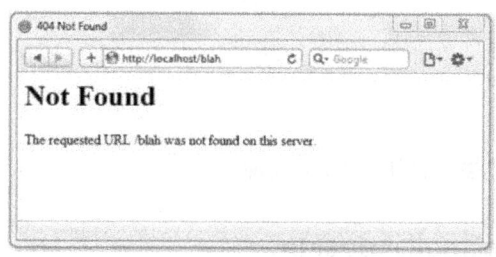

图 6-18　重点太多相当于没有重点

容错原则（Help users recognize, diagnose, and recover from errors）

错误信息应该用通俗易懂的语言说明，而不是只向用户提示错误代码；提示错误信息时要给出解决建议。

对于很多运行时错误或异常，计算机程序都会返回某个错误代码，但是对于用户来讲，看到这些错误代码并不明白发生了什么，所以一定要将错误代码转换成用户能看懂的语句，并告诉用户解决的建议。

访问网站时，如果页面不存在，服务器提供的标准错误提示是 404 错误（如图 6-19 左图所示），很多用户并不理解 404 是什么意思。图 6-19 右图所示的页面就对此做了处理，将错误提示转换成用户能理解的表述，而且给出了解决建议。

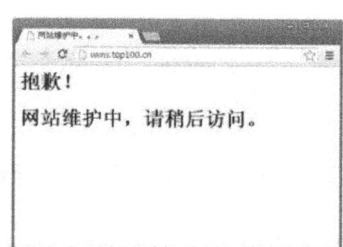

图 6-19　页面不存在的不同提示页面

再例如，做得比较好的表单填写页面，对于不符合格式要求的内容会立即进行提示，而不是等到用户提交时才去校验并提示错误；提示时除了指出填写错误，还会说明规范的填写要求，以便用户理解错误原因并做出修正。如图 6-20 所示的网易邮箱注册页面就是这样，对于不符合格式要求的邮件地址、密码、手机号码都直接给出了提示及说明，非常友好。

图 6-20　网易邮箱注册页面采用了容错原则

帮助原则（Help and documentation）

对于一个设计良好的系统，用户往往不需要经过培训就能轻松上手使用，但是提供帮助文档依然是很有必要的。帮助信息应该易于检索，通过明确的步骤引导用户解决问题，并且不能太复杂。

现在的软件产品，尤其是 C 端产品普遍做了良好的交互设计，可以帮助用户快速学习使用，而不用阅读、理解复杂的说明文档。

然而，B 端产品的复杂性比 C 端产品高很多，因为 B 端产品蕴含很多业务流程的规则，系统中的一个按钮可能代表了一个复杂的业务处理规则，如果不了解整个业务场景和处理规则，是很难理解按钮的操作含义的。

因此，对于 B 端产品，用户进行自助服务、自助操作的难度高很多，B 端产品的帮助文档依然有存在的必要。产品设计人员要尽量在前端交互上做好引导提示，对于复杂的规则和逻辑，可以考虑通过帮助文档来指导用户。

6.3.4　列表页经典设计方案

业务系统经常需要将某些信息汇集并呈现给用户，呈现的页面就是列表页，我们在 6.2.2 节已经见过客户列表页、账号列表页等。列表页是 B 端产品中最重要、最常见、最基本的元素，并且列表页的设计非常讲究技巧，因而我们将列表页设计单独列出一节，详细阐述。产品经理在工作中需要设计列表页上都呈现哪些内容，可以进行哪些交互，并且需要将设计绘制成线框图，图 6-21 所示就是通过 Axure 绘制的分销运营管理后台的报价管理列表页的线框图。

图 6-21 分销运营管理后台的报价管理列表页

系统中有大量列表页需要设计开发，例如，在 M 公司的分销业务系统中，仅"分销运营管理后台"这一个子系统，就需要实现客户列表页、账号列表页、门店列表页、报价管理列表页等多个页面。

对于开发人员来讲，如果把所有的列表页一一开发出来，那简直可谓纯体力劳动：没有很高的技术含量，但有大量的重复性开发工作，不同的搜索项、不同的列表字段，都需要一遍遍核对、开发；经常需要调整界面布局、增加搜索条件选项、调整默认字段排序，等等。因此，我们通常不会采取这种方式。

我们可以对列表页进行高度抽象，因为在所有列表页上实现的不外乎增删改查操作。观察成熟的列表页，可以发现其上面的元素主要包括检索条件区域、结果列表区域、分页器（控制页码的小组件）等有限的类型，因此只要实现一套高度灵活的前端控件，能够自定义配置所有内容，就可以实现列表页的灵活定制。虽然实现这样一套灵活控件的周期比较长，但是长远来看非常必要。

那么，该如何设计灵活的前端控件呢？一个好办法就是向成熟的优秀软件学习。目前市面上绝大多数成熟的商业软件列表页的设计都非常灵活，支持完全个性化的列表页配置，产品经理完全可以学习借鉴。

我们先来看一看大名鼎鼎的项目管理软件 JIRA 是如何实现灵活的列表页配置功能的，JIRA 的列表页组件设计也是我见过的设计方案中最好的。JIRA 提供了一种叫作过滤器的功能，通过新增过滤器来配置一个全新的列表页。过滤器的编辑页面提供了非常灵活的设置功能，如图 6-22 所示。

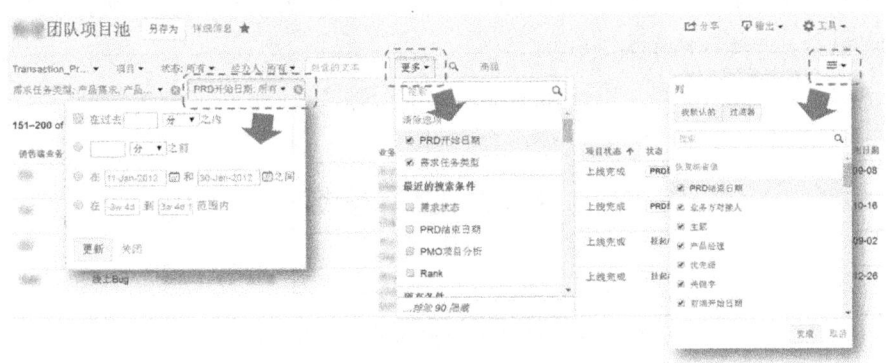

图 6-22　JIRA 提供了灵活的列表页自定义配置功能

首先，用户可以设置任意的查询条件。点击图 6-22 的中间虚线框中的"更多"选项，可以显示 JIRA 中所有可能的搜索条件字段，勾选字段，便可以将该字段增加为搜索条件。

其次，增加某个搜索条件之后，还可以设置它的默认搜索值，例如可以对图 6-22 左侧虚线框中的"PRD 开始日期"字段设置搜索默认值，从图中也可以看到，JIRA 的日历控件功能非常强大，可以进行各种时间检索类型的设置，比如过去多久以内、多久之前、某个时间范围之间等，非常灵活。

再次，用户可以设置任意的列表结果字段，图 6-22 右侧虚线框的下拉选项显示了自定义列的设置，可以增加或删除任意需要在列表页中呈现的字段，且字段顺序可以任意调整，也可以进行排序，并且将这些特性保存下来。

JIRA 甚至还提供了一种检索语言 JQL，以便让用户实现更加复杂的检索诉求。点击图 6-22 中上部的"高级"选项，切换到 JQL 编辑视图，可以看到设置好的查询条件已经按照 JQL 的格式呈现，如图 6-23 所示，用户可以像写 SQL 语句一样继续编辑 JQL 语句。

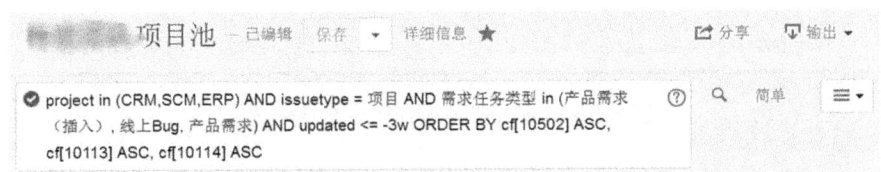

图 6-23　JIRA 提供 JQL，方便用户进行更复杂的自定义查询配置

JIRA 还对列表页提供了一个特别赞的功能：批量操作功能，点击图 6-22 右上角的"工具"选项，会显示如图 6-24 所示的下拉选项，可以选择当前页面数据，或所有查询出的数据，并进入批量操作界面。

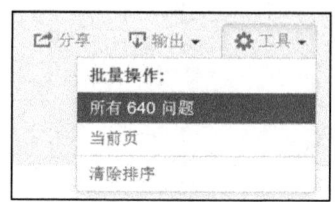

图 6-24　JIRA 列表页的批量操作功能

进入批量操作界面后，如图 6-25 所示，在"步骤 1"中让用户选择需要批量处理的条目，在"步骤 2"中选择要完成的操作，例如编辑问题、移动问题等，然后继续后续操作。

图 6-25　JIRA 批量操作的分步骤处理

设计批量操作功能时，很重要的一点是帮助用户快速选择操作对象。JIRA 在步骤 1 中让用户选择了需要批量处理的条目，在步骤 2 中让用户再一次细化选择操作，这些细节设计非常贴心，值得我们思考借鉴。

6.3.5　列表页设计 Bug "找茬儿"

下面我们通过一个案例，让大家体会设计不合理的列表页界面导致的各种问题。图 6-26 是通过墨刀绘制的分销运营管理后台的门店列表页的线框图，里面有三处很常见的设计瑕疵，你能找出来吗？请先不要往下阅读，试着自己找一找。

图 6-26　设计有瑕疵的门店列表页

问题一：交互功能不合理

第一个设计瑕疵是一个交互体验的问题——没有全选按钮。

假设用户在列表中搜出 50 条记录，需要全部删除，虽然界面上提供了"批量删除"按钮，但却需要用户先逐条勾选数据，一共要点击 50 次（至少）才能全部选中，这时可能手都快抽筋了，然后才能批量删除。如果每天要重复数次类似的操作（B 端产品的用户往往需要每天重复使用某些功能），那将是很崩溃的。如果提供一个小小的全选按钮，就会简单很多，记录数越多，这个按钮越有必要。

问题二：逻辑不严谨

第二个问题是搜索条件中有一个"请选择门店创建时间"的搜索项，但是在列表页中却没有"门店创建时间"字段。

假设用户在"请选择门店创建时间"搜索项中选择了某一周作为查询时间段，但是在结果页中却无法看出各门店的具体创建时间，将是一件很别扭的事情。

列表页的显示字段要和搜索条件匹配，这是一个基本的设计要求，却很容易被忽视。

问题三：技术风险与安全风险

在列表页设计中，分页问题是一个典型的问题，如果处理不好，会造成很多潜在隐患。图 6-26 中的分页器就存在典型的设计问题。

图中采用的分页方案显示了最开始几页的页码、省略号、最后几页的页码，我们由此猜测后台代码读取了所有数据，计算并显示了总页数，且用户可以直接跳转到最后几页。这样做会造成两个问题：

- 存在技术风险。很多时候用户只需要浏览几页数据，但是代码可能读取了所有数据，如果数据量非常大，就会对数据库造成很大压力。不要小看这个问题，**实际工作中经常出现因分页设计不合理导致数据库"趴下"的情况。**
- 有数据泄露风险。用户可以根据页码数和每页的显示数量计算出总体数据量，如果列表页再有导出按钮，那么还可以一次性导出所有数据，这很容易造成数据泄露。

为了避免用户一次查询的数据量过大，常见做法是在某些日期选择字段上进行控制，例如一次只允许查询一周以内的数据。

比较合理的分页设计方案，可以参考 6.3.6 节中的图 6-27，即用户只能看到当前页前后几页的数据，不能直接跳转到最后一页，也不知道总共有多少页。当然，具体的分页设计要结合实际业务来处理。但是大家要认识到，分页设计绝对不是一个很简单的"小 feature"，而是要经过慎重思考、处理的。

6.3.6　界面设计的建议

只要业务建模合理，流程、角色清晰，界面设计就会很轻松。这里提供一些 B 端产品界面设计的建议，供大家参考。

借鉴成熟软件

研究并借鉴成熟软件的界面设计方案，可以提升设计能力，少走弯路。这个方法 6.3.4 节的列表页设计中已经提到。网上有很多免费试用的系统可供学习，比如 Google Analytics、百度统计、管家婆云 ERP、Udesk、SalesForce 等。结合你设计的软件形态，找到行业内相似的 SaaS 软件，借鉴并参考其布局、交互方式，可以提高设计效率与合理性。

产品经理要经常浏览、研究不同系统或 App 的交互设计方案，多看、多用，很多基本的交互设计感觉就会潜移默化地植入脑海中，在做产品设计时就会想起曾经见过的类似的功能设计，从而借鉴参考。

善于使用模板

除了借鉴成熟的商业软件，还可以使用原型绘制工具提供的模板实现快速设计。图 6-27 就是对原型绘制软件"墨刀"的某个模板中的一个页面进行修改后，得到的分销运营管理后台的门店管理列表页。按照这个原型页面来编写用户需求文档（PRD），或者给开发人员阐述设计方案，是完全够用的。

图 6-27　对"墨刀"提供的模板简单修改后得到的门店列表页

采用标准控件

B 端产品不需要花哨的前端界面，不需要充满创意的控件。很多产品新人喜欢在界面设计或交互设计上做太多的创新，实际上大可不必，因为 B 端产品的用户需要的是解决业务问题、提高效率，交互体验并不是他们最在意的，而且复杂的界面和交互设计会增加研发的工作量。我曾经见过一个业务系统，把其中的多选控件做得异常复杂，多选框中隐含了其他的交互形态，导致前端工程师需要耗费大量的精力去定制开发，实在没有必要。

选用标准的控件方案可以节约产品经理和前端工程师大量的时间。什么叫标准的控件呢？Visio 或 Axure 里提供的可以绘制的控件就是标准控件。**不必创造这些标准控件以外的控件！**

还要说明一点，产品经理设计的界面存在不合理、小瑕疵是很正常的事情，甚至在设计、验收的过程中都没有被发现，系统投入使用后才被用户发现。因此，在系统上线后，产品经理要多去用户现场观察交流，发现并解决问题。

6.4 报表设计

任何业务的开展和运转都需报表，报表是业务管理中不可缺少的工具。一线业务人员需要通过报表来掌握自己的工作情况，并根据需要调整工作节奏；一线主管需要通过报表来掌握团队的工作情况，和目标进行对比，调整工作安排；分公司或总部分析人员需要通过报表进行详细的数据分析，掌握业绩情况，并输出报告；高管需要通过报表掌握核心指标的每日变化，以及公司整体的经营情况。

业务报表的核心价值是掌握事实、发现问题、分析原因、产生对策。产品经理要和业务人员一起，关注完整的体系化指标建设，设计有实用价值的报表。**观察、分析问题的视角和思路是报表设计的核心，绚丽的交互只是次要的外在。**

6.4.1 报表设计与应用流程

报表设计可能非常简单，也可能非常复杂。简单的情况是，业务人员提交了报表需求，明确了报表表样，产品经理不用思考表格设计的思路，只需要负责实现即可；复杂的情况是，产品经理要参与业务分析工作，建立业务分析监控体系，并负责实现线上化。我们这里讲的是第二种情况。

报表可能是一张简单的明细表,例如订单明细表、销售记录表,明细表常常作为基础数据,帮助业务分析人员做进一步的复杂分析。报表也可能是一张复杂的汇总表,例如按区域的销售额汇总表、按产品类别的销售额汇总表。从什么维度进行汇总?这里面蕴含了观察、监控业务的视角和思路,因而汇总表的设计具有较高的难度,需要产品经理和业务人员、领导层等一起讨论决定,形成一套科学的指标体系,来准确、有效地监控业务运转中的各种情况。

从业务的视角来看,一套完整的报表设计及其应用流程如图 6-28 所示,其中前三个环节是产品经理要直接负责的环节,后面三个环节是报表用户使用报表的过程,产品经理需要理解用户使用报表的方式,和用户持续沟通,不断优化报表设计。只有从**用户使用报表和分析问题的角度考虑**,才能设计出优秀的报表产品。

图 6-28 报表设计与应用流程

构建分析体系

之所以设计报表,往往是因为需要针对某个业务主题或业务诉求进行监控和分析。

构建分析体系之前,首先要明确分析目的,即需要通过分析发现哪些方面的问题;然后思考该采用什么方法来识别、诊断这些问题,其中可能的困难是什么。构建分析体系必须建立在对业务的深刻、准确理解之上,并且要和一线管理团队多沟通,可能很多问题的分析框架和思路已经被一线工作者发现并有效实践了,一定要善于发掘并参考、借鉴。

例如,我们需要监督并考核线下销售团队,该如何设计一套分析体系来进行合理的评估、管理呢?可能的思路是对销售过程和销售结果两个方向进行监控诊断,对于销售过程,重点在于判断销售人员的努力程度,可以进一步拆解为电话拨打量、线下拜访量、客户线索录入量等;对于销售结果,重点在于判断销售的业绩是否达标、利润率是否良好。这就是在构建报表分析的框架和思路。

定义观察指标

理清了分析框架和思路,下一步要确定观察指标,设计具备明确业务含义的指标来考量业务。一般会先从大的方面拆分出几方面的观察指标,然后考虑是否将指标进一步拆解为二级指标,甚至三级指标,从而在更精细的维度观察、分析业务,更准确地反映业务特征。

针对销售过程管理，我们设计的观察指标包括每日外呼电话量（又可以进一步拆解出呼通电话量、拒接电话量）、每日电话通话时长（又可以进一步拆解出手机通话时长、座机通话时长等）、每日拜访量（又可以进一步拆解出有效拜访量、无效拜访量等、近 30 天内重复拜访量、近 N 天内首次拜访量等），通过这些指标来衡量销售人员是否足够努力；针对销售结果管理，我们设计的观察指标包括签约客户数、月销售额、毛利率，通过这些指标来衡量销售人员的最终销售结果。

设计呈现形式

确定了观察指标后，我们要思考以什么形式呈现这些指标，以便用户能够准确、快速地理解、掌握指标以及变化特征。例如，是采用数据表格还是柱状图呢？在这个环节，产品经理要和实际用户多讨论，寻找最佳的呈现方式。报表的可视化呈现会在 6.4.2 和 6.4.3 节中详细讲述。

我曾经在设计报表时，非常不理解为什么业务用户对一些核心指标的呈现要求是，希望简单地呈现当天的数值及其与昨日的环比变化，而不是列出近期的变化折线图；也很难理解为什么业务用户希望将大量的数据指标干巴巴地呈现出来，而不是用各种变化漏斗或趋势图来直观呈现。

直到后来，自己有了一段创业并管理业务的经历，每天要看各种报表，才体会到，作为一名业务管理人员，各种核心数据都是了然于心的，看一眼当天的数字，就知道有什么异常。管理人员需要的只是干净的界面和能够实时更新的准确数字，其他炫酷的交互效果并不需要。

跟踪指标变化

管理要用数据说话，报表数据就是诊断和决策的依据。管理人员要认真对待、分析报表中各种数字的变化、波动。如果只是走马观花地浏览报表，看不出任何问题，报表就失去了意义。作为一名管理人员，必须对数字非常敏感，能够快速地感知并解读数字背后的变化和问题，这是出色的管理人员必须具备的素质。

分析变动原因

如果指标发生了明显的波动，需要跟进分析波动的原因，分析工作可以由数据分析师完成。

业务团队最好每周分析上周数据走势、变化背后的原因，以便及时、准确地掌握业务变化情况及原因。

跟进处理问题

分析出问题后，下一步当然是给相关部门或人员安排工作，解决问题，这也是报表设计的初衷。

6.4.2　报表引擎

报表设计的第三个环节是设计呈现形式，需要产品经理和报表使用者讨论想要的可视化效果。确定了想要的可视化效果后，该如何实现呢？如果使用者只需要直接呈现数据（如 6.4.1 节中所举的例子），或者用简单的二维表格来呈现（实际中这种情况很常见），那么实现起来当然比较简单。如果使用者要求的呈现方式有一定的复杂度，例如复杂表格、折线图、柱状图等，该怎样实现呢？

一种方案是请研发人员写代码来实现各种效果，但这样会花费大量时间，尤其是交互比较丰富的控件，对前端工程师的能力要求很高。因此实际中往往不这么做。

更常用的方案是使用成熟的报表引擎，这是一种现成的报表软件产品解决方案。后端工程师准备好数据[1]后，产品经理只需要指定数据源，写好 SQL 语句，定义好报表样式和基本交互方式（例如搜索选项、分页器等），报表引擎就可以完成接下来的数据呈现工作了。

例如，图 6-29 所示是报表引擎 SmartBI 提供的报表编辑器，左侧方框区域列出了报表对应的数据字段，右侧列出了类似 Excel 数据透视表的字段选择器，通过拖曳字段对应的行或列，就可以得到图中间部分所示的二维表格，此外，还可以通过"参数"选项设置查询项及查询条件；也可以通过"图形"选项设置基于表格的数据图表呈现形式。更多的报表引擎表样参见下文，其设置过程和界面与此处展示的二维表格的设置是类似的。

1　无论报表有多绚丽，交互有多复杂，对应的都是后端提供的业务数据。在后端，需要由专门的数据产品经理来负责数据指标口径的设计、核对、校准等工作，重点是保证数据的准确性和时效性。可见，报表的可视化呈现和后端的数据处理，二者在产品设计及技术处理上都是完全不同的，往往分开建设，由不同的团队负责。

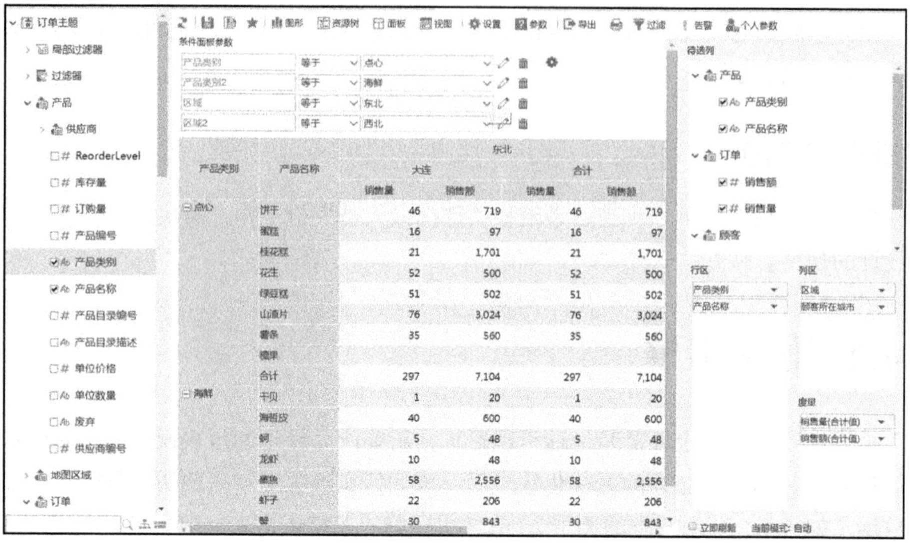

图 6-29　SmartBI 提供的报表编辑器

采用报表引擎可以大幅提高企业对报表类产品形态的开发速度，非常经济有效。市面上有大量收费或免费开源的报表引擎可供使用。除非有很特殊的呈现需求，其他情况都强烈推荐采用成熟的报表引擎。

常见的报表引擎表样

接下来和大家分享一些报表引擎提供的成熟表样，一起感受一下报表引擎的强大。本节中的图表都是从商业报表引擎软件 SmartBI 和 FineReport 提供的 demo 中截取的，这些成熟的报表引擎软件提供了强大的可配置定制化功能，可以实现你能想到的几乎所有数据呈现形式。

图 6-30 是一张标准的明细报表，这种报表样式是最简单、最基本的形式，主要用于为业务人员提供基础数据，一般都会提供下载功能，以便业务人员通过基础数据做灵活分析。

行号	订单编号	订单日期	客户名称	产品	单位数量	单价	销售额	运费	发货人	联系人
1	10689	2016/10/1	通恒机械	苹果汁	每箱24瓶	18	472	13.42	李先生	黄小姐
2	10628	2016/8/12	国皓	苹果汁	每箱24瓶	18	450	30.36	方先生	黄雅玲
3	10918	2017/3/2	广通	苹果汁	每箱24瓶	18	810	48.83	王先生	王先生
4	10370	2016/6/3	浩天旅行社	苹果汁	每箱24瓶	14.4	183	1.17	林小姐	方先生
5	10609	2016/7/24	迈策船舶	苹果汁	每箱24瓶	18	54	1.85	刘先生	王俊元
6	11047	2017/4/24	中通	苹果汁	每箱24瓶	18	337	46.62	谢小姐	林小姐
7	10911	2017/2/26	建资	苹果汁	每箱24瓶	18	180	38.19	锺小姐	陈先生
8	11006	2017/4/7	仪和贸易	苹果汁	每箱24瓶	18	144	25.19	方先生	王先生
9	10863	2017/2/2	远东开发	苹果汁	每箱24瓶	18	306	30.26	王先生	王先生
10	10646	2016/8/27	师大贸易	苹果汁	每箱24瓶	18	202	142.33	周先生	苏先生
11	10413	2016/1/14	池春建设	苹果汁	每箱24瓶	14.4	345	95.66	苏先生	王先生
12	10522	2016/4/30	幸义房屋	苹果汁	每箱24瓶	18	576	45.33	黎先生	刘先生
13	11070	2017/5/5	幸义房屋	苹果汁	每箱24瓶	18	612	136	黎先生	刘先生
14	10729	2016/11/4	保信人寿	苹果汁	每箱24瓶	18	900	141.06	黄雅玲	方先生
15	10838	2017/1/19	保信人寿	苹果汁	每箱24瓶	18	54	59.28	黄雅玲	方先生

图 6-30　明细报表表样

图 6-31 是一张常见的较为复杂的汇总报表表样，可以看到主营收入、主营毛利等指标在部门、业务属性、业务版块维度上做了多层汇总计算。这种比较复杂的报表形态背后的数据源，一般是一套数据仓库，而不是业务系统的原始数据库，因为数据仓库的架构更适合做复杂的数据加工处理工作。

业务板块	业务性质	二级部门	三级部门	销售指标		主营收入		主营毛利			其他业务利润	经营费用			经营利润			分摊系统费用			分摊系统费后利润	分摊地区总部运营费用	分摊集团费用	营业外收支
				本期	同期	总额	客单价	总额	毛利率	单台毛利		总额	费用率	单台费用	总额	经营利润率	单台经营利润	总额	分摊费率	单台分摊费用				
零售	综合门店	市区	泰立市区[illegible]店	656	407	1,006,996	1535.05	196,693	19.5%	300	8,285	122,468	12.2%	187	82,510	8.2%	126		0%	0	82,510	7,626	-18,033	74,884
			泰立市区[illegible]店	320	592	442,330	1340.39	55,085	12.5%	167	19,423	82,949	18.8%	251	-8,441	-1.9%	-26		0%	0	-8,441	-2,517	-24,843	-5,924
			泰立市区中心店	543	233	948,616	1746.99	10,814	1.1%	20	1,722	65,122	6.9%	120	-52,586	-5.5%	-97		0%	0	-52,586	-3,592	-23,934	-48,994
			泰立市区总店	312	324	798,980	2560.83	10,125	1.3%	32	2,363	36,643	4.6%	117	-24,155	-3.0%	-77		0%	0	-24,155	-3,549	-64,952	-20,606
			小计	1,841	1,556	3,196,922	7,183	272,717	8.6%	519	31,793	307,182	10.6%	675	-2,672	-0.6%	-74	0	0%	0	-2,672	-2,032	-131,762	-640
		外区	泰立外区[illegible]店	534	123	429,859	804.98	11,973	2.8%	22	3,590	112,534	26.2%	211	-96,971	-22.6%	-182		0%	0	-96,971	-4,324	-49,782	-92,647
			泰立外区[illegible]店	224	407	423,699	1891.51	7,585	1.8%	34	4,297	35,353	8.3%	158	-23,471	-5.5%	-105		0%	0	-23,471	-5,654	-32,374	-17,817
			泰立外区中和店	6,452	592	658,108	102.00	13,257	2.0%	2	5,543	25,733	3.9%	4	-6,933	-1.1%	-1		0%	0	-6,933	-34,554	-49,672	27,621
			泰立外区中和[illegible]店	2,235	448	981,956	439.35	10,657	1.1%	5	6,312	74,254	7.6%	33	-57,285	-5.8%	-26		0%	0	-57,285	-3,128	-73,524	-54,157
			小计	9,445	1,570	2,493,622	3,238	43,472	1.9%	63	19,742	247,874	11.5%	406	-184,660	-8.7%	-313	0	0%	0	-184,660	-47,660	-205,352	-137,000
		小计		11,286	3,126	5,690,544	10,421	316,189	5.3%	582	51,535	555,056	11.0%	1,081	-187,332	-4.7%	-387	0	0%	0	-187,332	-49,692	-337,114	-137,640
	三星专卖店	市区	泰立市区三星200号	4,575	651	583,059	127.44	12,663	2.2%	3	9,634	57,733	9.9%	13	-35,536	-6.1%	-8		0%	0	-35,536	-30,858	-53,441	-4,678
			泰立市区三星[illegible]店	407	366	637,318	1565.89	16,360	2.6%	40	2,524	72,672	11.4%	179	-53,789	-8.4%	-132		0%	0	-53,789	-2,556	-23,248	-51,232
			小计	4,982	1,017	1,220,377	1,693	29,022	2.4%	43	12,058	130,405	10.7%	191	-89,325	-7.3%	-140	0	0%	0	-89,325	-33,414	-76,689	-55,911
		小计		4,982	1,017	1,220,377	1,693	29,022	2.4%	43	12,058	130,405	10.7%	191	-89,325	-7.3%	-140	0	0%	0	-89,325	-33,414	-76,689	-55,911
	小计			16,268	4,143	6,910,921	12,114	345,211	3.8%	625	63,593	685,461	10.8%	1,272	-276,657	-6.0%	-527	0	0%	0	-276,657	-83,106	-413,803	-193,551
[illegible]	平销	泰贸平销	泰贸平销巴中地区	592	534	370,888	626.50	9,935	2.7%	17	6,452	126,352	34.1%	213	-109,965	-29.6%	-186		0%	0	-109,965	-25,246	-22,338	-84,717
			泰贸平销成都市区	448	224	360,404	804.47	16,640	4.6%	37	3,676	174,563	48.4%	390	-154,247	-42.8%	-344		0%	0	-154,247	-28,407	-64,152	-125,840
			泰贸平销自贡地区	651	233	800,776	1230.07	12,781	1.6%	20	5,341	54,424	6.8%	84	-36,302	-4.5%	-56		0%	0	-36,302	-3,550	-22,035	-32,752
			泰贸平销综合事务部	366	652	625,657	1709.45	6,650	1.1%	18	2,246	32,824	5.2%	90	-23,928	-3.8%	-65		0%	0	-23,928	-1,794	-45,075	-22,133
			小计	2,057	1,643	2,157,725	4,370	46,007	2.5%	92	17,715	388,163	23.6%	776	-324,441	-20.2%	-651	0	0%	0	-324,441	-58,998	-153,600	-265,443
		小计		2,057	1,643	2,157,725	4,370	46,007	2.5%	92	17,715	388,163	23.6%	776	-324,441	-20.2%	-651	0	0%	0	-324,441	-58,998	-153,600	-265,443
	网销	泰贸网销	ODEP-成都OPEN	533	225	417,824	783.91	7,813	1.9%	15	3,692	24,543	5.9%	46	-13,138	-3.1%	-25		0%	0	-13,138	-8,285	-35,933	-4,853
			ODEP-甘孜地区	377	475	247,225	656.03	7,125	2.9%	19	3,549	22,735	9.2%	60	-12,061	-4.9%	-32		0%	0	-12,061	-1,423	-35,827	-10,637
			泰贸网销自贡地区	255	297	676,790	2654.08	12,972	1.9%	51	4,324	44,575	6.6%	175	-27,279	-4.0%	-107		0%	0	-27,279	-9,114	-23,746	-18,165
			泰贸网销综合事务部	423	543	975,351	2305.79	13,475	1.4%	32	5,432	35,133	3.6%	83	-16,226	-1.7%	-38		0%	0	-16,226	-2,136	-26,243	-14,090
			小计	1,588	1,540	2,317,290	6,400	41,386	2.0%	116	16,897	126,986	6.3%	364	-68,703	-3.4%	-202	0	0%	0	-68,703	-20,958	-121,749	-47,746
		小计		1,588	1,540	2,317,290	6,400	41,386	2.0%	116	16,897	126,986	6.3%	364	-68,703	-3.4%	-202	0	0%	0	-68,703	-20,958	-121,749	-47,746
	小计			3,645	3,183	4,475,015	10,770	87,393	2.3%	208	34,612	515,149	15.0%	1,141	-393,144	-11.8%	-853	0	0%	0	-393,144	-79,956	-275,349	-313,189

图 6-31　汇总报表表样

动态仪表盘也叫管理驾驶舱，是 BI 中的概念，在业务系统中也经常采用。其设计目的是为业务管理人员提供一个高度集成的报表界面，将管理人员关心的所有核心数据在一个页面上友好、清晰地呈现出来，而且动态仪表盘中的数据多为实时的或准实时的，方便管理人员全面掌控当前的业务情况。图 6-32 是动态仪表盘的表样。

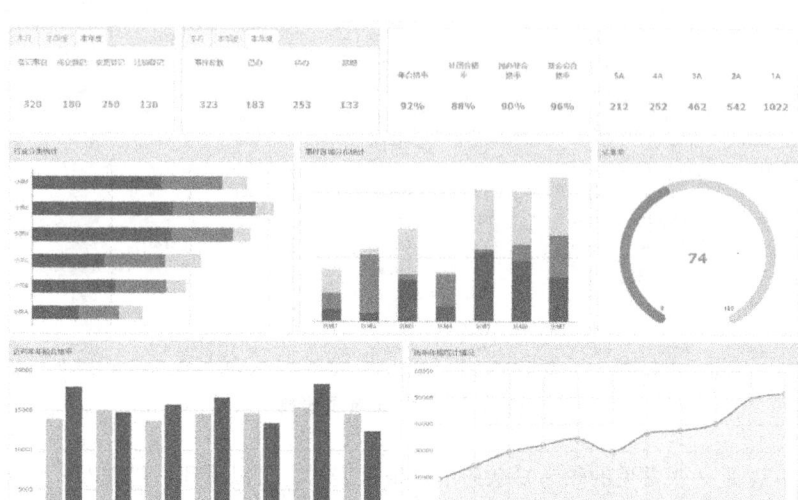

图 6-32　动态仪表盘表样

图 6-33 是报表引擎提供的套打报表表样。套打是指在格式固定的单据或凭证上准确地打印数据，例如快递配送单、采购入库单、发票等。套打功能具备一定的技术复杂性，如果从零开发，效率会非常低，因此也建议采用成熟的报表引擎，一套良好的报表引擎可以完美地支持套打诉求。

NJG210666666

南京快递物流有限公司
Nanjing Express Logistics Ltd.

放柜纸

	2015-1-1	免费合期至	2015-3-1		
工程日期	2015-5-1	免费吉柜期于取柜日起计共	2	天	

南京帆软软件有限公司

TEL：　0891-6364088　FAX：　025-66780137

柜主：
帆软

TO:　（柜场：请於免费合期内放行此货柜）
葫芦码头

FOR:　Nanjing Express Logistics Ltd.
DATE: 2015年8月19日15:10:20　经手人：阿狸

船名	航次	起运港	到达港	起运日期	提单号	船公司
葫芦8号	518101503030	NJNJG	AAAAA	2015-3-3	BBBBBBBB	DDDDDDDDDD

货柜号码	封条号码	柜型尺码	吉/重	毛重	车头号码	车架号码	条款
CCCCCCCCCCCCCCC	MAJ88713	20GP	10	20	30	40	拼装整拆

货柜放行时，货柜及封条完整无缺（除非附有破损报告）	收到货柜时，货柜及封条完整无缺（除非附有破损报告）	备注：请提前12小时，联络柜场取柜 过期合租：　NJ$200/20' NJ$400/40' 每天 过期柜租：　NJ$200/20' NJ$400/40' 每天
柜场代表	拖车代表	

第一联：　码头放柜联

图 6-33　套打报表表样

以上简单介绍了一些报表引擎提供的报表样例，建议大家亲自使用一下成熟的报表引擎，设计并实现自己想要的可视化效果，感受一下成熟报表产品的形态。

【资源推荐】

本节中提到的两个报表引擎的 demo 地址如下：

http://demo.finereport.com

http://demo.smartbi.com.cn

除此以外，强烈推荐大家研究学习 BI 软件 Tableau，Tableau 是目前顶尖的数据可视化软件，功能强大，灵活易用，并且可以和公司系统进行快速结合部署，是学习数据可视化的极佳材料。

6.4.3　二维表格设计 Bug "找茬儿"

在报表的可视化呈现中，二维表格（即常见的汇总统计表、明细表等）是最常见的数据呈现形式。可以用报表引擎来实现二维表格的呈现样式，也可以直接由团队手动设计实现（毕竟自己设计二维表格呈现样式的难度不大）。

不过产品经理也不要小看简单的二维表格，很多产品新人在自己设计时会犯一些交互设计错误，虽然是细节问题，但非常影响用户使用。下面将通过一个示例提醒大家在二维表格设计中常见的问题。

表 6-2 是一张非常常见的销售统计二维表格，请大家仔细观察，看看你能找到多少个设计瑕疵。

表 6-2　一张并不完美的销售报表

大区	销售额	毛利率	投诉数量
华北	3245634	11.23%	3.00
华东	1231234	10%	
华南	2342342	15.16%	2.00
西南	989786	13%	

在这张表格中，存在很多典型的设计瑕疵，如下。

- 数字没有右对齐，这会导致用户无法直接看出数字之间的大小关系，因为无法通过长度来判断两个数字的量级差异。

- 没有采用千分符（即从个位起，每三位数字之间加一个逗号），这会导致阅读者无法快速识别数字的量级。虽然千分符是西方的计数习惯，但在全球商务界被普遍采用，习惯后会发现这是一种非常好用的数字表述方式。

- 呈现百分比时没有统一小数位数，同样不方便用户直接看出数字之间的大小关系。虽然原始数据中第二、第四行的小数点后是 0，但要保持格式统一，写成 10.00%和 13.00%，不能省掉小数点后面的两位。

- 出现了不必要的小数位。"投诉数量"这个字段的值肯定是整数，因此没有必要保留两位小数。

- 没有使用占位符。单元格中如果没有内容，不应该空着，容易让人以为漏掉了数据。根据数值的含义，要么填入 0，要么填入占位符"-"。

- 表头文字没有加粗（或用黑体）显示，不够醒目。

我们将表格进行调整，得到表 6-3，是不是看起来更舒服、更清晰一些呢？

表 6-3 格式调校后的销售报表

大区	销售额	毛利率	投诉数量
华北	3,245,634	11.23%	3
华东	1,231,234	10.00%	–
华南	2,342,342	15.16%	2
西南	989,786	13.00%	–

大家平时可以多观察《华尔街日报》、上市公司财报等规范的商业文件或报告，里面表格的呈现形式都非常讲究、专业。正是这些小细节体现了设计人员的专业性，无论是报表设计，还是平日做分析报告，都应该留意这些细节。

6.4.4 报表设计的建议

报表设计是 B 端产品经理必须掌握的技能之一。针对报表设计，我们有如下建议。

聚焦业务分析本身

业务分析思路才是报表设计的核心，产品经理要尽量参与分析体系构建的过程，这是帮助自己进一步理解业务运行和管理机制的非常好的机会，不要把太多的精力投入在交互体验设计上。

6.4.1 节提到过，根据工作性质不同，产品经理在报表设计过程中的介入程度、工作内容会有很大差别：有些情况下，产品经理要负责建立整个分析体系；有些情况下，产品经理只需负责后续开发。不论是何种情况，产品经理都要尽量贴近业务，即便是被动地接受报表需求，也要努力思考其背后的设计思路。

不要急于线上化

在业务团队中，新设计的报表一般都是由数据分析团队手工制作的，需要在实践中随时优化修改。如果着急将这类报表线上化，有可能会面临无数次返工。

试想，在一张新的管理报表试用期间，管理人员随时可能要求调整个别指标，或调整格式。如果是线下的，马上就可以调整完毕，但如果已经在系统中上线，就涉及开发、调试、上线，不能很快响应，影响工作。

等新的报表在线下试用的过程中调试好各种问题后，再实现线上化，是一个更好的选择。

上线后不要急于推广

报表研发面临的典型困难和挑战是对数据准确性的验证测试问题，尤其是比较复杂的数据指标，运算过程复杂，验证测试困难：

- 如果是线下已有指标，则需要将线上系统计算的结果和线下计算的数据对比，如果发现不同，分析其中的原因，但并不能认为线下手工计算的、长期使用的数据就一定是正确的。
- 如果是线下没有的指标，测试工作就更加麻烦，只能非常谨慎小心地手工模拟核算，再和系统计算的结果对比，需要足够的细心和耐心。

鉴于此，报表上线后，应该谨慎、小心地进行一段时间的并行验证，即将线上系统的计算数据和线下手工计算的数据进行核对、验证。确定线上系统的计算数据准确无误后，再进行全面推广。否则，如果线上系统计算出来的是错误数据，会导致业务决策出错。

理解掌握数据仓库原理

想要完成高阶的报表设计，以及针对企业整体经营分析的报表设计，需要进入一个更加专业的领域，即数据仓库领域。

从企业的视角来看，广义的"报表"设计是一个非常庞大的体系化工程。如何保证各个业务团队看到的都是同样口径的准确数据？如何保证不同团队的人对同一份数据有同样的理解、在同一个频道对话？如何保证企业数据得到"治理"，数据管理井井有条？如何保证软件工程能够提供灵活的数据和工具，让分析团队能够快速高效、随时随地分析数据？

要解决这些问题，需要专业的技术人才运用专业工具进行企业级数据、报表体系设计，构建一套合理的企业级数据、报表平台，这就要用到数据仓库的知识。这是一个业务和技术高度交融的方向，产品人员必须同时具备技术架构知识及业务知识，才能正确开展设计工作。

B 端产品经理需要了解数据仓库的基本概念，包括掌握数据体系的逻辑架构，理解数据集市、星形模型、数据立方体等基础概念，这对报表设计十分有帮助。

【资源推荐】

学习数据仓库知识，推荐阅读韩家炜教授的经典著作《数据挖掘概念与技术》，其中前 3 章详细讲述了数据仓库、数据集市、数据处理的基础知识，值得每一位产品经理阅读。这本书的其余部分讲述的是数据挖掘算法，如果你从事的是策略算法相关工作，也值得一读。

6.5　数据埋点

数据埋点设计是产品交互设计过程中必须同时进行的工作，数据埋点无论是对 C 端产品还是对 B 端产品来说都很重要：对于 C 端产品来讲，通过数据埋点可以分析用户行为，持续优化产品，如果没有数据埋点，C 端产品运营就无从下手；对于 B 端产品来讲，数据埋点是考核产品使用程度的一个重要依据，也是业务用户行为分析、产品分析、产品改善的重要参考数据来源。

作为产品经理，有必要理解数据埋点的技术原理、埋点手段、各类埋点工具的使用方式和特点，以及基于数据埋点的分析思路。

6.5.1 什么是数据埋点

数据埋点的历史和含义

在 Web 1.0 时代,网站设计人员及分析人员需要了解网站的访客数量、访客来源、页面访问情况等信息,从而优化网站结构和内容。例如,分析人员需要知道什么样的排版设计可以提高转化率,哪些版块内容比较吸引人、应该加大投入。

为了满足这些分析诉求,程序员可以自己开发一套数据监控平台,记录访客相关的所有数据,再开发一套报表呈现平台,让分析人员能够方便地进行数据观察和分析。但是这样做的成本非常高,小公司根本没有实力做这些事情。

然而,监控、分析访客的行为,研究站点的流量来源和走势,这是网站运营的刚需,尤其是在各类线上广告投放体系(例如 SEO、AdExchange)成熟之后,网站主更加需要功能强大的分析工具,帮助其优化网站、提升网站的转化率和商业价值。

于是,各类专业的网站监控、流量分析的统计工具应运而生。知名的网站分析软件有国内的 CNZZ(后来和友盟合并)、百度统计,国际上有 Adobe 的 Ominiture 和大名鼎鼎的 Google Analytics。

使用这些分析工具的方法非常简单,一般是将一小段唯一的 JavaScript 代码片段注入网站的一个公共 JavaScript 文件(或公共的 HTML 代码片段)即可,工作量非常小,部署非常方便。如果需要更加精细地监控按钮点击等行为,则需要针对每一个交互事件插入更有针对性的代码片段。**这些在网站中注入分析工具提供的代码片段,以便网站分析工具能够准确捕捉用户行为的工作,就叫数据埋点。**移动端 App 的数据埋点和 Web 端大同小异,也需要在 App 代码中"埋入"各种分析工具提供的代码片段。

数据埋点的流程

数据埋点的流程一般包括申请分析网站账号、获取埋点代码片段、将代码片段埋入网站或 App、观察分析数据,如图 6-34 所示。以下流程中的前三步一般都由研发人员负责,产品经理重点参与第四步,详见 6.5.3 节。

图 6-34 数据埋点的一般流程

6.5.2 常见的 B 端埋点工具简介

目前国内使用比较多的 Web 端埋点工具有 Google Analytics（GA）、百度统计，移动端埋点工具有 GrowingIO、诸葛 IO、神策。简单介绍如下。

Web 端埋点工具

GA：功能强大、全面，遗憾的是国内访问 GA 站点很不稳定，经常无法访问。更准确地说，GA 在后台的数据采集（捕获）功能是非常稳定的，可以正常使用，但是分析报表经常无法访问。

百度统计：和 GA 功能相似，支持各种分析诉求。百度统计和自家的广告平台结合比较紧密，使用起来非常方便，容易上手。图 6-35 所示是百度统计的工作台界面，由于工作台界面尺寸比较大，所以图片可能看不清楚，大家可以扫描本书勒口处二维码查看大图。图 6-36 至图 6-42 亦是如此。

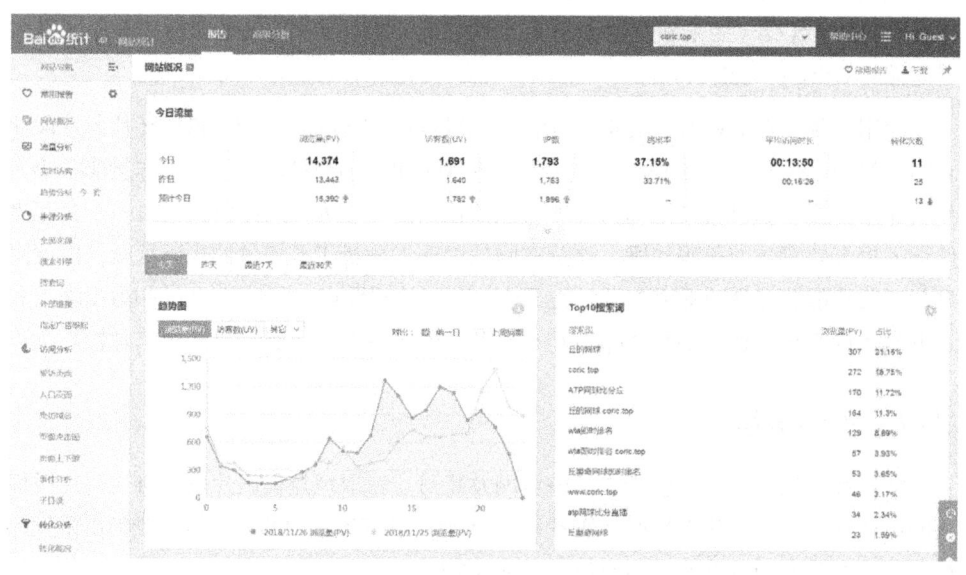

图 6-35 百度统计工作台

移动端埋点工具

各家的移动端埋点工具的核心功能基本相似，有些强调私有化部署，有些强调无埋点技术，扩展功能上有所不同，但本质上区别不大。

图 6-36 和图 6-37 分别是通过神策和 GrowingIO 的 demo 账号登录后的首页截图，这些产品都支持免费试用，大家可以亲自试用和研究。

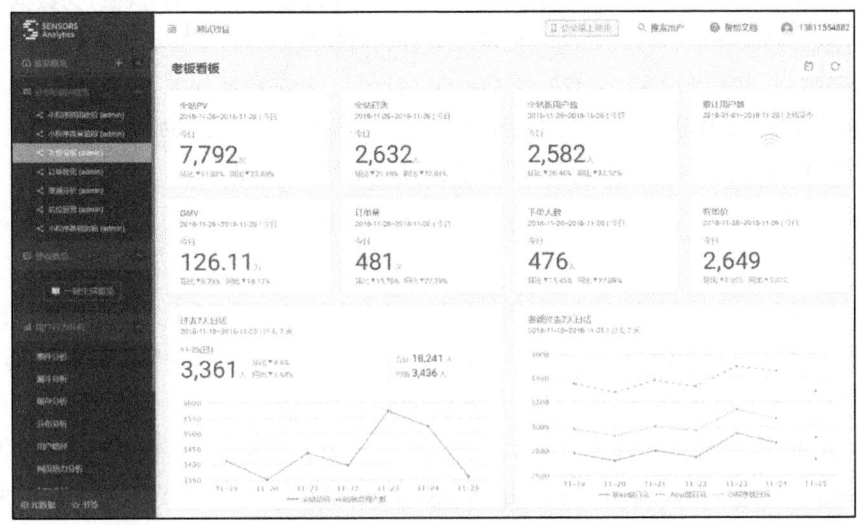

图 6-36　神策的管理工作台

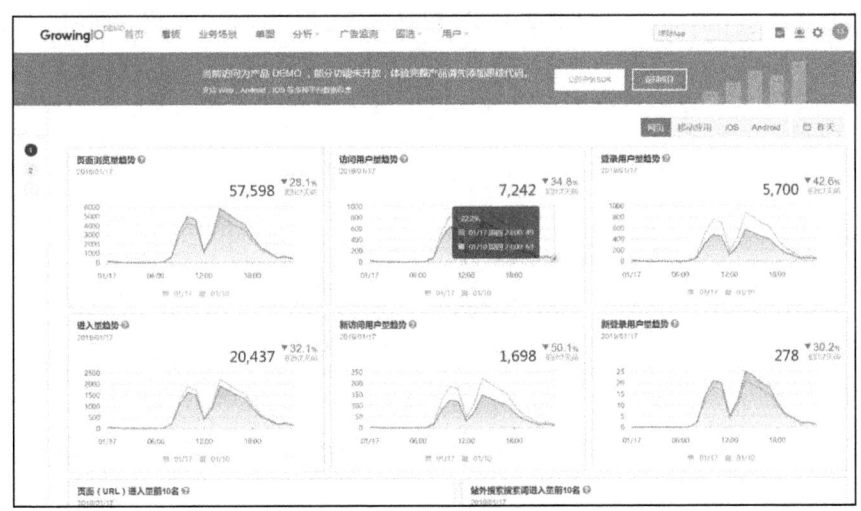

图 6-37　GrowingIO 的管理工作台

如果不考虑数据安全性问题，建议 Web 版的 B 端产品部署百度统计，因为接入简单方便，而且足够做基本的统计分析。对于移动端的埋点软件，区别不大，根据偏好自行选用即可。

6.5.3 埋点工具的数据分析

完成埋点后，埋点软件就开始采集用户访问网站或使用 App 的各种行为数据了，登录埋点工具管理后台，产品经理便可以查看、监控数据，进行各种有趣的分析，我们主要以 GA 为例进行介绍。GA 是 Google 的产品，功能极其强大，已经成为埋点分析领域的标杆，其他埋点工具或多或少都参考了 GA 的设计理念。因此，只要理解 GA 的工作原理和使用方法，就很容易理解并使用其他埋点工具。

基本分析

通过埋点工具，可以让分析人员对网站的全体用户、分群用户、个体用户的浏览行为进行全面、准确地监控和分析，从而优化站点内容，提高留存率、转化率等。我们通过 GA 提供的 demo 账号来看一下相关功能。

一张典型的 GA 分析报表如图 6-38 所示，这张报表呈现了网站页面的访问情况，包括 Pageviews（页面浏览量）、Unique Pageviews（页面唯一身份浏览量）、Bounce Rate（跳出率）、Avg. Time on Page（平均停留时长）等基本信息。左侧是菜单结构，右侧是数据表格及图形化呈现。折线图可以更改成其他图表类型，还可以添加对比指标，可以通过折线图上方的"+Add Segment"按钮来细分用户群组，观察不同用户群组的访问行为。

图 6-38　GA 的网页分析报表

GA 功能强大，可以统计访客来源（运营商、渠道、通过搜索引擎搜索等）、设备信息（浏览器、操作系统等）、访客属性（性别、年龄等）、页面访问量、停留时长、流转去向、跨设备情况等一系列信息，可以让分析人员从不同的维度观察流量特征。

除了基本分析，GA 还提供了很多有意思的主题分析，我们继续来看。

桑基图

桑基图（Sankey Diagram）也叫能量分流图，可以通过桑基图方便地观察流量的流转情况。GA 提供了强大的桑基图交互功能，可以对任何流量分支进行标记、下钻，或者观察细分用户群体的流量特征。如图 6-39 所示，GA 通过桑基图对页面流进行观察，分析的起点是流量的来源，包括 Google、直接访问、邮箱等，来自不同渠道的流量会走向不同的页面。通过桑基图，我们可以概要性地迅速观察用户的整体访问路径和习惯，以及在哪些页面、什么情况下用户会中断访问。

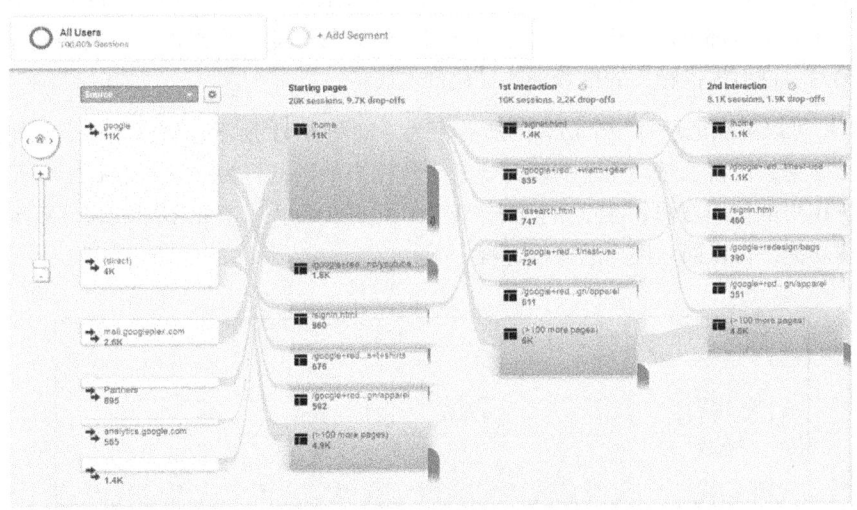

图 6-39　GA 的页面流分析

Cohort 分析图

Cohort 分析（中文是群组分析、队列分析等，没有统一译法）是一种经典的留存分析方法，如图 6-40 所示是 GA 提供的一组用户访问留存的 Cohort 分析图，纵坐标代表新用户第一次访问的日期，横坐标代表当日访问的新用户在第二天、第三天、第四天再次访问的百分比，可以看到时间越往后衰减越严重。除了研究用户访问留存率，Cohort 分析图还可以用在复购分析的场景。

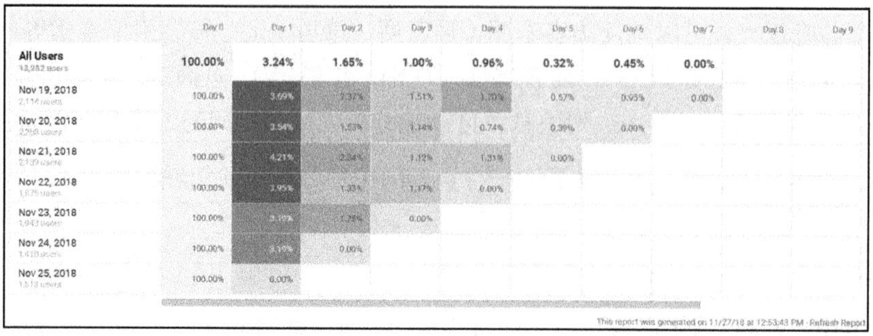

图 6-40　GA 的 Cohort 分析图

访客分析

客观分析全面的用户行为数据，是线上业务取得成功的重要因素之一。用户在线上的每一个动作、行为，都可以被准确地捕获、记录，这是线下世界无法企及的。例如，在线上环境，顾客看过哪些商铺、浏览了哪些商品、对哪些商品关注的时间最久，等等，所有细节都可以被记录，并进行充分挖掘，形成对用户兴趣、行为、爱好、特点的刻画，进而提供相关的推荐和差异化推送服务。

GA 可以准确记录每一个访客的所有行为，如图 6-41 所示，访客在什么时间点做了什么事情，一目了然。这个功能对研究个体用户的浏览行为有很大帮助，对研究 B 端业务用户的使用习惯，甚至是排查作弊操作也帮助巨大。有很多埋点软件甚至还提供录屏功能，可以回放用户的操作过程。

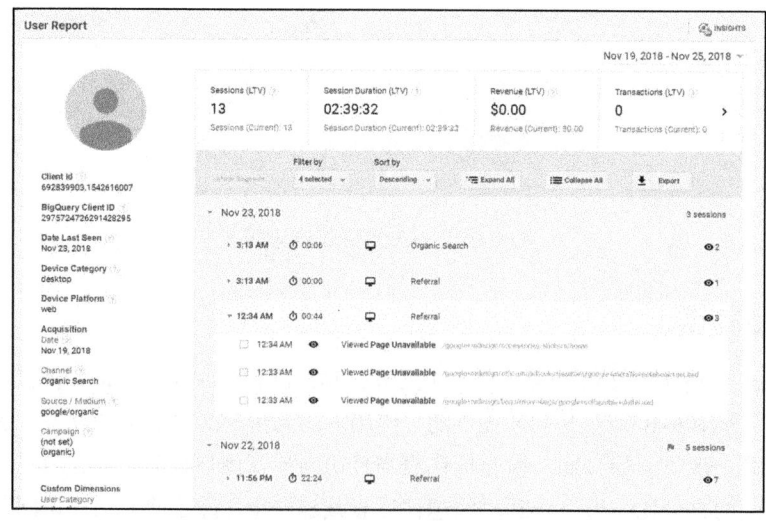

图 6-41　对单个用户的访问情况分析

以上非常简单地介绍了 GA 的一小部分功能,这些只是 GA 强大功能的"冰山一角"。建议大家通过免费的 demo 账号去体验、研究 GA 的功能,不仅可以提升数据埋点的专业技能,还能提升数据分析、软件设计的水平。

热力图

热力图(Heat Map)是一种通过标记页面不同区域的颜色深浅,来呈现网页不同区域点击热度的图表,可以方便地观察页面中不同功能的点击使用情况。

因为 GA 对热力图的处理不是很理想,所以针对热力图,我们选用了国内分析工具易分析 demo 账号中提供的功能截图,如图 6-42 所示,建议读者亲自使用易分析的 demo 账号感受一下彩色的热力图效果。

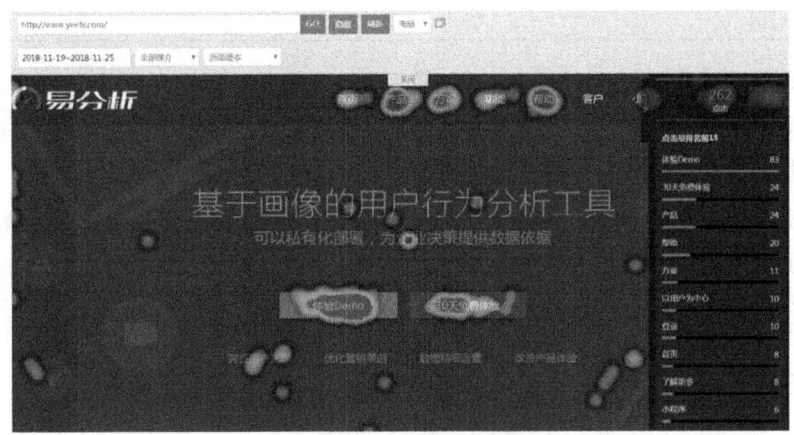

图 6-42　易分析的热力图

使用热力图可以非常方便地监控页面功能使用情况,例如,假设有一个列表页,里面有十几项搜索选项,我们想观察这些搜索选项的使用情况如何,有三种办法:

- 分析点击搜索按钮后的 log 中记录的 query,通过识别 query 的传参来统计搜索选项的使用情况。
- 对每一个搜索选项进行埋点监控,观察每个按钮控件的点击情况。
- 使用热力图,观察页面上搜索选项区域的点击热力分布。

显然,第三种方法最简单、高效。

对于 B 端产品,我们可以通过热力图来观察功能页面中具体功能的大概使用情况,而不用像 C 端产品那样对页面中每个按钮、每个文本框进行埋点监控。

【资源推荐】

访问以下链接,可以直接体验 GA 以及易分析的 demo 账号。

GA:https://analytics.google.com/analytics/web/

易分析:http://www.yeefx.cn/demo.show.php

6.5.4　B 端产品与 C 端产品数据埋点的区别

B 端产品和 C 端产品在数据埋点的诉求和方案上有较大区别,产品经理应该准确理解两者的不同,以便确定合适的方案。

诉求不同

B 端产品,尤其是业务系统,往往借助埋点观察并研究用户对各项产品功能的接受程度、使用情况,以及用户的操作习惯等,从而进一步评估功能设计是否合理,是否帮用户提高了效率等,为持续优化提供依据。

C 端产品通过数据埋点来持续优化设计。C 端产品对交互设计要求高,非常重视用户体验。因此 C 端产品经理和运营人员要想尽办法持续优化功能,而优化的前提是细致、全面的数据埋点和分析,这样优化方向才是明确的。

方案不同

B 端产品多为 PC 端 Web 站点,在 Web 埋点工作中,很多时候只需要分析页面级别的流量和行为就足够了,所以只需要部署一次公共 JavaScript 代码片段就完成埋点工作了,然后就可以做基本的分析监控了。当然,默认的埋点只能记录 URL 的访问、跳转等数据,如果想记录视频播放、按钮点击、文本框录入等行为,则需要针对事件做更细致的埋点监控。

C 端产品多为移动端 App 版本,用户的操作都在屏幕的方寸之间完成,保证良好的用户体验非常重要,因此 C 端产品对各种点击、交互行为的监控非常严格,会对所有交互行为做细致的埋点,以便全面掌握用户的动作,并进行准确优化,工作量会大很多。

还需要说明一点，无论是 B 端产品埋点还是 C 端产品埋点，无论是 Web 端埋点还是移动端埋点，都要遵循公司统一的埋点格式要求。所谓埋点格式，是指在埋点过程中需要记录的扩展字段。例如，业务系统在埋点时，除了捕获按钮点击行为，还要记录事件发生时该业务用户的所在团队，这样就可以利用分析工具，观察不同业务团队的操作习惯，以及对不同功能的使用情况。

6.6 权限设计

现在，我们已经完成了产品细节设计的大部分工作：我们设计好了业务流程图和页面流转图，掌握了各个角色会进行哪些操作、访问哪些页面，并完成了页面的详细设计。在 6.2.2 节的例子中，有一个小细节值得注意：分销-管理员和分销-运营人员都需要访问客户列表页，只是要进行的操作不同。对于这种情况，我们没有开发两套客户列表页，而是在一套客户列表页上设计了不同的权限，非常方便地满足了不同角色的需求。

本节要讲述的就是权限设计，**这是业务系统设计中一个非常重要的环节，它反映了设计人员对整个业务体系中岗位和流程的理解**。权限设计的前提是合理的角色设计，在此基础上，只需要明确不同角色能访问哪些页面、能看到哪些数据以及能做什么操作即可。在界面设计完成后，就要做相关的权限设计了。软件系统的权限包含两部分：

- 功能权限，指各个角色可以操作的界面、按钮等，例如管理员可以进行新增、删除、修改等操作；运营人员在同样的页面上只能使用各种筛选条件查看数据，无法做更改。
- 数据权限，指各个角色在各页面中能看到的数据范围，例如分公司管理员在订单查询页能看到分公司的所有订单，而区域主管在订单查询页只能看到所在区域的订单。

下面我们就来看一下如何设计这两部分权限。

6.6.1 功能权限设计

设计页面的功能时，要考虑页面中的各个功能点是否要做权限控制。相应地，在每个页面的设计文档中，除了描述页面功能本身，还需要描述系统中不同角色对页面中的各个功能点的访问权限。我们通常用**权限表**来描述权限、角色的配置关系，这张表在产品设计阶段就需要准备好。

我们来看权限表的示例，如表 6-4 所示。M 公司分销运营管理后台的部分功能页面、页面元素如表中左侧的三列（除序号外）所示，其中，"一级导航"列代表页面所在的一级导航目录，如果系统存在二级导航目录，则可以加入"二级导航"列；"页面"列代表某具体页面；"页面元素"列代表某页面中需要实现权限控制的功能点。现在我们针对"分销-管理员"和"分销-运营人员"这两个角色梳理功能权限，见表 6-4 右侧的两列，其中"√"表示可以访问或操作，"-"表示不可以访问或操作。

表 6-4　分销运营管理后台功能权限配置表

	一级导航	页面	页面元素	分销-管理员	分销-运营人员
1	首页	首页	-	√	√
2	客户管理	门店列表页	-	√	√
3	客户管理	门店列表页	"编辑"按钮	√	√
4	客户管理	门店列表页	"删除"按钮	√	-
5	客户管理	门店列表页	"关联账号"按钮	√	√
6	客户管理	门店列表页	"停用"按钮	√	-
7	客户管理	门店列表页	门店名称，是超链接形式	√	√
8	客户管理	门店列表页	"创建门店"按钮	√	√
9		门店详情页	-	√	√
10		门店创建/编辑页	-	√	√
11	客户管理	账号列表页	-	√	√
12	客户管理	账号列表页	"编辑"按钮	√	√
13	客户管理	账号列表页	"删除"按钮	√	-
14	客户管理	账号列表页	"创建账号"按钮	√	√
15	财务管理	对账管理	-	√	√
16	财务管理	发票管理	-	√	√
17	财务管理	预付款管理	-	√	√

具体分析如下。

第 2 行，"门店列表页"这个页面，可以被两个角色访问。"门店列表页"上列出了各个门店的名称，每个门店名称都是一个超链接，点击会跳转到相应的"门店详情页"。

第 3 行，"门店列表页"的"编辑"按钮，可以被两个角色操作。

第 4 行，"门店列表页"的"删除"按钮，允许"分销-管理员"操作，不允许"分销-运营人员"操作。

其他各行以此类推。

其中，第 9 行和第 10 行比较特殊，这两行的"一级导航"列为空，表示"门店详情页"和"门店创建/编辑页"这两个页面在导航菜单中不可见，但可以被两个角色访问，具体的页面入口是"门店列表页"上的各个门店名称的超链接，以及"创建门店"按钮。

既然各个门店名称的超链接和"创建门店"这个按钮已经通过权限配置实现了针对不同角色的可见或隐藏，为什么"门店详情页"和"门店创建/编辑页"还要再做一次页面级别的权限控制呢？我们以"创建门店"按钮为例，除了控制按钮在列表页是否展现，还要控制是否允许用户访问"创建门店"页面的 URL，否则如果用户知道页面的 URL，即便看不到按钮入口，也可以访问页面。所以页面级别的权限控制也是有必要的。

6.6.2　RBAC 权限模型

在 6.6.1 节中，我们通过一张权限表描述了页面、功能点和角色之间的关系。实际上，软件系统中典型的、完整的功能权限管理，除了页面、功能点、角色，还涉及用户组、资源等概念。关于完整的功能权限设计，最经典的理论是 1995 年由计算机科学家 Ravi Sandhu 提出的 RBAC（Role Based Access Control）模型，描述了一套用户、角色、权限组的设计理念，在业务系统设计中被广泛采用。如果产品经理需要设计功能权限管理系统或模块，就必须理解 RBAC 权限管理模型。

RBAC 模型可以简单地抽象为 ER 图（图 6-43，关于 ER 图的介绍详见 6.8.1 节），即每个**用户**都要被赋予一个或多个系统**角色**，每个系统角色都对应一个明确的**权限集合**，包括对菜单、页面元素等资源的访问和操作权限。RBAC 模型中还引入了**用户组**的概念，即如果用户较多，可以对用户进行分组，将角色和用户组进行关联。当有新用户时，只需要设置其所在的用户组，就会将用户组关联的权限赋予新用户。如果用户角色需要批量调整，只需要调整用户组和角色的关联关系，而不用重新变更每一个用户和角色的对应关系。

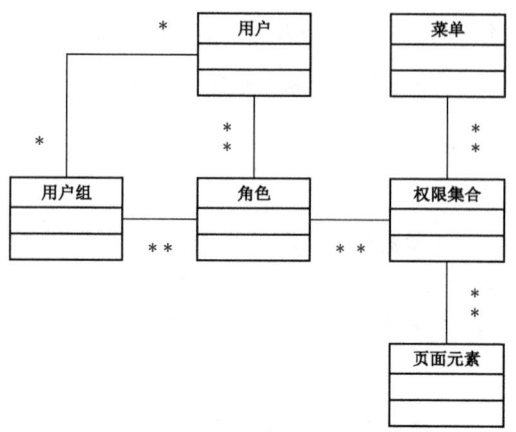

图 6-43　RBAC 模型的 ER 图

如果理解了 RBAC 的 ER 图的含义，就非常容易理解功能权限管理模块的设计思路。在实践中，产品经理可以研究并参考成熟软件产品的功能权限模块是如何设计的。例如，全球知名厂商 SalesForce 的 CRM 产品 Sales Cloud 就遵循了经典的 RBAC 权限设计思路，实现了用户、角色、权限组的管理；同时实现了更灵活的配置功能，可以对页面、视图甚至排版布局等进行详细且全面的个性化定制。

图 6-44 呈现了 Sales Cloud 对基本角色属性的权限管理模块，可以看到，除了页面、控件级别的设置，还可以对系统内的每个业务对象进行读取、创建、编辑、删除等权限的控制，这里的业务对象包括业务机会、个案、价格手册等，这些都是 CRM 系统中常见的业务对象，相当于 M 公司分销平台中的机构、门店、报价单等业务对象。有兴趣的产品经理可以对 Sales Cloud 的权限管理体系的功能进行深入研究，参考并应用于实际的产品设计工作中。

完整的 RBAC 模型理论称为 RBAC96 模型族，该模型对角色的继承关系、权限的约束关系等更复杂的话题进行了深入分析和指导。RBAC96 是对计算机系统权限管理的高度抽象模型，适用于任何业务系统。如果对权限管理的理论有兴趣，可以继续深入研究 RBAC96 体系。

第 06 章　B 端产品的细节方案设计

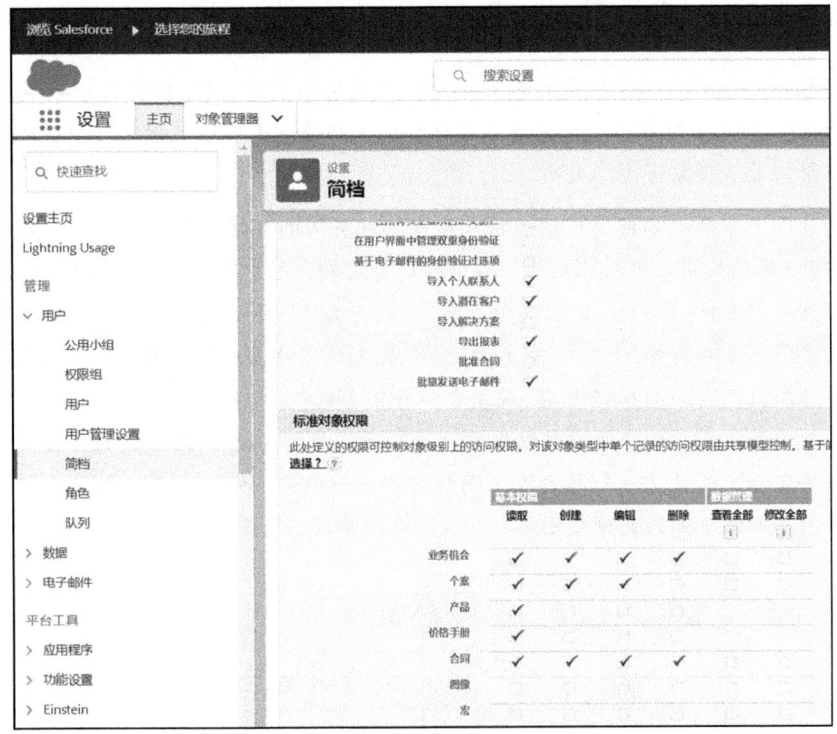

图 6-44　SalesForce 的用户和功能权限管理模块

6.6.3　数据权限设计

角色在页面中能查到的数据范围，叫该角色的数据权限。所谓能查到的数据范围，不是指能看到的数据字段，而是指能查出来的数据集合。例如，针对订单列表页，数据范围可能是某个城市的所有订单，也有可能是某个账户下的所有订单，也可能是某几个账户下的所有订单。

针对数据权限的控制，常见的实现方案如下。

- 方案一，通过组织机构树控制。该方案根据账号所在组织机构树中的节点位置，来判断能够查询的数据范围。这种方式最复杂，但最灵活，能够支持各种复杂的业务数据权限诉求。
- 方案二，通过客户地区控制。该方案根据账号所在区域来判断允许查看的数据范围。这种方式简单、容易实现，但灵活性差，只能满足非常初级的数据权限管理诉求。

我们重点介绍方案一。

假设我们实现了 6.1.1 节中的完整的组织机构树（图 6-1）和理想版的客户模型（图 6-2），如果系统能够实现通过读取这棵树上的节点来实现数据权限的控制，那么数据权限的管理将变得十分灵活。

为了向大家解释如何通过组织机构树来实现灵活的数据权限管理，我们创建一个新的客户-采购员角色来对比说明。我们把新创建的角色称为"客户-采购员 2"，原来的角色称为"客户-采购员 1"。其中"客户-采购员 1"能够查询用户当前所在节点及其所有子节点上的数据，"客户-采购员 2"只能查询用户当前所在节点上的数据。分销业务的组织机构树如图 6-45 所示，深灰色节点代表机构，浅灰色节点代表门店或账号，账号被赋予的角色在相应的虚线框中进行了标注。与图 6-1 相比，我们对图中的账号和门店编了号，而且"分销总部"下面新增了一个账号。根据这些信息，我们足够判断每个角色所能查询的数据范围。

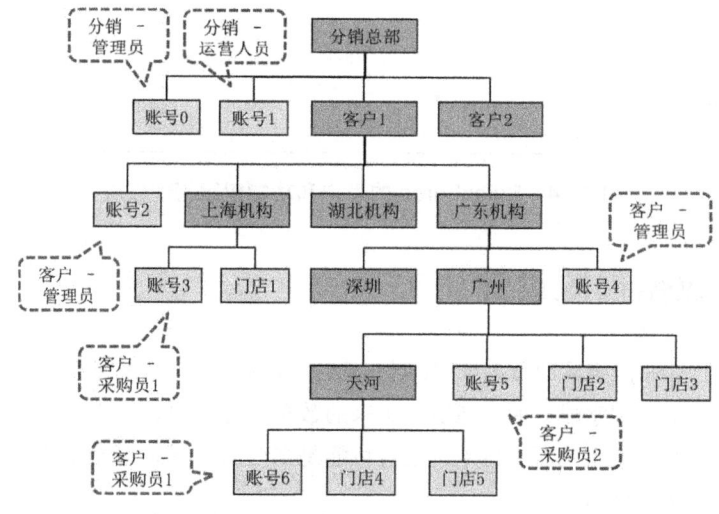

账号5的数据权限范围是：当前节点
其他账号的数据权限范围是：当前节点及其子节点

图 6-45　分销业务的组织机构树

- "账号 0"被赋予"分销-管理员"角色，是"分销总部"根节点的下属节点，该账号处于整个分销业务顶层根节点的位置，且数据权限范围是"当前节点及其子节点"，因此，在账号管理、门店管理、订单管理等功能中，"账号 0"可以检索出分销业务下的所有账号、门店、订单的信息，并对其进行增删改查操作。
- "账号 1"被赋予"分销-运营人员"角色，和"账号 0"的数据权限范围相同，但是页面上的功能权限略有不同,我们在 6.2.1 节中提到过。

- "客户 1"是某个具体的分销业务客户,"账号 2"是"客户 1"的根账号,被赋予"客户–管理员"角色,且数据权限范围是"当前节点及其子节点",这说明"账号 2"可以查询并管理"客户 1"下面的所有账号、门店数据,并可以查询其中的所有订单数据。
- "账号 3"属于"上海机构"的子节点,被赋予"客户–采购员 1"的角色,数据权限范围是"当前节点及其子节点",因此"账号 3"可以查询"上海机构"节点下的所有订单数据。
- "账号 5"属于"广州"节点的子节点,被赋予"客户–采购员 2"的角色,该角色和其他角色不同,数据权限范围是"当前节点",因此"账号 5"在订单页面只能查看同级别的门店订单,即"门店 2"和"门店 3"的订单,但是看不到所在节点子节点下的门店订单,即看不到"天河"节点下的"门店 4""门店 5"的订单。
- "账号 6"属于"天河"节点的子节点,被赋予"客户–采购员 1"的角色,数据权限范围是"当前节点及其子节点",因此"账号 6"可以查询"天河"节点下所有门店的订单数据。

我们将以上所有账号能查询的门店的订单数据范围整理在表 6-5 中。对于"账号 4",你能否判断出它能查看哪些门店的订单数据呢?如果你能够理解这个案例中不同账号所管理的数据范围,那么说明你掌握了业务系统数据权限管理体系的主要核心思想。

表 6-5 不同数据权限的账号所能访问的门店数据范围

	在订单查询页面上能访问的数据范围
账号 0、1	所有数据
账号 2	"客户 1"节点下的所有数据,即门店 1、门店 2、门店 3、门店 4、门店 5 的订单
账号 3	门店 1 的订单
账号 4	?
账号 5	门店 2、门店 3 的订单
账号 6	门店 4、门店 5 的订单

通过组织机构树来管理数据权限,是业务系统设计中的常见做法,大家务必理解其设计原理和设计思想。

6.7 文档编写与管理

产品设计工作会涉及一些文档，主要包括 BRD（Business Requirement Document，商业需求文档）、PRD（Product Requirement Document，产品需求文档）和 MRD（Market Requirement Document，市场需求文档），三者的编写时间、受众、编写目的和重点各不相同，具体见表 6-6。

表 6-6 BRD、PRD、MRD 的区别

	BRD	PRD	MRD
编写时间	前期分析可行性时	开发之前	立项之前
受众	老板、投资人	研发人员	市场、销售人员
编写目的	论证商业模式的可行性	理解要开发的软件功能设计	说明产品要点
编写重点	分析市场、产品定位、盈利模式。在业务系统的产品实践中，BRD 很多时候是指业务部门提交的需求文档	功能描述、原型描述	概念性的产品形态介绍，描述产品的形态和大纲

在 B 端产品领域，BRD 一般由需求方填写，用于提交需求；PRD 由产品经理编写；MRD 在 B 端产品中鲜有涉及。接下来我们重点讲解 BRD 和 PRD。

6.7.1 商业需求文档（BRD）的管理

在产品设计工作中，无论是研发还是产品经理，都喜欢"好需求"，所谓好需求，是指具备业务价值的需求。好需求都来自业务真实的痛点或问题，经过产品设计、开发实现后，能够帮助业务解决实际问题，带来收益和价值。

产品设计的好坏，首先取决于需求的质量。如果需求质量不高，产品设计再用心，也难以产生价值。实际上，很多需求都只是需求提出者的灵光一闪的想法，并没有经过严谨的思考。对于 B 端产品，尤其是业务系统，业务方一般都有需求管理团队，负责调研、整理业务需求，提交给产品经理。产品经理首先需要对需求进行判断，如果发现需求质量不高，就需要和业务方反复讨论，判断需求的真实性。

如果没有一些机制或手段，让需求提交者经过全面思考后再提交需求，则可能会造成需求泛滥，需求质量低下，进而导致产品经理需要耗费很多精力去鉴别这些需求的真实性和价值。要求需求管理团队以正式 BRD 的形式提交需求，可以在一定程度上

提高需求的质量，并且可以作为正式备档文件留存，帮助项目组提高协作效率。

下面是一份比较完整的 BRD 模板，大家可以结合自己的工作参考使用。

需求编号	BRD_业务部门缩略编码_yyyy-mm-dd			
	新需求：此部分由业务人员填写			
	需求变更：此部分由业务人员填写，需要写明原需求编号			
需求名称				
提交人		业务负责人		
提交时间		期望上线时间		
优先级	采用公司统一定义的项目管理优先级定义			
问题描述	业务中遇到的问题，需要清晰、详尽			
期望目标	期望解决哪些问题，或改善哪些指标			
预期收益	预期获得的收益，尽量用客观数字描述			
期望解决方案	期望的问题解决方案			
相关部门	干系人1		收益/影响	
	干系人2		收益/影响	
产品经理		风险等级	采用公司统一定义的风险等级描述	
研发负责人		处理时间		
风险描述	初步分析需求的可行性与面临的风险			
预计处理周期	yyyy-mm-dd 至 YYYY-MM-DD			
审批确认				
提交人/接口人_____		日期____/____/____		
产品经理　　_____		日期____/____/____		
开发负责人　_____		日期____/____/____		

6.7.2 产品需求文档（PRD）的编写

在互联网公司，产品需求文档（PRD）由产品经理编写。不同公司、团队、项目组对 PRD 的要求不同，有的比较严格，有的比较宽松，甚至在有些创业团队中根本不需要 PRD，在产品经理和研发人员的沟通讨论过程中，功能就开发好了。但是，随着公司规模扩大，规范的 PRD 管理是非常必要的，这可以让项目开展更加有序，大大方便产品经理和研发人员的沟通，让知识传播与传承更加准确有效。

编写 PRD 是产品经理需要掌握的一项基本功,产品经理需要在 PRD 中用清晰、通俗的文字将复杂、抽象的软件设计思路和方案描述清楚。

下面是一份典型的 B 端产品 PRD 模板,包括背景描述、收益分析、异常处理、权限管理等版块,产品经理按照这个大纲编写 PRD,能避免结构性的缺失和遗漏。我们在模板中对每一项内容该如何填写做了说明,大家在实际工作中可以参考使用。特别提醒,模板中有明确的版本变更记录表格,产品经理必须严格填写变更记录表,记录文档修订历史。

---

xxx 公司 xxxx 项目 PRD

PRD 审核人	
重要性	高/中/低
紧迫性	高/中/低
需求方	
PRD 编写人	
PRD 提交日期	

··分页线··

PRD 修改记录

PRD 交付或传播之前,必须标记版本号,每次交付前的修改要严格记录变更时间、原因等信息。文档的版本管理是非常重要的工作,对文档的任何修改都需要在这里准确记录。虽然有很多文档版本工具可以协助版本管理工作,但标准文档格式内的版本记录是必不可少的。

变更时间	变更内容	变更提出部门与理由	修改人	审核人	版本号

··分页线··

1. 项目背景

详细描述项目背景,包括业务现状、面临的问题、解决思路等,需要有数据支持。

无论需求有多么简单,都要填写此项,这是为了让当前或以后的文档阅读者理解此项目的背景。

2. 项目收益目标
具体的量化的项目目标(需要符合 SMART 原则,读者可以自行查阅资料了解此原则),包含验收和成功的标准,以及预期收益。
任何项目都有业务价值,都要填写项目收益目标。对于 B 端产品,有时不容易直接衡量业务价值收益,可以考量功能的使用情况、满意度,等等。

3. 项目方案概述
用简明的语言列举所有核心功能特性,或概述项目方案,包括但不限于产品方案、运营方案、技术方案。

4. 项目范围
项目涉及的系统、产品,以及项目的影响范围。
梳理项目范围,提前确认项目关联方、影响方,确保项目启动时能准确覆盖所有责任方,避免遗漏。

5. 项目风险
项目中存在的假设、约束、产品风险、运营风险、技术风险,以及这些风险的应对方案。

6. 术语和缩略语
文档中涉及的缩略语或术语的定义与解释。
尽量不要自己定义缩略语,如果涉及公司内部使用的缩略语,请明确其定义。

7. 参考文献和引用文档
文档中涉及的参考文档,或相关项目文档。

8. 功能需求

8.1. 产品框架概述
简述此产品的功能:
- 系统框架图
- 数据模型图
- 业务流程图

- 业务用例图
- 状态机图（参见6.8节）

8.2. 产品需求详解

产品需求及功能描述，尽量采用提炼总结并分段的陈述式描述，避免大段的论述性描述。

某列表页描述：

- 查询条件

字段名称	默认值	字段类型	备注
门店名称	空	文本	
门店地区	空	文本	支持模糊查询

- 列表字段

字段名称	默认值	字段类型	是否开放修改权限	是否是必填项	备注（20个汉字以内）
门店名称	原值	文本	否	否	
门店地区	原值	文本	否	否	

8.3. 异常情况的处理方案

异常情况包括断网、断电、误操作、数据丢失等，描述这些情况下该如何处理。也可以根据需要将异常处理方案写在具体功能描述中。包含此项内容是为了促使产品经理对产品方案思考周全，包括所有的异常情况。

9. 数据埋点

按照公司统一的埋点要求描述需要埋点监控的按钮、页面、事件等。

也可以根据需要在产品需求详解中描述数据埋点的情况。

10. 角色和权限

角色权限表。

11. 运营计划

项目配套的运营推广计划，产品设计时就应该确认运营计划。

12. 待决事项

所有待定事项。

还要强调一点，产品经理不必急于写 PRD，而要完成模型设计、流程设计、界面设计、权限设计等工作后，再编写 PRD。否则，如果方案还没有理清就开始编写文档，会思绪混乱，不断返工。

6.7.3　文档管理要点

在传统的软件工程项目中，文档管理是一件非常严肃、严谨的事情，文档的命名规范、审核流程、分发规范都有明确的要求。在互联网公司，文档管理的要求相对宽松很多，但这并不代表文档管理可以随意而行。遵循良好的文档管理规则，能够让工作井井有条，利于掌握项目进度，提升效率；反之，如果不遵循这些规则，会造成工作混乱、失控、出错，甚至影响整体项目推进，例如图 6-46 中的文档，当你需要查看时，你能迅速判断需要打开哪个吗？

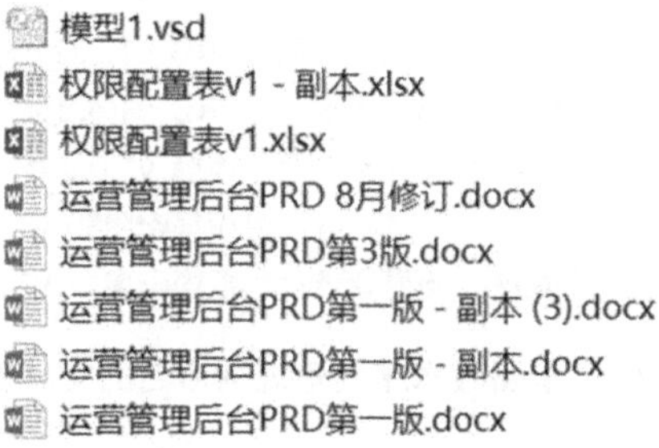

模型1.vsd
权限配置表v1 - 副本.xlsx
权限配置表v1.xlsx
运营管理后台PRD 8月修订.docx
运营管理后台PRD第3版.docx
运营管理后台PRD第一版 - 副本 (3).docx
运营管理后台PRD第一版 - 副本.docx
运营管理后台PRD第一版.docx

图 6-46　命名混乱的文档清单

文档命名要遵循一致的规范

一般来讲，我们常常按如下格式对文档进行命名：

公司缩写 + 事业部 + 文档名称 + 版本号

例如，

M 公司_分销业务_运营管理后台 PRD_v1.0.docx

或者

M公司_分销业务_运营管理后台 PRD_v20190513.docx

注意，对于同一个公司或事业部，名字中的"公司缩写""事业部"要保持一致；"文档名称"要反映这个文档本身是做什么的；版本号有专门的规范，见下文。

对文档进行版本管理

如果你要将某个修改后的文档发给别人，那么一定要给文档标记版本。如果没有标识清楚，多次收到修订文件的同事会分不清哪个文档是最新的，极有可能搞错版本，造成工作错误，引起很多不必要的麻烦。

文档的版本可以按照序列号的形式来标识。例如 v1.0、v1.1，如果遇到比较大的变化，还可以直接跳到 v2.0 或 v3.0。这种方式有点类似软件的版本管理，优点是可以看出版本的修订次数，或文档的"年龄"，例如一个版本为 v12.1 的文档一定是一个很有历史的文档；缺点是无法一眼看出文档的修订日期。按照序列号标识文档版本的示例如图 6-47 所示。

```
M公司_分销业务_运营管理后台PRD_v1.0.docx
M公司_分销业务_运营管理后台PRD_v1.1.docx
M公司_分销业务_运营管理后台PRD_v1.3.docx
M公司_分销业务_运营管理后台PRD_v1.4.docx
M公司_分销业务_运营管理后台建模_v1.0.vsd
M公司_分销业务_运营管理后台权限配置表_v1.0.xlsx
M公司_分销业务_运营管理后台权限配置表_v1.1.xlsx
```

图 6-47　按照版本序列号规则命名的文档清单

文档的版本也可以按照修订日期来标识，例如 v20190503、v20190521。这种命名方式的好处是可以一眼看出文档的更改日期，缺点是无法快速识别文档的修订次数。如果文档在同一天被修改分发了多次，则还可以在日期后边追加序号，甚至时间，例如 v20190503_01 或者 v20190503_1623。按照修订日期来标识文档的示例如图 6-48 所示，看起来同样很清爽。

M公司_分销业务_运营管理后台PRD_v20180513.docx
M公司_分销业务_运营管理后台PRD_v20180520.docx
M公司_分销业务_运营管理后台PRD_v20180612.docx
M公司_分销业务_运营管理后台PRD_v20180619.docx
M公司_分销业务_运营管理后台建模_v20180603.vsd
M公司_分销业务_运营管理后台权限配置表_v20180712.xlsx
M公司_分销业务_运营管理后台权限配置表_v20180720.xlsx

图 6-48　按照修订日期规则命名的文档清单

值得一提的是，一旦选择了某个文档版本标识规则，就要统一按这个规则命名，避免两套规则共存。

除了在名字上体现文档的版本，在文档内部也要保留修订历史。文档的所有变更，包括变更人、原因、时间、内容，都需要记录。采用文档版本控制软件是一种常见的做法，类似 CVS、SVN 这样的版本管理软件能够帮助你保存所有的文档版本。但是我们不能完全依赖外部工具，文档本身也应该记录修订历史，这一点非常重要，6.7.2 节提供的 PRD 模板中就体现了文档修订记录的内容。

将文档存档管理

文档是公司非常重要的知识资产，正式发布的文档务必上传到服务器中存档，不能只保存在个人电脑中。即便公司或团队没有要求，产品经理也要做好所有文档的线上备档、存储工作，以保证公司的知识资产安全。

在互联网公司，产品经理和研发工程师习惯将每一个版本的文档都上传到 Wiki 系统中，实现文档的线上化存储，这是一种非常好的工作习惯。

文档管理要做好规范命名、版本管理、存档管理，虽然略显烦琐，但却是必须重视、贯彻的工作。

6.8　UML 和常用图表

在软件设计中，有很多抽象的概念、思想很难用文字表达清楚，通过图形、图表来描述却很容易让人理解。诞生于 20 世纪 90 年代的统一建模语言 UML（Unified Modeling Language）就是一种常用的图形化语言，经过多年发展，目前已经是一套成熟的规范和标准，是软件工程师做抽象设计时的有力工具。

UML 规范中定义了类图（Class Diagram）、用例图（Use Case Diagram）、对象图（Object Diagram）、时序图（Sequence Diagram）、协作图（Communication Diagram）、状态机图（State Machine Diagram）、活动图（Activity Diagram）、组件图（Component Diagram）、部署图（Deployment Diagram）等多种图形方式，每一种图形都用来从某个视角解决某类程序设计的抽象描述问题。

产品经理，尤其是 B 端产品经理，必须掌握 UML 的相关知识，能够通过 UML 来表达阐述自己的设计思路，方便和开发人员进行高效的沟通。产品经理常用的 UML 图包括 ER 图（UML 中的类图）、跨部门流程图（使用频率最高）、状态机图；可能用到的 UML 图包括活动图、用例图。接下来，我们逐一进行介绍。

绘制文中提到的 UML 图表，常见的单机软件有 Visio（Windows 系统中）、OmniGraffle（macOS 系统中），在线的绘图软件推荐 ProcessOn，这些软件上手都非常简单，读者可自行练习。

6.8.1　ER 图

ER（Entity Relationship）图是一种描述实体对象（Entity）之间关联关系（Relationship）的经典图表，由科学家 Peter Chen 于 1976 年发明，最早被用于关系型数据库。

即使没有听说过 ER 模型，你在工作中肯定已经接触过它。例如，我们在设计产品时，经常要讨论一些对象的对应关系，是一对多还是多对多，这实际上就用到了 ER 模型。

在 6.1.1 节的客户模型设计中，我们已经通过 ER 图展示了客户建模以及业务数据建模的方法。ER 图的呈现方式很多，比较常用的是 UML 的呈现方式，实际上就是采用 UML 中的类图（Class Diagram）所规定的符号标记规范来进行描述和呈现。

图 6-49 是通过 Visio 绘制的类图，其中每一个大方框代表一个对象，方框中的第一行描述对象名称；第二行描述对象中的数据字段，例如图中"机构"对象有一个字段"上级机构"；最下面一行描述对象所具备的函数，这是程序设计时用到的概念，产品经理可以不用关心，此处留空即可。两个对象之间用实线连接，实线两端标上数字，用来描述它们之间的对应关系，例如图 6-49 描述了机构和门店是 1 对多关系，即 1 个机构节点可以对应 0 个到多个（0..*的含义）门店。

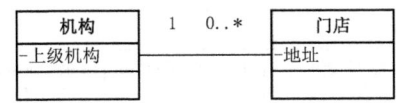

图 6-49　机构和门店在 UML 格式下的 ER 图 1

图 6-50 描述的机构和门店同样是 1 对多关系，但请注意此例中，1 个机构节点可以对应 1 个到多个（1..*的含义）门店，至少要对应 1 个门店。

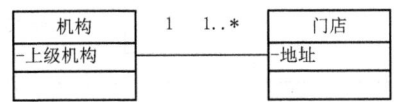

图 6-50　机构和门店在 UML 格式下的 ER 图 2

如果没有 Visio，也可以用 PowerPoint 来绘制 UML 标记风格的 ER 图，并且不用拘泥于形式，重点在于说清楚两个对象的对应关系，即连接线上的数字是重点。例如，我们用 PowerPoint 重新绘制机构和门店对应关系的 ER 图，如图 6-51 所示。

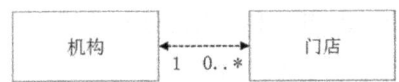

图 6-51　通过 PowerPoint 绘制的简化版 ER 图

6.8.2　跨部门流程图

跨部门流程图是一种相对复杂的流程图，可以清晰准确地描述分角色、跨系统的**业务流程**，跨部门流程图实际上是流程图的泳道化呈现，每个职能部门在图中呈现出一条"泳道"的效果。严格来讲，流程图、跨部门流程图不属于 UML 的范畴，尤其是流程图，拥有更加悠久的历史，在各行各业均普遍使用。

国际标准组织 ISO（International Standard Organization）在 1970 年定义了流程图的基本符号规则，在实践中，为了便于不同背景的读者阅读理解，建议尽量采用简单的绘图规则，例如，只使用开始、结束、执行、判断这四种标记符号来绘制流程图，而不要引入其他更加复杂、高级的标记符号，以保证流程图容易理解。

跨部门流程图的简单示意如图 6-52 所示，还可以参考图 6-6 和图 6-7。绘制跨部门流程图的要点如下。

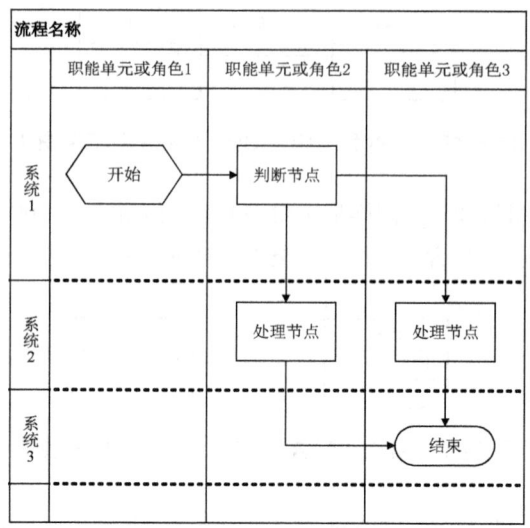

图 6-52　分角色跨系统流程图示例

- 开始、结束节点必须用专门的图形（多边形和椭圆形）来表达，这样容易让阅读者较为轻松地识别开始和结束的位置。
- 每个流程只有一个开始节点，但可以有多个结束节点。
- 尝试调整泳道的顺序，以便保证流程看起来清晰干净，而不是交叉、缠绕在一起。

6.8.3　状态机图

状态机图（State Machine Diagram）也叫有限状态机图（Finite State Machine Diagram），是一种描述所有状态及状态之间流转规则的图形。

在软件设计领域，"状态"在业务系统中无处不在：订单要有状态，账号要有状态，门店要有状态，可以说任何对象都有状态。设计状态是一件很有意思的事情，需要注意以下事项：

- 状态值必须是有限的集合，状态的所有枚举值（即状态值）必须能够涵盖所有实际可能的情况。
- 状态值之间要互斥，不能出现二义性。
- 为了更准确细致地描述事物，状态还可以具备子状态，比如订单状态"已取消"，可以定义对应的子状态"客户取消""商家取消""系统取消"。

- 状态应该是能持续一定时长的，而不应该是很快就会结束的瞬时态。例如，订单的状态可以是"待发货""待评价"，但不能是"发货中""评价中"。

通过研究状态之间所有可能的流转规则和逻辑，能够识别状态设计的合理性，并梳理清楚业务规则。如果用文字描述状态之间的轮转，会非常不方便。通过状态机图，就可以非常好地解决这个问题。

图 6-53 是分销业务中"客户"这一对象的状态机图，可以看出，状态机有一个开始节点和一个结束节点，圆角矩形中的内容代表状态值，从图中可以看出，分销业务系统中的"客户"一共有四种状态，分别是"待审核""已生效""未通过""已停用"。

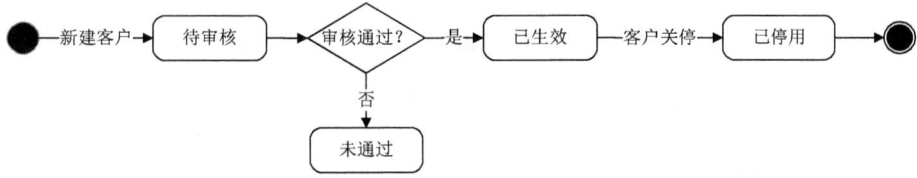

图 6-53 分销业务系统的"客户"对象的状态机图

6.8.4 活动图

活动图（Activity Diagram）是流程图的一种，用来描述一系列过程。活动图和流程图最大的区别是，活动图可以描述并发工作的执行过程，而标准流程图的节点必须是顺序执行的，只有判断节点才能引出两条分支。

在 M 公司的案例中，客户根账号（对应客户–管理员角色）被创建后，客户-管理员下一步要创建子账号和门店，实际上这是两个可以并行发生的动作，并没有先后顺序的要求，且门店和子账号都创建完毕后，才可以对二者进行关联。这个逻辑在流程图中无法准确呈现，通过活动图可以清晰地描述，如图 6-54 所示，"根账号生效"这个步骤的下一步，产生了一个并行任务的分支，表示"创建门店"和"创建账号"这两件事可以同时发生，接下来是一个分支合并，表示当"创建门店""创建账号"这两个事件都完成以后，流程可以继续往下走，执行"关联门店账号"的操作，然后结束。

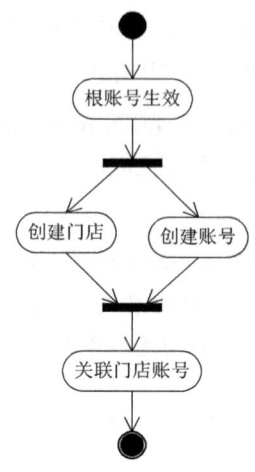

图 6-54 活动图示例

6.8.5 用例图

用例图（Use Case Diagram）从用户视角来描述系统的操作功能。简单来讲就是某个角色或用户在不同场景下能做什么。图 6-55 是一个简单的用例图。在实际工作中，用例图提供了一种较为生动的用户操作场景的呈现形式，复杂的用例图基本很少用到，产品经理简单了解即可。

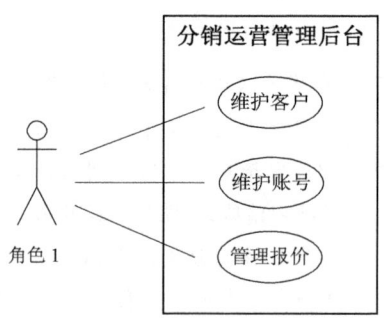

图 6-55 用例图示例

以上介绍了产品经理常用的图表，产品经理绘制图形的主要目的是说明清楚设计思路，这些图表可能给技术人员看，也可能给业务人员看。在实际工作中，**产品经理应该尽量使用简单的方式，让别人理解自己的设计和意图。不建议使用过于复杂的**

UML 规范，因为不是所有人都具备 UML 知识，如果采用了复杂的 UML 标记体系来绘制图形，会导致其他人看不懂，失去沟通的意义。

【资源推荐】

多看 UML 实例可以快速准确地理解各类图表。推荐学习网站 www.uml-diagrams.org，该网站对 UML 进行了详细讲解，并且提供了丰富的案例，是非常好的学习资源。

第 07 章

B 端产品经理与技术方案

产品经理要懂技术，这样可以设计出更好的产品方案，尤其是 B 端产品经理，更需要理解技术体系架构，因为 B 端产品的结构设计不仅和业务有关，还和技术架构有关。

本章将先讨论产品经理懂技术的优势，以及产品经理对技术应该关注到什么程度。接着介绍软件开发、程序设计的一些本质问题，帮助大家对技术体系形成基本认知；理解了这些内容，再有针对性地深入学习技术知识，会更加顺畅有效。最后将结合分销平台的案例，对数据库表设计和 SQL 技术进行详细介绍。学习数据库表设计，可以帮助产品经理更加深刻地理解软件设计的核心要点。

7.1 两段有趣的对话

在展开讲述之前，我们首先通过两段有趣的对话让大家感受一下，产品经理懂技术和不懂技术，在产品方案设计以及与技术人员沟通上的差异。

情景对话 1：RD 和不懂技术的产品经理

小王：一名工作 1 年的初级产品经理，非计算机科班出身，不懂技术。

老李：一名工作 5 年的 RD，经验相对丰富，做事相对保守。

（在老李工位前面，对话开始了。）

小王："老李啊，找你聊个需求。咱们的分销运营管理后台上线了，业务人员中的新人比较多，我们想在管理后台的知识搜索功能中（画外音：案例中后台系统的搜索功能调用的是知识库系统的搜索引擎，分销运营管理后台本身没有搜索功能）加一个热词推荐的功能，也就是点击搜索框后，会弹出一些推荐的热词，这些热词是管理员在后台配置的。你看看，效果图类似这样（见图 7-1 的右上角）。”

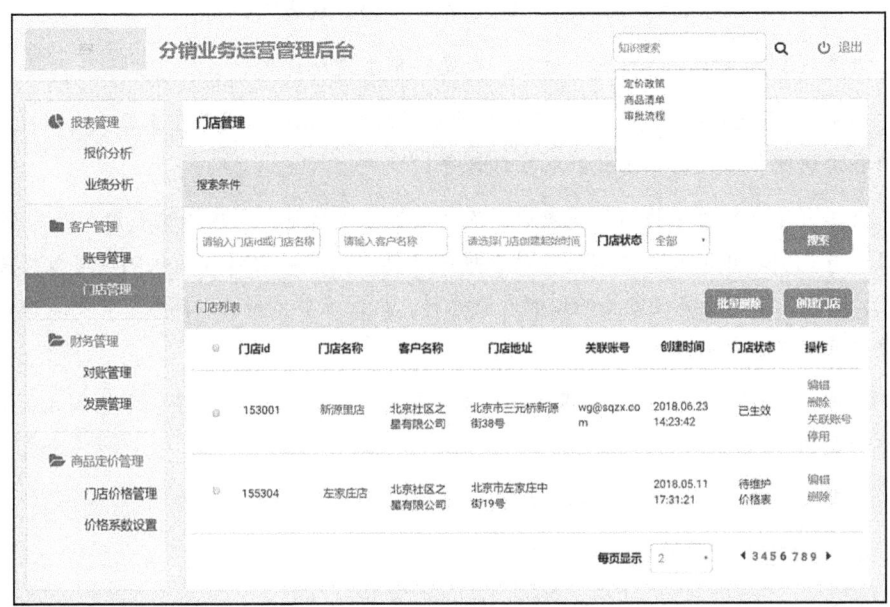

图 7-1　热词搜索功能设想

老李：“嗯嗯，听起来比较合理，功能也是一个常规标准功能。后台怎么管理呢？”

小王：“我已经设计好啦，有一个热词管理页面，你瞅瞅，就是这样的（图 7-2），能添加、删除热词，还能调整热词的顺序，功能强大！”

展示顺序	热词名称	操作	调整顺序
1	|	确定 🗑	↑ ↓
2	定价政策	✎ 🗑	↑ ↓
3	商品清单	✎ 🗑	↑ ↓
4	审批流程	✎ 🗑	↑ ↓

添加热词

图 7-2　热词管理页面设想

老李：“嗯……看起来设计得中规中矩，但是有必要这么复杂吗？”

小王：“这个功能设计得多讲究啊，绝对好使。做这个大概需要多久啊？”

老李:"呃,那就这样吧。这个功能想要做出来,预计前端开发需要 5 人日,后端开发需要 10 人日,测试需要 5 人日,总共预估 20 人日。"

小王:"啥?这么简单的功能,要 20 人日,你在坑我吗!?"

老李(有点生气):"什么叫坑你,我是实事求是地评估!"

小王:"不就是配几个词,然后用户搜索的时候提示一下吗?怎么需要 20 人日?你给我讲讲凭什么,讲不清楚我就找你领导!"

老李(愠怒):"爱找不找随便你,不过我跟你说清楚,实现你这个设计就需要 20 人日。首先实现热词配置表需要设计数据库表结构,然后要做各种代码读写数据库的处理,还有,前端要实现完整的增删改查操作,交互点非常多,编辑按钮、删除按钮、调整位置,这些都要处理!"

小王:"我不管,我的诉求很简单,就是能配置热词,能调顺序,为什么这点诉求都要开发 20 人日!"

老李(叹了口气):"你是不是想尽快上线?"

小王:"当然!多简单的功能!"

老李:"小伙子,是否简单,不是你说了算的,你都不理解背后需要做哪些工作。我问你,不就是配一张热词表么,你看这样做行不行,就一个文本框,一行一个词,要调整顺序什么的直接编辑这段文字就可以,想要增加或删除热词,都通过编辑这段文字来实现(图 7-3)。"

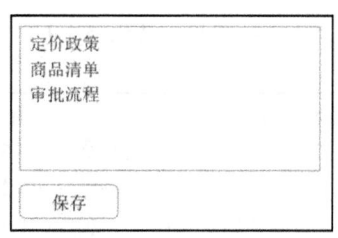

图 7-3 简化版的热词管理页面设想

小王(迟疑并思索):"这个,好像也可以,操作也不复杂,并且完全满足诉求。这样做需要多久?"

老李:"这样做的话,不需要设计数据库,只保存一个文本文件,前端控件也非常简单,预计前端开发需要 2 人日,后端开发需要 1 人日,测试需要 0.5 人日,总共 3.5 人日吧。"

小王（有点不好意思）："那要不就按您这个设计来吧，咱效率第一。"

老李："小伙子，可以可以，知错就改，听得进去建议。"

小王："还有一个问题，可以统计不同热词的点击量吧？"

老李："呃，按照我给的设计方案，有点麻烦，因为这个方案中热词的配置是按照文本存储的，如果想记录每个词的点击数量，必须对文本进行解析，并且记录每个单词及其对应的点击量，处理逻辑又会变得非常复杂。"

小王："那怎么办？我要统计热词点击量啊！"

老李心想：你咋啥都不会，都让我帮你想方案，那我直接和业务对接好了，要产品经理干啥？嘴上说道："哎！年轻人，要么就按照你说的方案做，那样可以统计。还有一个办法，你去确认一下搜索框跳转的知识库系统，能不能识别出访问来源，我们可以通过对访问知识库的 URL 做一些处理，让知识库系统能够识别出搜索跳转的来源和词语。如果知识库系统有类似百度统计那样的功能，就可以通过知识库系统来统计热词来源和搜索量。"

小王一脸晕菜，心想：还能这样！URL 怎么配置？怎么就能识别出来源和关键词呢？妈呀，我需要学的东西好多！嘴上说道："好的好的，我去找知识库系统的产品经理了解确认一下，再来找您。"

上面案例中的类似场景在日常工作中很常见，产品功能的过度设计会导致技术人员进行无谓的开发工作。如果是负责任的 RD，可能会刨根问底，和产品经理一起修正方案；如果是工作很被动的 RD，可能就直接排期开发了，造成开发资源的浪费。如果产品经理对技术有基本的认知和理解，则可以避免这类问题的发生。下面是第二个场景对话，不懂技术的小王换成了懂技术的小刘。

情景对话 2：RD 和懂技术的产品经理

小刘：一名工作 5 年的高级产品经理，非计算机科班出身，自学了很多技术知识。

老李：一名工作 5 年的 RD，经验相对丰富，做事相对保守。

（在小刘工位前，小刘在思考。）

小刘（思考中）：嗯，实现这个需求需要增加热词搜索功能，需要有一个热词配置界面。嗯，业务人员不需要查看热词编辑历史，只希望能够每周调整一次热词内容，并且希望能够统计热词的点击情况。热词配置界面可以尽量简化，一个文本框加一个保存按钮是个好办法，至于统计功能，已经和知识库的产品经理沟通好，可以通过跳转知识库的 URL 做一些格式调整，知识库可以识别并记录检索来源和关键词，这样就能统计出热词的检索量。好了，想得差不多了，拿着原型图去找开发人员吧。

（在老李工位前，对话开始了。）

小刘："老李啊，我这儿有个需求，给你大概讲一下。"小刘讲完上述想法说道："你看开发这个功能需要多久，大概估一下呗。"

老李暗想：这小子前段时间给我的需求积压了不少，我得缓缓。他咳嗽了一下说道："这个嘛，你这个还是比较复杂的，这个搜索框要改，还有这个配置页面，看起来很简单，但是后台设计嘛，很复杂，我预估前端开发需要 3 人日，后端开发需要 5 人日，测试需要 2 人日，一共 10 人日。"

小刘（惊诧）："啥！？实现这么个玩意儿要 10 人日，你别忽悠我！"

老李："我咋能忽悠你呢？这个后台设计可麻烦了，要有数据存储、处理、编辑啊，复杂得很！"

小刘（诡笑）："得了吧，就这么一个文本框，没有任何处理逻辑，写啥存啥，改啥存啥，后台要么就一个文本文件，要么就在数据库中找一个表维护一条数据的事儿，你这个评估好像不太合理哦，要么你再琢磨琢磨？或者我们让老杨（老李的 leader）一起看一下？"

老李（一惊）："呃……你等等，我再看看，嗯，好像可以做得简单点，估计两三天搞定吧，也别找老杨了，就这么着吧。"

小刘（微笑）："好嘞，那我大概知道了。"

在本案例中，小刘自己对产品功能的实现复杂度有充分的判断，并且因为老李预估的水分太大，所以拿老杨稍微压了一下老李，老李最终重新给出合理的工时预估。

通过以上情景对话，我们模拟了针对同一个业务需求，不同产品经理和研发人员的不同沟通过程。相信通过这个案例，大家对产品经理是否需要懂技术有了感性的认识。下一节将更具体地分析产品经理懂技术的好处。

7.2　产品经理是否要懂技术

B 端产品经理需要具备基本技术常识、软件开发常识，这样可以让设计的方案更加合理、可落地。和 C 端产品相比，B 端产品更重视业务逻辑的抽象过程，产品设计方案和技术方案的相关性更强，甚至有时候产品设计方案本身就是技术方案，例如 SDK

产品、基础服务产品、消息中间件产品等的设计方案。

懂技术的产品经理在设计产品方案时，能够在一定程度上预估技术实现的可行性和实现成本，或至少能具备基本的认知，知道什么时候、什么情况下需要和技术人员提前沟通讨论，从而保证产品设计合理可行，既能提升合作效率，也能赢得技术人员的尊重和信任。

在互联网圈流行一句话："产品经理懂技术，谁都挡不住"，虽然是一句玩笑，但体现了大家对产品经理懂技术这件事的看法。无论是研发人员、运营人员还是交互设计师，都认同产品经理懂一些技术知识会对产品设计有帮助，对项目协作有益处。

产品经理懂技术有以下明显的好处。

避免产品过度设计

所谓产品过度设计，是指设计的某些产品功能价值不大，甚至没有意义，但是开发工作却很复杂、很耗时。产品过度设计的现象经常发生，尤其是在前端交互设计上。很多初级产品经理会误以为界面设计只是画几张图，而没有考虑背后实现逻辑的复杂性。

避免技术过度设计

所谓技术过度设计，是指技术人员设计了没有必要的代码灵活性和复杂性，而后续的业务根本用不到这些特性，宝贵的时间和资源被浪费。产品经理有时需要和技术人员进行深入沟通，分析业务情况，帮助技术人员砍掉不必要的灵活性、扩展性设计。

与技术人员沟通顺畅

通过 7.1 节的例子已经可以看出，对于研发人员来讲，如果合作的产品经理能在同一个频道、用同一套语言进行沟通，是非常舒服惬意的事情，可以增进好感和信任感。相反，如果产品经理对一些基本的技术常识都不理解并且不愿意理解，只是一味地强调自己的设计多么合理，就会非常容易和研发人员产生冲突。

预判需求的可行性

如果产品经理具备足够多的技术知识及经验，在接到一个需求后就可以很快地判断技术实现的可行性和成本，并根据业务诉求快速给出可行的解决方案。否则就需要拉着技术人员和业务人员一起来回讨论，降低效率。

评估工时合理性

完成产品方案设计后，在和开发人员沟通时，产品经理要站在业务人员的角度，和开发人员讨论工时评估是否合理。就像 7.1 节中的例子，有时开发人员对工时的预估不准确，甚至给出一个很夸张的开发周期。如果产品经理懂技术，则可以感觉出有问题；否则，工时评估对产品经理来说就是一个纯黑盒操作，无法进行判断和把控。

综上所述，产品经理，尤其是 B 端产品经理，如果具备技术知识，对工作将大有裨益。

7.3　产品经理是否要关注技术方案

PRD 通过需求评审后，进入技术方案设计环节。产品经理是否要关注技术方案，并参与技术方案评审呢？一般情况下并不需要，因为虽然产品经理可能具备基本的技术常识，但这些知识不足以去做技术方案设计，也看不懂技术方案设计（当然，如果是从技术人员转型产品经理的，那就是另一种情况）。此时，如果产品经理对工程师的工作指指点点，会招来反感。所以从专业分工的角度来讲，技术方案是工程师分内之事，产品经理没有必要干预。

但是在下面这两种情况下，产品经理必须关注并参与技术方案探讨。

- 技术方案和产品方案相互影响：有些技术选型问题会直接影响产品方案设计，或者产品方案直接决定了技术方案，此时产品经理要和技术负责人讨论清楚。例如，如果要做 App，那么究竟是针对 iOS 系统和 Android 系统各做一套原生的，还是对 iOS 和 Android 系统做一个壳子，里面用同一套 H5 版本？抑或是直接做 H5 站点？这些问题既是产品方案问题，也是技术方案问题。
- 技术方案可能导致项目风险。例如，有些工程师喜欢尝试新技术，选用一些非常小众或新颖的技术框架。遇到这种情况，产品经理一定要严肃地和工程师、领导进行沟通确认。B 端产品要支持业务运转，追求稳定和可持续，对新技术的诉求不高。如果在项目中采用了非常小众的技术形态，有可能导致开发人员难以招聘，人员离职后无人能够接手项目。

7.4　B 端产品经理的技术知识要求

既然产品经理懂一些基本的技术这么重要，那么作为一名产品经理，究竟需要掌握哪些技术知识呢？掌握到什么程度才可以呢？例如，是否要会写程序？是否要会写 SQL 语句？相信所有产品新人都会有这样的困惑。接下来，我们为大家进行技术体系的梳理，聊一聊作为一个产品经理需要具备的技术栈。

7.4.1 具备基本的技术知识体系

理解一门编程语言

编程，对于没有接触过的人来讲，是一件神秘且高深的事情：满屏幕的代码像天书，肯定需要投入巨大的时间和精力来学习。

实际上，写出有工程实践意义的代码确实很有挑战，但是理解编程的逻辑并不难，只要静下心学习，无论是文科背景还是理科背景，都可以学懂，而且会发现程序设计是一件很有趣的事情。

B 端产品经理可以通过学习一门编程语言，来理解程序设计的基本逻辑，例如什么是函数、返回值、循环、编译、发布等。学习的重点不是编写出能执行的程序，而是理解程序设计的基本原理。

程序语言的种类繁多，但本质相同，从 C++或 Java 这些主力编程语言入手学习就是不错的选择。学习了解一门主力开发语言后，如果有兴趣和精力，可以学习一些轻量级的、在工作中可能会用到的编程语言。例如，学习使用 Python 爬取网页内容进行数据分析；学习使用 Excel VBA 进行复杂数据处理。

掌握并使用 SQL

SQL（Structured Query Language）是经典的关系型数据库处理语言。在业务系统领域，关系型数据库不论是在过去的几十年，还是在未来的若干年，必然是长期存在的主流数据存储方案。

产品经理掌握 SQL 在实际工作中是非常有用的。例如，在做数据分析时，常常需要从数据库导出数据来分析，如果不会写 SQL 语句，就需要每次都求助开发人员，效率太低；其次对于复杂的数据处理逻辑，如果不会用 SQL 语句进行预处理，后续的数据处理将变得非常麻烦。

学习使用 SQL，首先需要理解数据库及表结构，这对于抽象建模思维的培养非常有帮助。具体介绍见 7.4.5 节。

了解网络通信等计算机常识

B 端产品经理需要广泛学习计算机相关的基础知识，例如网络与通信原理、操作系统原理、微机原理等，至少要理解 TCP/IP 协议、UDP 协议分别是什么，二进制、十六进制的运算法则，字节和字的长度概念，对称密钥密码体系和非对称密钥密码体系的区别，等等。

如果对这些概念没有基本认知，那么将很难理解为什么 HTTPS 比 HTTP 安全，为什么有时候需要通过二进制来控制标记位。这些常识都是软件设计随时会用到的基本知识，不仅在技术方案设计中会涉及，在产品方案设计时也会涉及。

计算机技术涉及的知识面非常宽泛，从编程语言到数据库设计，从通信协议到算法策略。对于产品经理来讲，技术知识的积累是一个厚积薄发的过程，不可能通过短时间的突击学习就掌握所有知识点，只能在实际工作中遇到新的词汇或概念时，认真查阅资料、理解揣摩，在长期积累中融会贯通。

【资源推荐】

对于非计算机科班出身的产品经理，如何补齐计算机基础理论常识呢？此处推荐一本好书，Charles Petzold 的伟大著作《编码——隐秘在计算机软硬件背后的语言》，这本书的作者 Charles 是程序员界的大师级人物，是曾经的 Windows 编程圣经 *Programming Windows 95* 的作者。《编码——隐秘在计算机软硬件背后的语言》一书涵盖了国内计算机专业的《微机原理》《数字电路》《操作系统》几门课程的核心内容，但比这些专业课程有趣百倍，通俗易懂地讲解了计算机的基本理论知识。给我印象最深的部分是从与非门电路开始逐步组合出神奇的计算机硬件体系的讲解，整个过程趣味十足，可读性极强。强烈建议非科班出身的产品经理阅读此书。

7.4.2 了解程序设计的 MVC 范式

编程语言种类繁多，无论采用哪种语言进行程序设计，都要遵循经典的软件工程设计模式——MVC 模式。

MVC 是 Modeling、View、Controller 的缩写，代表软件设计的分层理念。Modeling 指数据模型，View 指前端交互视图，Controller 指业务逻辑，MVC 模式下的软件分层结构如图 7-4 所示。任何一套软件系统运作的本质都是相同的：用户在前端交互层操作后，系统通过业务逻辑层处理数据层的数据。不论是 BS 架构的系统（例如通过浏览器访问的管理后台），还是 CS 架构的系统（例如 App 应用），都会遵循 MVC 模式搭建程序结构。将一套软件系统分为数据、业务逻辑处理、前端交互三层来设计、开发，可以非常有效地保证程序结构合理、逻辑清晰。

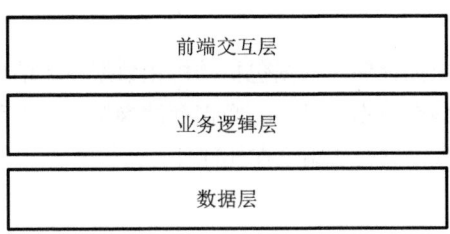

图 7-4　MVC 模式下的软件分层结构

我们来具体介绍一下 MVC 每一层的特点。

前端交互层

前端交互层负责绘制程序界面，完成前端程序和用户的交互互动，并实现一些简单的业务逻辑，例如数据校验。常见的负责绘制界面的编程语言有 JavaScript、HTML5（即 H5，严格来讲不能算编程语言，只是一种记号语言）、PHP 等。

前端方向是升级迭代非常快的技术方向，例如针对移动端，有 JavaScript、Flex、Objective-C、Kotlin 等前端语言；针对 PC 端，前端语言也从曾经的 HTML + JS + CSS，到流行一时的富客户端 RIC（Rich Internet Client），再到 ExtJS、Node.js 等。前端工程师需要不断地刷新自己的技能树，来适应快速变化的前端需求。

业务逻辑层

业务逻辑层负责处理业务逻辑，例如在分销运营管理后台的门店列表页，点击"关联账号"按钮，前端交互层把指令发送给业务逻辑层，业务逻辑层要判断门店状态是否能够关联账号、是否有空闲账号可以进行关联等。

开发人员应该尽量将复杂的校验、判断、业务规则都封装在业务逻辑层，这样可以让前端交互层的负担更轻，更容易扩展，因此业务逻辑层是 MVC 结构中最复杂的部分。

例如，假设分销运营管理后台除了 PC 版本，还打算做一套 H5 移动版本，以方便审核人员操作。如果业务逻辑层代码和接口设计良好，则只需要前端工程师实现 H5

代码即可；但如果之前的前端交互层和业务逻辑层耦合紧密，那么实现 H5 版本就需要前后端工程师一起调整代码，非常麻烦。

业务逻辑层常用的编程语言有 Java、C++、C#、PHP 等。

数据层

数据层代表底层的数据存储。数据包括结构化数据和非结构化数据，既可以存储在数据库中，也可以存储在文本文件中。数据存储操作一般由程序来完成，例如通过程序对关系型数据库的数据进行增删改查处理。

在早期的软件开发工作中，工程师既要开发前端，也要开发后端，还要设计并管理数据库，可以说是真正的全栈工程师。除此以外，工程师还要承担产品经理的工作，与业务方聊需求、掌控项目进度……

现如今，互联网公司对工作内容的划分非常细致，会将前后端的开发分离。图 7-5 所示为前后端分离的 MVC 模式，不论是 CS 架构还是 BS 架构，前端部分统称为客户端，业务逻辑层和数据层统称为服务端。前端工程师负责客户端开发，后端工程师负责服务端开发，客户端和服务端之间完全通过接口交互。这样便实现了专业化分工，两端的工程师都聚焦于自己的技术领域，让工作更精细专业。

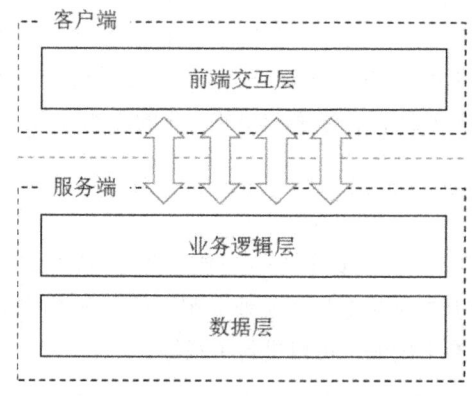

图 7-5　MVC 模式下的前后端分离结构

7.4.3　熟悉接口与调用模式

在软件开发中，接口是一个非常重要的概念。所谓接口，是指两个对象进行通信的方式和协议。软件领域的接口和我们生活中所使用的硬件设备的接口（例如 USB 接口、苹果的 Lighting 接口、3.5mm 耳机接口等）类似，每种接口都有约定的格式和规范，只要在设计时遵循了约定和规范，就能够方便地进行信息交换。

在软件设计领域，小到一个软件模块，大到一个软件系统，都会有若干接口，实现不同模块、不同系统之间的通信。一般来讲，每个接口都应该实现一个具体的功能，接口需要有明确的输入，以及明确的输出（有的时候输出结果为空）。例如，调用客户姓名查询接口时，需要传入客户 ID，执行后返回客户姓名。

在跨团队、跨模块的软件开发中，接口的设计规则需要在设计技术方案时就协商好，然后各方团队各自开发，在约定的时间一起联调，进行集成测试。

接口之间的调用模式分为同步调用模式和异步调用模式两种，产品经理需要理解这两种模式的区别，因为这不仅是技术问题，也会影响产品方案，我们通过两个产品设计案例来理解这两种模式。

同步调用模式

在同步调用模式下，接口的调用方会一直等待被调用方返回执行结果，除非调用超时，如图 7-6 所示。同步调用模式是最常见的接口调用形式。

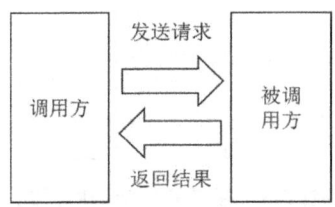

图 7-6　接口的同步调用模式

我们来看一个采用同步调用模式的数据文件查询下载页面的设计案例。在该页面中，用户查询并下载 csv 文件，如图 7-7 所示。具体交互与系统处理步骤如下：

1．用户设置好查询条件，点击"下载"按钮。

2．"下载"按钮会以同步模式调用后台数据查询接口，将前端用户填写的日期作为参数传递给后端服务接口。

3．后端服务拼写 SQL 查询语句，执行 SQL 语句并等待数据库返回结果。

4．数据库返回结果后，后端服务接口组装数据，生成 csv 文件，并返回给前端浏览器。在这个过程中，用户在浏览器端一直处于等待状态（浏览器左下角可能会有提示文字：等待服务器响应）。

5. 浏览器收到服务器返回的数据文件，弹出窗口，提示用户选择文件的保存位置，并执行文件下载操作。

图 7-7　同步调用模式下的数据下载功能

异步调用模式

在异步调用模式下，接口调用方给被调用方发出指令，但不会等待结果，如图 7-8 所示。

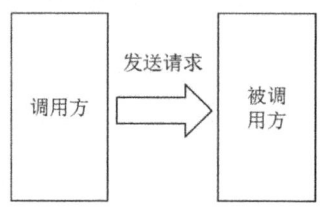

图 7-8　接口的异步调用模式

一般耗时比较长的处理工作会采用异步调用模式，调用方会给被调用方提供一个回调接口，意思是"你处理时间比较长，等你处理完以后，再调用这个回调接口，通知我结果吧！"

我们依然以文件查询下载为例来看看异步调用模式下的产品设计。在上一个案例中，数据查询有可能非常耗时，如果让用户停留在前端页面等待，体验并不友好，所以我们考虑对功能进行改进，通过异步调用模式重新设计功能，交互效果如图 7-9 所示，具体执行步骤如下：

1. 用户设置好查询条件，点击"下载"按钮。

2. 前端提示"下载任务已提交，请耐心等待。"后端的下载任务调度管理程序开始执行，在数据库生成一条状态是"处理中"的任务记录，同时异步调用后端数据查询服务接口，并提供回调接口。

3．后端服务接口拼写 SQL 语句并执行，数据库返回结果后，程序将数据处理成 csv 格式，保存在服务器，并调用回调接口，后端服务接口程序执行结束，将任务状态更新为"成功"，并提供数据下载的链接。

4．如果后端服务接口长时间没有得到数据库返回结果，超过规定时间后，下载任务调度管理程序会将任务状态更新为"失败"。

图 7-9　异步调用模式下的数据下载功能

7.4.4　理解软件工程的"搭积木"设计

软件工程是一项既复杂又简单的系统性工程。说它复杂，是因为一整套良好运转的体系是由数百万行代码构建而成的；说它简单，是因为本质上软件体系是无数组件化的小模块拼装而成的，每个研发人员或研发团队只需要维护自己负责的组件与代码模块，复杂度会降低很多。

软件的设计应该像搭积木那样，通过自由拼接组装来实现复杂的功能模块，这样既能保证系统的灵活性，又能避免重复开发，降低成本。**如果不能将软件分解成像积木那样的小模块，而是焊死的一块铁板，那么系统将彻底丧失灵活性。**

软件系统是如何像搭积木那样拼接出复杂系统的呢？我们以 M 公司的 Passport 系统的开发历史为例，来看看"积木"是如何一块块被搭建起来的。

Passport 系统是企业管理客户账号的平台，存储了客户在企业中的注册账号等信息。

用户通过 App 或网站的"个人中心"对账号进行密码管理、邮箱管理等操作,"个人中心"可以理解成 Passport 系统的用户前台部分。

作为一套完整系统,M 公司第一个版本的 Passport 系统在建设中遵循了经典的 MVC 范式,如图 7-10 所示,数据层"Passport 数据库底层"存储了客户账号、密码等数据;业务逻辑层"Passport 账号管理服务"包含具体的业务逻辑代码,例如绑定手机、解绑手机的处理逻辑;前端交互层"Passport 用户前台"是 C 端的网站或 App 上的"个人中心"界面。

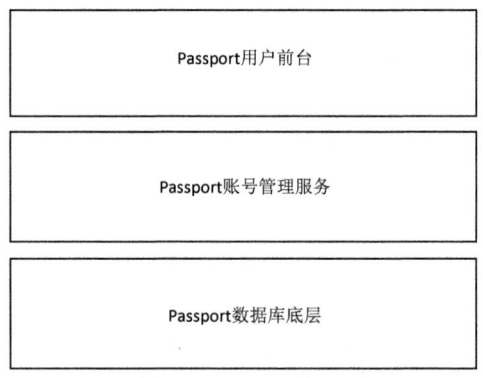

图 7-10　第一版 Passport 系统的技术架构

第一版 Passport 系统很好地支持了 C 端业务,但缺少一个很重要的功能,即供内部业务人员管理用户账号的功能。因此,公司决定开发一套"Passport 管理前台",给业务人员使用。

现在问题来了:给业务人员用的 Passport 管理前台需要单独开发吗?我们发现不论是给个人用户使用的 Passport 用户前台,还是给业务人员使用的 Passport 管理前台,绝大多数的功能都是类似的,例如重置密码、修改关联邮箱等,只是前端界面不同。针对这两套高度类似的功能,如果重复开发一套业务逻辑代码,就会浪费人力,也会造成架构的不合理。

合理的做法是对第一版系统业务逻辑层的核心功能进行服务化处理,即针对"注册账号""禁用账号""重置密码""更新数据"等每一个目标很清晰的功能,将它们抽象成接口,以便于给任何系统提供支持。

因此,我们将后端系统进行服务化改造,并且开发 Passport 管理前台,与 Passport 用户前台共用同一套服务接口。新版的技术架构如图 7-11 所示,这依然是基于 MVC 模式的设计方案,只是对业务逻辑层(Passport 账号管理服务)进行了接口封装。

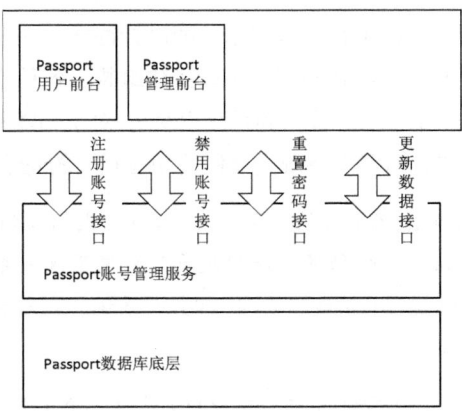

图 7-11　第二版 Passport 系统的技术架构

接下来，业务发展对 Passport 系统提出了新的需求：

- 开展分销业务后，也需要对分销客户开发前端界面。由于分销业务和 C 端业务的差异比较大，因此分销业务不打算使用"Passport 用户前台"，而需要单独开发"分销业务前台"，对账号功能做一些处理。
- 公司的客服业务团队希望根据客服人员业务操作的习惯和特点，把用户管理功能做在客服业务系统中。

因为此时 Passport 系统已经高度抽象和服务化，具备强大的平台能力，这些个性化诉求所需的后端功能接口都已成熟，所以业务系统只需要简单地开发前端模块并调用后端服务，就可以满足各种个性化要求，系统的结构非常灵活，如图 7-12 所示。

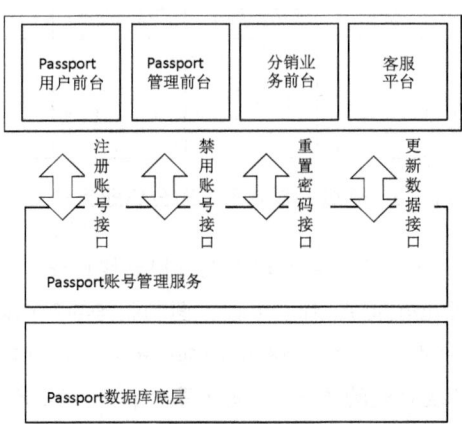

图 7-12　具备平台化能力的 Passport 系统方便支持多业务

至此你应该感受到了软件工程"搭积木"的设计特点，一个个服务接口就像积木块，通过对这些积木块的重复组合利用，可以搭建组装出各种新的功能和服务。我们常说软件工程就是在造轮子（服务接口和系统模块），对于功能相同的轮子，大家共用一套就足够了，没有必要针对每个系统重复制造功能相同的轮子。

在第 5 章针对 M 公司分销平台的应用架构设计中，我们提到 M 公司各个系统已经实现了服务化，因此分销平台的很多功能模块都可以复用现有系统，例如分销平台复用了客户主数据系统、Passport 系统、支付（Pay）系统、权限管理（Auth）系统、订单中心、仓储服务系统等。

这些被复用的系统（主要提供各种功能接口）就像一个个积木块，重新搭配组合，支撑了分销平台的业务。图 5-3 的应用架构图在一定程度上体现了这种复用关系，我们从技术视角绘制出技术架构图，如图 7-13 所示，读者能够从这幅图中更清晰地感受"搭积木"的设计结构。

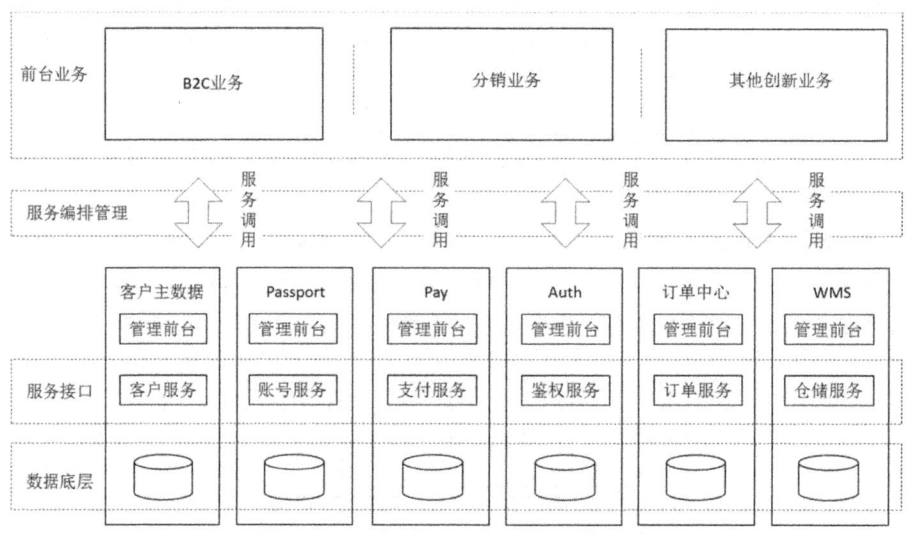

图 7-13　M 公司技术架构对分销业务的支撑

在技术体系中，有两个非常重要的概念在支撑着接口化、服务化的设计理念的落地，即 SOA（Service Oriented Architecture，面向服务的架构体系）和微服务。SOA 和微服务从本质上讲区别不大，只是微服务鼓励去中心化，例如，图 7-13 中间一层是"服务编排管理"，在传统企业的 SOA 落地方案中，这是很重要的 ESB（Enterprise Service Bus）模块（服务的中心化调度模块），而按照微服务理念设计的方案中则不会有这一层。

通过以上案例，你应该对企业应用架构有了进一步的感知。企业的各个软件或产品并不是独立的、割裂的，而是深度结合、互相支撑的。架构的理念在高阶的 B 端产品设计中非常重要，同时 B 端产品的设计体系和技术架构也有着一脉相承的设计思路。理解技术架构对设计产品架构大有裨益。

7.4.5 掌握数据库与 SQL

在业务系统设计中，建模工作是最重要的，模型的好坏将从本质上影响系统的灵活性和可扩展性；而设计数据库表结构正是对模型设计的一种落地实现。如果你能够理解模型、ER 图，再进一步理解数据库表结构，那么你对业务系统的技术实现会有更加深刻的理解和认识，这对产品设计工作会有很大帮助。

我们所说的数据库主要是指关系型数据库（RDBMS，Relational Database Management System），这是在 20 世纪 70 年代提出的一种计算机数据处理方案，经过几十年的发展，关系型数据库已成为目前业界最经典和流行的数据处理方案。SQL 是对关系型数据库进行数据增删改查操作的计算机语言。

常见的关系型数据库包括 IBM 的 DB2、微软的 SQL Server、甲骨文的 Oracle，以及被甲骨文收购并开源的 MySQL，每一种关系型数据库产品都有自己的 SQL 规范，但核心的语法规范是相同的。

我们已经讲解了 M 公司分销平台客户模型的设计思路，接下来，我们来设计客户模型的数据库表结构。

数据库表设计

分销平台的简化版客户模型如图 7-14 所示，该模型通过 ER 图呈现。图中有四个实体对象，分别为账号、机构、门店、收货人，在设计数据库时，可以根据这四个实体对象创建四张数据表（即数据库中存储的二维表），我们分别进行说明。

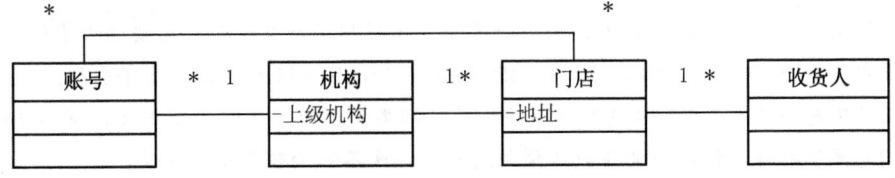

图 7-14　分销平台客户模型 ER 图

首先来看账号表，表 7-1 是账号表的表结构与数据示例，DS_PASSPORT 是表名，这张数据表中有 ID、ORG_ID、NAME、STATUS、CREATETIME 五个字段。

表 7-1　账号表的表结构与数据示例

DS_PASSPORT

ID	ORG_ID	NAME	STATUS	CREATETIME
10001	10001	admin	1	20180705 15:23:45
10002	10002	sqzx_root	1	20180705 18:45:21
10005	10002	wg@sqzx.com	1	20180711 10:35:12

- ID 字段：在关系型数据库中，每张数据表都应该具备一个 ID 字段，用来标识表中每条数据的唯一性。
- ORG_ID 字段：每个账号所对应的组织机构的 ID。
- NAME 字段：每个账号的名字。
- STATUS 字段：每个账号的状态。状态类的字段一般不会存储具体的状态文字描述，而是会存储一个代码。要理解代码的含义，需要查看数据字典（针对数据库表结构的说明文档，包括字段的说明以及字段值的解释），或代码表（简称码表，有的系统会设计），例如后面的表 7-6 就是本案例的码表。
- CREATETIME 字段：每个账号的创建时间。涉及业务数据的数据表一般都会包含该条数据的创建人、创建时间、修改人、修改时间等字段。作为示意，表 7-1 中只包含了其中的创建时间（CREATETIME）字段，实际中，这几项信息都是应该保存留档的，后面的表 7-2、表 7-3 与此类似，不再重复解释。

根据之前的数据建模设计，机构和账号之间是一对多关系，即一个机构节点可以对应多个账号，一个账号只能归属于一个机构节点，这在表 7-1 中有体现：ID 为 10002 和 10005 的账号对应的都是 ORG_ID 为 10002 的组织机构节点（从表 7-2 中可知，该组织机构是"北京社区之星有限公司"）。

这里还要说明一点，在关系型数据库中，工程师在创建表时，需要给表中的每个字段定义数据类型，例如在表 7-1 中，ID、ORG_ID 和 STATUS 字段是数字类型，NAME 字段是字符串类型，CREATETIME 字段是日期类型。为了让大家聚焦表的逻辑设计，我们隐藏了所有表设计中的字段类型的定义，但这不影响理解核心意思。

接着来看组织机构表的表结构和数据示例，如表 7-2 所示，DS_ORGANIZATION 是表名。

表 7-2　组织机构表的表结构与数据示例

DS_ORGANIZATION

ID	NAME	FATHER_NODE_ID	STATUS	CREATETIME
10001	分销总部	-1	1	20180705 10:13:23
10002	北京社区之星有限公司	10001	1	20180723 10:45:21

- ID 字段：用来标识表 7-2 中的组织机构的唯一性。我们知道，组织机构和账号之间是一对多关系，在关系型数据库中，如何实现这种一对多的关系呢？我们让表 7-1 中的 ORG_ID 字段与表 7-2 的 ID 字段一一对应，这样两张表就被联系起来了，就可以描述一对多的关系了。

- NAME 字段：代表组织机构的名字。账号表 7-1 中的三条数据，和组织机构表 7-2 中的组织机构之间的对应关系如下。

    ➢ 账号 admin：分销平台的超级管理员，对应的组织机构 ID（ORG_ID）为 10001，隶属于"分销总部"。

    ➢ 账号 sqzx_root：客户"北京社区之星有限公司"的根账号，对应的组织机构 ID（ORG_ID）为 10002，隶属于"北京社区之星有限公司"。

    ➢ 账号 wg@sqzx.com：客户"北京社区之星有限公司"的某个子账号，对应的组织机构 ID（ORG_ID）为 10002，隶属于"北京社区之星有限公司"。

    为什么说 sqzx_root 是根账号、wg@sqzx.com 是子账号呢？实际上还会有一张权限表来描述和维护账号的具体权限，此处不再展示，读者只需要记得这两个账号中，一个是客户的根账号、一个是客户的子账号就可以了。

- FATHER_NODE_ID 字段：机构表描述的是整个业务机构管理的树形结构，如何描述树形结构这种数据结构呢？可以通过一张二维表来描述，需要在二维表中定义每一行数据的父节点，即每一个机构节点的父节点。在表 7-2 中，ID 为 10001 的数据的 FATHER_NODE_ID 字段值为 -1，表示没有父节点，说明它是整个分销业务机构树的根节点；ID 为 10002 的数据的 FATHER_NODE_ID 字段值为 10001（10001 对应"分销总部"），说明它的父节点为"分销总部"，它是客户"北京社区之星有限公司"的机构根节点。

- STATUS 字段：状态字段，也需要查看后面的表 7-6 来理解具体含义。
- CREATETIME 字段：即该组织机构被创建的时间。

然后是门店表，表 7-3 展示了门店表的表结构和数据示例，DS_RECEIVER_STORE 是表名。

表 7-3 门店表表结构与数据示例

DS_RECEIVER_STORE

ID	ORG_ID	NAME	STATUS	RECEIVER_ADDRESS	CREATETIME
153001	10002	新源里店	1	北京市三元桥新源街 38 号	20180623 14:23:42
155304	10002	左家庄店	2	北京市左家庄中街 19 号	20180511 17:31:21

- ID 字段：用来标识表中每条数据的唯一性。
- ORG_ID 字段：在数据模型中，机构和门店是一对多关系，即每个机构节点可以对应多个门店，但每个门店只能隶属于一个机构。门店表 7-3 中的 ORG_ID 字段对应的正是机构表 7-2 中的 ID 字段，可以看出，两个门店的 ORG_ID 字段都是 10002，对应同一个机构"北京社区之星有限公司"。
- NAME 字段：代表门店的名字。
- STATUS 字段：代表门店的状态。现在，"新源里店"的 STATUS 值是 1，"左家庄店"的 STATUS 值是 2，查阅数据字典表 7-6，可以知道两个门店的状态分别为"已生效"和"待维护价格表"。
- RECEIVER_ADDRESS 字段：代表门店的收货地址。
- CREATETIME 字段：代表创建该门店的时间。

再接下来是收货人表，大家可以自己尝试设计收货人表，这里不再展开。

目前我们描述的表结构都是一对多类型的。对于多对多的关系，在数据库中该如何设计表结构呢？例如，账号和门店之间就是多对多关系，参见表 7-5，其中 DS_RS_RECVEIVER_STORE_PASSPORT 是表名。

表 7-5 账号-门店关系表的表结构与数据示例

DS_RS _RECVEIVER_STORE_PASSPORT		
ID	RECEIVER_STORE_ID	PASSPORT_ID
30001	153001	10005
30002	155304	10005
30003	155304	20001

表 7-5 中包含三个字段：ID 字段（该表中每条数据的唯一标识）、RECEIVER_STORE_ID 字段（门店 ID）和 PASSPORT_ID 字段（账号 ID）。我们可以通过这样一张数据表来描述多对多关系。例如，门店 ID 155304 与两个账号 ID 对应，分别是 10005 和 20001（注意，账号 ID 20001 是为了说明多对多关系而虚构的，在账号数据表中并没有存储这条账号数据）；而账号 ID 10005 也对应两个门店 ID，分别是 153001 和 153004。

最后是数据字典表，表结构和数据示例见表 7-6，DS_DICTIONARY 是表名。示例中仅展示了对门店表的 STATUS 字段的解释。表中包含五个字段：ID 字段（该表中每条数据的唯一标识）、TABLE_NAME 字段（表名称）、COLUMN_NAME 字段（列名）和 VALUE 字段（状态值）和 DESCRIPTION 字段（对状态值的解释性描述）。

表 7-6 数据字典表表结构与数据示例

DS_DICTIONARY				
ID	TABLE_NAME	COLUMN_NAME	VALUE	DESCRIPTION
50001	DS_RECEIVER_STORE	STATUS	1	已生效
50002	DS_RECEIVER_STORE	STATUS	2	待维护价格表

我们详细介绍了针对分销平台核心客户模型所做的数据库表结构设计，上述表结构中的示意数据，描述了一个包含一个客户、两个门店、三个账号的分销平台的客户数据结构，根据上述数据我们可以绘制出组织机构图，如图 7-15 所示。

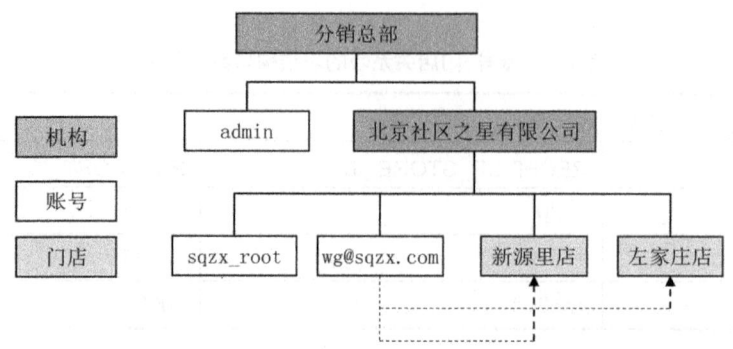

图 7-15　示例数据所描述的数据结构

如果你能够理解 ER 图代表的数据建模思路、以上数据库表结构是如何将数据模型落地的，以及表结构中的数据所体现出的树形结构（图 7-15），那么说明你已经理解了业务系统设计中核心且复杂的内容。

以上示例展示的都是存储在数据库中的数据，当这些数据在业务系统中呈现出来时，可能是样的效果呢？数据通过分销平台门店列表页面的呈现效果如图 7-16 所示。

图 7-16　示例数据在门店列表页的呈现

SQL 查询语句

理解了数据库表设计，我们再来看 SQL 查询语句。不同业务系统的数据库设计不同，要为某系统编写正确的 SQL 语句，关键是正确理解业务及其对应的数据库表结构，包括该系统的数据库表设计、表之间的关联关系。编写 SQL 查询语句，实际上就是基于对表结构的理解，组合关联不同的数据表，获取想要的数据。

例如，我们需要查询客户"北京社区之星有限公司"在 2018 年 6 月 1 日之后增加的所有门店（只查询根节点下的门店），那么首先需要找到"北京社区之星有限公司"的客户 ID，然后通过这个 ID 搜索对应的门店，并且限定门店的创建时间在 2018 年 6 月 1 日之后。理顺了思路，并熟悉了表结构，就可以轻松地编写出查询的 SQL 语句了，如下。

```sql
SELECT    A.*
FROM DS_RECEIVER_STORE A,
     DS_ORGANIZATION B
WHERE 1=1
    AND A.ORG_ID = B.ID
    AND A.CREATETIME >= '20180601'
    AND B.NAME = '北京社区之星有限公司';
```

以上是一个非常典型的多表连接 SQL 语句，SQL 语句的语法并不难，本章结尾处的"资源推荐"提供了两个网站，是学习 SQL 语法知识的非常好的资源。下面是编写 SQL 语句的几个建议。

- 要理解数据库表结构：如果不了解表结构，即便掌握 SQL 语法，也不知道如何入手编写语句。关于不同业务系统数据库的表结构，一般要咨询研发同事获取帮助。

- 使用正确的语法函数：不同数据库的 SQL 语法略有不同，例如"不等于"运算符，有的数据库采用的是<>，有的则是!=；另外，不同数据库的函数名称不一样，例如将日期字段转化为字符串格式，转换函数就各不相同。产品经理不用刻意去记这些语法，一般可以在写 SQL 语句前找工程师要一些样例，在其基础上修改即可。如果想了解具体规则，上网查询语法资料就明白了。

- 语句尽量简单：数据库表结构可能非常复杂，但是编写的 SQL 语句要尽量简单，因为复杂的语句很容易出错，而且不容易被发现。如果不是海量数据集，建议获取原始数据，然后在 Excel 中操作处理。

【资源推荐】

针对 SQL 的学习，推荐以下两个学习资源。

- www.sqlteaching.com：该网站是目前我接触过的最好的 SQL 学习资源。网站通过一个个案例讲解了 SQL 中的每个概念和语法，并且提供了非常强大的在线练习功能，这对学习 SQL 至关重要。虽然是英文网站，但是讲解深入浅出，很容易理解。你只需要耐心学习几个小时，将网站的内容阅读并实践一遍，就可以掌握 SQL 的所有核心知识。当你完成学习后，请再返回来看本节中提供的 SQL 语句示例，与数据库表结构结合起来，相信你很容易就能理解。

- www.w3school.com.cn/sql：w3school 是老牌的 Web 技术学习网站，其中对 SQL 的讲解也很通俗易懂，网站是中文的。w3school 提供了丰富的 Web 技术知识学习素材，包括 HTML、JavaScript、CSS 等，内容均简明扼要，是非常好的入门学习资料，建议产品经理通读该网站内容。

管理篇
让产品落地并不断生长

产品方案、技术方案设计完成后，只相当于万里长征走完了第一步。接下来进入产品研发环节，以及产品上线后的运营推广和迭代优化环节。

在产品开发及运营推广工作中，B 端产品经理要从整体上管理进度、控制风险。产品经理会面临各种复杂的挑战，既需要有很强的专业能力，又需要有灵活变通的处事能力。产品经理很像一个大管家，不仅要负责产品功能设计，还要统筹协调各种资源，确保一系列工作都能同步开展，最终拿到希望的结果，产生业务价值。

本篇将系统介绍产品管理的相关问题。第 8 章介绍 B 端产品的项目管理，探讨 B 端产品项目管理的难点和要点；第 9 章介绍 B 端的产品运营和业务运营工作，以及如何解决 B 端产品经理需要经常面对的业务部门合作问题；第 10 章介绍 B 端产品的迭代优化工作，包括需求管理和迭代管理的最佳实践；第 11 章介绍 B 端产品的数据分析基础，帮助深入了解数据分析工作。

第 08 章

B 端产品的项目管理与实施工作

产品设计完成后，如何保证项目又快又好地交付？做好项目管理是成功交付的必要条件。B 端项目往往牵涉面广，经常出现跨端现象，面对这些复杂项目管理情况，该如何控制项目节奏，顺利推进执行？这需要项目负责人对项目管理体系有全面的了解，并掌握项目推进的要点和技巧。

需要说明的是，在很多创业公司，甚至是具备一定规模的公司和团队中，并没有项目管理团队及专职的项目经理，需要由公司的产品负责人来制订项目管理制度初稿，并负责项目管理。因此，产品经理有必要全面理解并掌握项目管理工作的目标和内容。

8.1 为什么需要项目管理

当公司或团队规模较小时，工作随意而快捷：客户早上提了需求，产品经理在黑板上写写画画，不必写正规的 PRD，直接和研发人员沟通就行；不必做回归测试，产品经理简单试试功能，晚上请研发工程师操作，产品就能上线了；不需要运维部署，速度快，效率高。这种现象在初创团队和创业公司中很常见，业务开展初期，问题多，想法多，市场变化快，没有条条框框的约束，拼的就是速度！

随着公司规模变大，团队人数增多，作坊式工作方法不再适用：缺少流程制度，会让多人协作变得混乱失控；没有统一优先级裁定，会让跨部门项目引发争执；没有需求管理规范，会让业务部门抱怨产品研发部门配合不力，产品研发部门抱怨业务部门不靠谱，团队关系剑拔弩张。这种情况下，如何才能保证产品研发团队高效运转？如何保证软件产品能够按计划交付？如何让用户满意？要解决这些问题，就必须从作坊式的生产模式转变为标准化、专业化的生产模式。

优秀的项目管理是互联网公司在复杂环境下保证软件开发按计划推进、落地的关键，也是保障规模团队的产品研发效率和质量的核心要素。

8.2 互联网项目管理的工作重点

互联网公司的项目管理要确保公司产研项目高效开展、高质量交付，工作重点主要包括设计并优化项目管理制度和负责大中型项目的立项实施。有些互联网公司会设项目管理办公室（PMO，Project Management Office）来负责这些工作，对于没有设置 PMO 的公司，就要由产品负责人来扛起这些工作。

设计并优化项目管理制度

公司发展到一定规模后，就需要制订项目管理制度并严格执行。PMO 或产品负责人要结合公司的实际情况，设计符合公司诉求的项目管理制度，有两点需要注意：

- 这里是"公司发展到一定规模后"，而不是"产品研发团队发展到一定规模后"，因为如果公司发展很快，即便产品研发团队规模很小（采用了外包方式），但是面临复杂的业务和爆发增长的需求时，依然需要严格的项目管理制度来规范管理、控制风险。

- 项目管理的本质是不变的，方法和机制也与公司管理相类似，但是**需要专业的项目管理团队结合公司的业务特点和企业文化，对业界最佳实践做调整，制订符合公司特色的项目管理制度，这也是项目管理制度建设的难点和要点。**有了合理的制度，再由专业人员进行项目管理，这样才能让团队良性、高效运转，保障项目进展顺利。

例如，某公司 C 轮融资后业务发展非常快，但代码架构还处在 A 轮融资时期的"一坨代码""一套数据库"的阶段，各个团队负责的业务代码彼此耦合，根本无法做到松耦合地独立开发、快速迭代。针对这种客观情况，在制订项目管理制度时，可以考虑放宽敏捷开发的要求，而不是强制执行两周一迭代的常规策略，甚至可以不要求采取敏捷开发方式。

再例如，针对需求采集和管理问题，公司一般会要求业务部门提交需求时提供 BRD（商业需求文档），但在不同的公司中或不同阶段，是否要强制业务部门提交 BRD？这还需要综合评估公司的发展节奏、当前的诉求以及管理层的意见，才能做出决策。

PMO 或产品负责人要承担设计、修订项目管理制度的职责。**合理的规范制度应该既能约束产品研发团队的行为，也能保护产品研发团队的权益。**

此外，PMO 或产品负责人要管理并维护项目管理软件，例如 JIRA、Teambition（图 8-1），以便产品研发团队能够通过软件来规范项目管理过程，并获取足够的项目管理数据支撑。

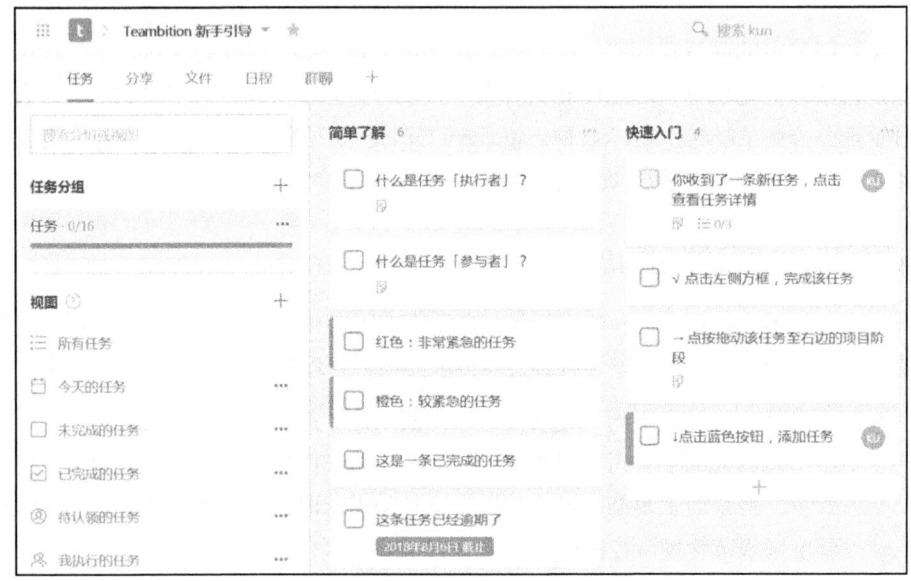

图 8-1　Teambition 的看板模式截图

负责大中型项目的立项实施

项目经理要保障大中型项目的成功落地，就必须理解业务，这样才能在大中型项目管理中准确理解整体方案，以及各个团队负责的工作范围。具体应该如何做？8.3 节给出了建议。

同样地，如果没有项目经理，这项工作往往由产品经理来承担。

8.3　如何对 B 端产品做好项目管理与实施工作

通过 8.2 节的介绍，我们对互联网的项目管理工作有了初步认识。那么针对 B 端产品，如何做好项目管理以及项目实施工作呢？首先，我们要了解 B 端产品项目管理面临的挑战。

8.3.1 B 端项目管理面临的挑战

B 端项目管理经常面临如下两个挑战。

- 容易发生跨端（跨系统）现象：在团队规模小时，一个研发团队管理了所有的系统，或者所有的模块都在一个系统里，很少出现跨端现象。随着系统复杂度增加，子系统越来越多，分工越来越细，各个团队负责各个业务线的不同系统。这种情况下，公司发起的跨端任务自然会引起跨端现象；更常见的是，因为单个业务方的需求，导致多个业务系统都需要修改，产生跨端现象。跨端会带来各种困难，例如难以获得其他团队的支持、难以取得整体的排期等。
- 项目周期长：当 B 端项目出现跨端现象，或者涉及流程改造等复杂需求时，都会面临较长的项目周期。而项目周期拉长，就会导致存在各种变数和不确定性，出现项目风险。

如何理解单个业务方需求而导致的多系统跨端协作问题呢？我们以分销业务为例进行说明。假设分销业务想对某些客户购买的某类商品做特殊包装处理。这是一个很明确的需求，会涉及如下几个系统的修改：

- 需要对这些客户进行标识，因此存储客户资料的客户主数据系统需要增加一个标记字段。
- 分销运营管理后台要修改客户资料维护界面，支持字段的维护。
- 下单系统要识别标识的客户，在订单上打标记。
- 仓储系统要识别订单标记，对特殊商品走特殊处理流程（当然，仓储系统也可以从"客户属性"字段识别特殊诉求，但是为了保证业务的可扩展性，这里采用了通过订单来标识的方案。如果将来这些客户又有一些订单需要按照特殊标准包装处理，则系统很容易实现支持。但是大家也要意识到，为了这个潜在的"可扩展性"，有可能产生让订单系统多做一次标识处理的"过度设计"）。

可见，针对这个特殊分拣需求，涉及客户主数据系统、分销运营管理后台、订单中心、仓储系统、配送系统五个核心系统的修改。

8.3.2 如何协调并推动跨端协作

B 端项目往往跨多条业务线、多个系统、多个研发团队，周期长、复杂度高，而 B 端产品经理很多时候要直接承担项目管理工作。面对复杂的 B 端项目，如何协调好各方、获得成功呢？

8.3.1 节中已经介绍过，B 端项目面临的第一个挑战是复杂的跨端问题，跨端项目从级别角度可以分为两类。

- 公司级跨端项目：这类跨端项目级别高，领导的重视程度高，资源有保障，一般有独立或被隔离的资源支持，决策和推进会相对顺利很多。
- 单方发起的非公司级的跨端项目：这类跨端项目一般由某个业务线、业务团队发起，但是对其他团队有影响，或者需要其他团队配合。这类项目的主要收益获得者一般是项目发起方，其他团队的收益不大，因而推进难度很大。

作为产品经理，如何高效地推进非公司级别的跨端项目呢？可以从如下方面进行尝试。

明确项目收益价值

任何项目都应该提前预估收益和投入产出比，从而判断是否有必要推进项目。明确项目收益价值是对项目负责的做法，即便很多时候预估的项目收益可能和实际偏差比较大，也是有必要的，因为：

- 项目收益作为一个目标，是引导项目组聚力前行的重要动力。
- 明确的项目收益预估是说服其他团队认可并配合项目的有力"武器"。如果项目发起方都不知道项目收益和价值是什么，或者无法证明项目收益和价值，必然无法说服其他合作团队。
- 明确的项目收益是决策层进行项目资源调拨时的重要参考依据。

因此，跨端项目推进的第一步就是明确项目收益价值。分析清楚收益价值的前提是，对业务的诊断、分析尽可能全面客观，这样才能产生有效的解决方案，并推算出预期的收益和价值。

找到 KP 并积极游说

多数互联网公司有一个特点：管理结构扁平，管理层级少，这样可以提高沟通和决策的效率。很多时候，产品和项目不是自上而下发起的，而是自下而上演进的[1]。这种文化特点让产品经理可以通过积极游说的方式推动项目：很多时候产品经理需要像一名推销员那样，去各个相关的团队"兜售"自己的方案和项目，可能基层团队之间

---

[1] 当然，业务模式很重的产品线是不能这样随意展开的，任何涉及业务流程的改动必须经过多方确认。

一拍即合，合作后产生"化学反应"，比先找领导沟通再传达还要快。

这种方式的关键是，产品经理要找到 KP（Key Person，关键人物），并积极游说，获得支持。否则，可能苦口婆心沟通好久，以为获得了认可，取得了突破，结果对方来了一句："我支持你，但我还得请示领导"，这就做无用功了。因此，不论是说服业务团队、产品团队还是研发团队，都需要找到关键人物（决策人员），针对正确的对象采取"攻势"。

保持强的推动力与执行力

产品经理要负责推进整个项目，在面对困难和挫折时，要不气馁、不放弃，像"小强"一般战斗力十足。所谓强推动力和执行力，其实就是在合适的限度内，强力推动，保证执行效果。

例如，假设你需要对方反馈一个结论，但是对方总是不回复，可能是根本没有把这件事记在心上，也可能是对方故意拖延、不想配合，也可能是真的忘记了。面对这种情况，你是闭月羞花般地每周催问一次，还是穷追不舍地每天催问一次呢？如果你一周催一次，那么很可能永远得不到反馈，因为对方会认为你自己都不重视；如果你每天催一次，虽然对方会很烦，但首先会把这件事印在脑海中，而且对承诺过的事情也不好推辞，最终"迫于压力"，给你想要的结论。

所以，通俗点儿说，强执行力和推动力就是指能够记着事儿，不忘事儿，上着发条追进度，盯过程，要结果。这样虽然可能会让某些伙伴有暂时的不舒服感，但只要是为了推动项目，为了要结果，为了有价值，最终大家都会认可并赞扬这种积极的态度。

总之，跨端项目的执行和推进需要全力投入，既要有耐心，又要有技巧。如果你有统筹管理跨端项目的机会，一定不要退缩，这是锻炼个人综合能力的绝好机会。

8.3.3 如何把控项目进度

B 端项目面临的第二个挑战是项目的周期长，复杂度高，变数大，项目进度不好把控。如果做到以下几点，就能够较好地控制项目进度。

细化工作，明确交付

面对任何复杂的工作内容，我们首先需要理清脉络，制订计划，列出行动的步骤，这样后期执行起来才能心中有数。同样，在项目管理中，将工作细致拆解，并明确每一个细化事项的责任人、交付物、时间点，保证对每一个细节的掌控，也就保证了对整个项目的掌控。在传统项目管理中，细化工作有一个专业术语，叫工作分解结构（WBS，Work Breakdown Structure），思路是一样的。

当然，细化工作有一个基本前提，即解决方案本身的设计是正确的，如果大的设计方案有误，或解决问题的核心思路不对，做再细致的工作拆解也是没有意义的。在思路正确的大前提下，细化工作就是自顶向下的金字塔思维的实践，由粗到细，从全局到细节，拆解工作的同时既能够产生更深入的思考，也能够随时审视整体方案。

在 3.3 节中，产品经理接受设计分销平台的任务后所列出的工作计划甘特图，实际上就是在细化工作。

通过机制把控进度

制订了详细的工作计划，明确了责任人、交付物、时间点，一切安排得井井有条，但这并不代表工作就能顺利开展，也不代表一切都会按计划执行，因为在项目开展的过程中，肯定会出现各种问题和意外，例如需求变更、方案调整、人员流失等。如果想及时发现并解决问题，就需要设定一些项目机制，对项目进行监控和约束，确保项目有序推进。以下是比较好的实践方案。

- 开展定期会议（例会）：定期将**项目的各方**参与人员聚在一起，回顾上一次会议以来的进展、遇到的困难、下一次会议之前的计划，这非常有必要。例会需要注意以下几点：
  - ➢ 项目的各方核心参与人员必须准时出席会议，不能随意请假。
  - ➢ 请参会各方在会议前整理好问题，这样讨论才会高效。
  - ➢ 控制会议时间，不宜过长或过短。
  - ➢ 例会一旦确定下来，就必须切实贯彻执行，不能三天打鱼两天晒网。
  - ➢ 例会不能太过僵化或形式主义，否则会让人厌烦，效果差。
  - ➢ 可以根据不同阶段的节奏对例会的周期做出调整，例如，项目初期每周一次，项目中期两周一次，项目尾声每周两次。
- 开每日站会：站会是敏捷开发中经典的工作方式，对于软件研发项目，在**团队内部**开每日站会的确是非常有效的工作机制。
  - ➢ 每日站会可以保证团队成员的到岗时间不会太离谱（站会的开始时间不能太早，也不能太晚。对于国内大多数互联网公司的考勤要求来说，十点半是比较合适的时间点）。
  - ➢ 每日站会可以保证团队快速交流一下前一天遇到的问题和当天要做的工

作，快速识别问题，找出解决方案。
  - ➢ 严格控制时间，不能太长，否则容易降低效率。
- 形成日报或周报：需要形成项目日报和周报，并发给项目的所有相关人员。除了通报进度、进展情况，项目日报和周报还有一个重要的作用，就是警示风险，让相关人员知晓，并推动责任人去解决问题。

编写内容清晰的项目日报或周报

前面提到的项目日报或周报是管理项目、通报进度的重要工具。一份编写清晰、重点突出、简明扼要的项目日报或周报，能够让人产生深刻印象，也能直接看出编写者的职业素养和专业性。

项目经理要利用项目日报或周报来争取关注度和资源，解决项目中遇到的问题。 项目日报或周报的编写务必严谨认真，下面以项目周报为例来介绍编写思路和要点，项目日报与之类似。

- 本周进展：简明罗列本周的重要进展。
- 项目风险：一般会用红色加粗文字罗列遇到的项目风险和可能的解决方案，可以@相关人员强调某些要求。对近期已经解除的风险，可以保留描述，但用删除线划掉。
- 下周计划：简明罗列下周重点工作，以及每项工作的负责人和要求完成时间。
- 整体进度：通过"甘特图"或其他形式说明整体项目计划和关键里程碑，并标记目前项目完成度。

以上信息足够说明项目情况。以下是分销平台开发过程中的项目周报案例，大家可以参考编写的思路及格式。

本周进展：

- 客户模块开发进度正常，已完成 80%。
- 订单模块的开发完成 50%，开发进度延期一周。

项目风险：

- （红色文字）订单模块没有按照计划完成开发自测，延期一周，请@订单 RD 务必于下周一之前给出解决方案。

下周计划：

- 客户模块完成开发自测,负责人XX,截止日期YY。
- 订单模块完成开发自测,负责人MM,截止日期NN。

整体进度:

- 整体项目进度70%,整体进度风险可控,以下是整体进度图(参见图8-2)。

序号	任务	负责人	进度	前置任务	Jun W1	W2	W3	W4	July W1	W2	W3	W4
1	业务调研	产品经理,业务人员	100%	-								
2	业务方案设计	业务人员,产品经理	100%	1								
3	系统整体方案设计	产品经理,架构师	100%	2								
4	系统细节方案设计	产品经理	100%	3								
5	技术方案	研发人员	100%	4								
6	客户模块开发	分销平台研发人员	80%	5								
7	订单模块开发	订单中心研发人员	50%	5								
8	联调	研发人员,测试人员	0%	6,7								
9	上线	研发人员,运维人员	0%	8								

当前进展 ⇧   里程碑 ⇧

图8-2 整体进度图

保持足够的责任心

在把控项目进度时,团队的责任心,尤其是项目经理的责任心是非常重要的影响因素。良好的项目管理制度可以在一定程度上保证项目可控,然而仅仅有制度约束还不够,因为制度只是提供了一种工具和方法,如果团队成员没有足够的责任心,就无法将制度执行好、将工具利用好。例如,发出的周报可能无法清晰有效地呈现风险;即使呈现出风险,相关人员可能没有仔细阅读并识别问题;即使识别出了问题,可能没有人站出来追问并解决问题。

还要注意,项目的其他参与人员可能只负责把自己的工作做好,不会从整体上关心项目,这是可以理解的。如果项目经理的责任心不够强,那么当任何一个环节出问题时,就没有人能够从整体上解决问题、推进项目,就会导致项目延期。所以项目经理的责任心是尤其重要的。前面讲过,很多时候公司没有专门的项目经理,这时就需要产品经理负起这份责任。

在我之前所在的公司中,有一个中型项目已经进行了一多半,其中有一位很重要的前端工程师是外包人员。本来进展还比较顺利，但是没想到这位工程师和所在的外包公司产生了冲突，他因此萌生了离职的想法，并且他只把这个想法告诉了项目组中和他关系较好的 QA（测试人员）。

QA 对这位前端工程师离职的事也没有太在意，只是和项目经理闲聊时提了一下。如果项目经理觉得这是技术团队的事情，不用自己干涉，那么此事的结果很可能就是外包工程师找好下家后直接离职，这必然会对项目产生一定的影响（至少会导致延期半个月以上）。幸运的是，这个项目的项目经理是一位非常负责、积极主动的女孩，她和大家关系都非常好，经常找不同人聊天，沟通感情，看看有没有遇到困难。

项目经理得知这个信息后，马上给技术负责人、产品负责人反馈，并且和技术负责人一起努力推动自己公司将外包的前端工程师直接招聘过来。过程中虽然遇到一些阻力，但是项目经理真心诚意地帮助技术负责人克服困难，最终成功解决问题，化解了项目风险，得到项目组所有同学的敬佩和信任。

总之，在项目管理中，合理拆解并细化工作，制订良好的项目执行机制，再加上足够的责任心，就可以对项目进度有较好的控制和掌握。

第 09 章

B 端产品的运营管理

　　B 端产品上线后，需要开展运营推广工作，除了产品经理，运营推广还会涉及产品运营人员和业务运营人员。而且，B 端产品经理、产品运营人员、业务运营人员三者的工作职责往往有很多交叉和重叠，这就可能导致冲突，影响工作效率。产品经理需要深刻理解三者的工作目标、工作方式，处理好协作关系，这样才能保证工作顺利开展。

　　本章将首先概述产品运营人员和业务运营人员要做的工作，然后重点讲解 B 端产品经理应该如何与他们协作，如何解决可能面临的冲突，共同推进 B 端产品的运营管理工作。

9.1　B 端的产品运营岗

　　根据不同的产品类型，B 端产品运营岗可以划分为以下几类：

- SaaS 方向，该方向的运营岗位偏销售、BD 职能，属于销售管理和客户开发的范畴，不在我们的讨论范围内。
- 双边市场的供给端运营方向，例如商家运营、店铺运营，这种运营岗位的工作内容和 C 端运营相似，我们不在此赘述。
- 针对内部业务系统的产品运营方向，本章讨论的 B 端产品运营主要是针对这个方向的。

9.1.1　B 端产品运营岗的工作内容

B 端的产品运营岗位在行业内没有公认的定位或定义,但是既然是产品运营,肯定要围绕产品展开,而不是仅仅做纯粹的业务管理工作。

对于支持内部业务的 B 端产品运营岗,工作目标是**通过挖掘 B 端产品的能力**(即对现有功能进行推广、协助完成产品的升级优化),**帮助企业解决业务问题**。其中,业务问题可能是营收增长问题,也可能是风险控制问题。

B 端产品运营岗位的工作内容主要包括产品功能推广培训、问题解答处理、需求采集过滤、项目效果分析、业务诊断分析几个方面,我们来分别介绍。

产品功能推广培训

B 端产品的功能上线后,一方面要在线上进行推广宣传,例如消息推送、公告通知等;另一方面,针对比较复杂的升级改造,还需要组织业务团队进行现场培训。

产品经理也要对 B 端产品的推广负责,但很多时候产品经理需要运营人员的协助和支持。比如,产品宣传时可以做一些吸引人的易拉宝,摆在业务团队里进行曝光;也可以组织一些功能使用熟练度的考核比赛,对于应用熟练的一线人员进行奖励。这些工作都需要由专门的产品运营人员跟进。

问题解答处理

业务用户在使用系统的过程中,肯定会遇到各种各样的问题和困惑,有时候是遇到了 Bug,有时候是因为不理解规则,有时候是不知如何操作,产品运营人员需要在线上对问题进行答疑处理,帮助用户解决问题。

对于刚上线的系统或功能,产品经理可以组建试点用户群或热心用户群,搜集问题并进行快速改善。但是,由于一线业务人员流动大、新人多,因此业务人员在日常工作中仍会有各种各样的问题和困惑,这种日常的针对业务全员的问题解答,必须由专门的产品运营团队负责,以保证处理效率。产品运营人员首先要在第一时间解答问题,为业务用户提供最快速有效的服务支持;另外,还需要经常归纳总结问题,把共性问题提交给产品经理,以便进行系统优化,这样才能有效减少问题咨询量。

比较高效的问题解答、处理机制应该是层层过滤的:一线业务人员反馈问题后,首先由产品运营人员及时响应和跟进;如果发现是系统问题,则提交给产品经理,请他再次核实;如果确认是系统 Bug,则由产品经理提交给研发人员。这样可以避免一线用户直接找研发人员,影响研发工作。

需求采集过滤

产品运营人员和一线业务人员接触多,有更多的机会了解一线人员的工作状况、感受,并收集一线业务人员的直接诉求。优秀的产品运营人员能够识别并挖掘好需求(真正会产生影响的需求),和产品经理一起持续优化产品。反过来,产品经理收集需求的途径很多,其中很重要的一个途径正是通过产品运营人员收集并提交需求。

项目效果分析

一般情况下,产品经理要对上线的功能进行持续的数据分析和观察,这个工作也可以委托产品运营人员完成。有的时候,公司会直接安排产品运营人员作为中立方,独立考核项目效果和收益,给出客观分析。

业务诊断分析

高阶的产品运营人员还要和产品经理、业务团队一起诊断业务,分析问题,提出解决方案,并推动解决方案落地执行。

综上可以看出,产品运营人员的工作范畴较为宽泛,而且 B 端产品运营人员和产品经理需要相互配合,共同解决问题。

9.1.2 B 端产品运营与 C 端产品运营的区别

B 端产品运营和 C 端产品运营的工作有什么区别呢?我发现身边的很多产品经理都有这个疑问,所以虽然这个话题略偏离本书的主题,但我还是打算花一点篇幅介绍一下,二者的主要区别包括以下 4 个方面。

- 团队定位不同:对于业务模式较重的互联网公司,B 端产品运营是配合业务部门达成业绩目标的支持团队,间接对业绩指标负责;对于以线上业务为主的互联网公司,C 端产品运营是需要对业绩直接负责的业务团队。
- 工作目标不同:B 端产品运营通过挖掘 B 端产品能力,帮助业务线提升管理效能、改善核心指标(不同业务线的考核指标不同,例如,销售线可能是销售额,采购线可能是采购成本,配送线可能是配送效率);C 端产品运营帮助 C 端产品提升核心指标,常常包括用户量、活跃度、转化率和收入等。

- 技能要求不同：B 端产品运营人员要掌握相关业务领域的专业知识，例如供应链管理知识、仓储配送业务知识，以及数据分析、文案编写等辅助技能；C 端产品运营人员要具备创造性思维，掌握热点时事和各种新媒体运作方式，具备数据分析、文案编写等多种综合技能。
- 职业方向不同：B 端产品运营可以成长为某个细分领域的业务专家，例如 CRM 销售管理业务专家；C 端产品运营可以成长为某个细分行业或产品方向（例如社交领域、电商领域）的运营专家。

9.2　B 端的业务运营岗

在 B 端产品工作中，业务运营部是 B 端产品经理打交道最多的业务方。本节将详细讲解业务运营岗在企业中的管理模式和工作内容。

9.2.1　B 端业务运营岗的管理模式

介绍业务运营岗之前，首先要明确一下什么是业务部门。在一个典型的、成熟的公司组织架构中，类似财务、法务、人力这些支持部门，常常被归类为职能部门或中后台部门，主要目的是保证企业的行政运转；而销售部、仓配部、采购部、客服部等部门，需要围绕核心业务开展工作，直接承担企业经营的业务目标，被称为业务部门。

业务部门一般会分为两部分，一部分是执行具体工作的**一线业务单元**，往往按地域划分；另一部分是业务体系内部支撑一线业务单元运作的**业务运营部**，是整个业务线的管理中枢和支持中心。下面我们以 M 公司为例来看看业务运营部在公司组织架构中的可能位置。

M 公司的主要业务部门包括采购部、仓配业务部（简称仓配部），以及新成立的分销业务部。采购部和仓配部按照地域，各分为华东、华北两个大区；分销业务部是新成立的部门，目前只在北京、上海开展业务，因此下设北京、上海两家分公司。每个业务部门下都设了业务运营部，要承担各自业务线的管理指挥和工作支持的职责，因此一般直接向公司总部的业务负责人汇报。具体的组织架构图如图 9-1 所示。

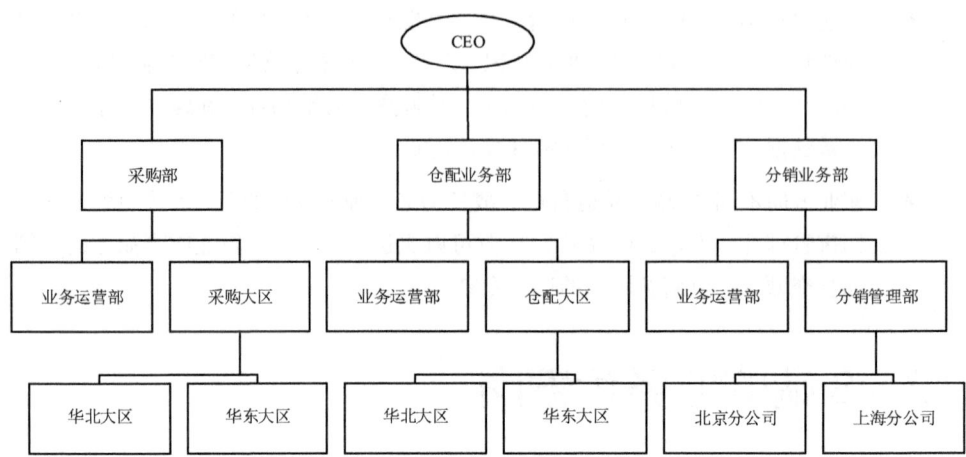

图 9-1 M 公司的业务部门组织架构图

假设 M 公司分销业务发展迅速，团队扩张快，部门建设健全，则公司的组织架构图可能调整为图 9-2 所示的样子（除分销业务部之外的部门未展开）：在分销业务部下属的业务运营部下设培训考核、流程运营、绩效管理等三级部门（分销业务部属于一级部门，其下属的业务运营部属于二级部门）；各家分公司（图中只展示了北京分公司）为了经营管理方便，也下设自己的业务运营部，负责分公司相关的数据分析、培训考核工作。

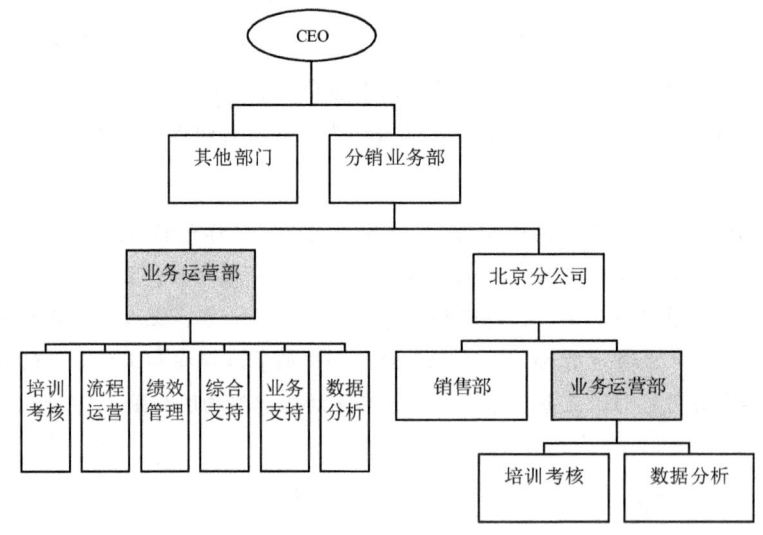

图 9-2 M 公司业务运营部的总部-分公司管理架构设计

此时，分公司的业务运营部直接向分公司经理汇报，不再向分销业务部下属的业务运营部汇报。有些情况下，分公司的业务运营部也可能虚线汇报给公司总部，实线汇报给分公司经理[1]。例如，假设分销业务的市场区域性差异极强，因此分公司业务运营部被赋予较高权限，可以直接制订区域销售策略，一方面分公司业务运营部向分公司经理汇报，协助执行分公司经理的经营策略；另一方面分公司业务运营部也要向总公司业务运营部虚线汇报，承接总公司业务运营部的部分策略落地工作。

需要注意的是，在互联网公司的业务管理中，任何管理架构都可能多次调整，以便为业务提供更大的帮助和价值。

9.2.2　B端业务运营岗的工作内容

业务运营岗具体负责哪些工作？虽然不同业务部门（例如采购部、销售部、仓配部、客服部）的工作内容大不相同，但它们下属的业务运营部的工作职能却有共通性，主要包括如下内容。

业务支持

在业务工作开展中，会有审批、核对、检验这类工作诉求，这些事务性工作非常繁杂，是业务运营岗的重要工作内容。

例如，在M公司分销业务中，各分公司提交的客户资料需要由总公司的业务运营部的专员进行核对审批；又如，某O2O分公司要开展一场优惠券形式的市场活动，如果发券金额超过一定额度，就需要由总公司的业务运营部审批；再例如，某公司销售部的一线人员想查询某客户的敏感信息，需要向业务运营部提交申请，业务运营部同意后才会提供相关数据。

流程管理

业务部门内部的流程机制、业务部门与其他部门之间的流程机制，都需要不断地优化、调整，以适应最新的业务安排。业务运营部要负责流程的设计、执行、监督、优化，保证分支机构管理的规范性和可控性。

---

1 这种情况下，对员工的绩效考核会分为两部分：实线汇报领导的考核和虚线汇报领导的考核，其中实线汇报领导的考核权重较大。

策略制订

业务部门有时需要制订策略，例如促销策略、定价策略、供应商返点策略、仓储排班策略等，这些工作一般会交由其下属的业务运营部完成。

绩效考核制度制订

一般情况下，一线业务的考核制度、KPI 会采取自顶向下的设计思路，由管理人员根据业务情况、业务规划，给出方向性的规定或调整思路，由业务运营人员细化方案并进行预测，最终由业务负责人确认后实施执行。例如，销售提成方案、采购人员绩效考核方案、仓配人员绩效考核方案都会出自业务运营部。

培训考核

公司及业务部门的制度、政策、活动的宣贯传达，以及新人的培训等工作，需要由专门的培训部负责。信息的传递是非常容易失真的，一条简单的政策从公司总部层层传递到一线时，有可能已经被完全曲解。因此，对于非常重要的政策、制度、活动，有必要对骨干成员，甚至业务全员进行培训，并组织相关的考试来强化学习效果，这些工作都需要由培训团队承接执行。

有些公司将培训部作为一级部门独立管理，有些则将培训部归于业务部下属的二级部门，还有一些会将培训部归于业务运营部下属的三级部门。

系统运营

业务部门还需要负责业务系统相关的新功能落地、推广，系统使用的问题解答、问题收集、提出优化建议等工作。为此，业务部门常常会设立自己的产品运营岗，也叫系统运营岗。

项目管理

对于业务部门发起的业务项目或产研项目，业务运营部可能会安排专门的项目经理进行项目管理，推进项目落地。

例如，某在线教育公司的教研部（是业务部）发起了一个项目，研发并上线一套新的小型课程体系。现在系统功能已经稳定，教研部下属的业务运营部安排了专门的项目经理来负责协调教材编写、教材上线、老师招募、老师培训考核、目标学员挑选、定向投放匹配等一系列工作的安排和执行。

合规质检

违规、违法操作在任何团队都有可能发生。这些操作有可能是利益的驱使造成的，也可能是工作偷懒或无意的失误。业务部门下属的业务运营部常常会设置质检或品控团队，负责内部的监察和治理。销售人员恶意挖客户、采购人员收回扣、客服人员话术不规范，这些都可能在管辖范围之内。

除了业务部门内部的合规质检部门，公司一般还会设置集团层面的风控、质检、安全部门，进行独立监察工作，这对企业的健康经营管理至关重要。

数据分析

业务部门下属的业务运营部常常会安排专门的数据分析团队制作手工报表，定时发送给相关的领导或业务群。之所以不直接制作线上报表，是因为业务领导要看的指标往往是灵活多变的，需要根据领导的要求制作实时数据报表。这种情况下，由专业的数据分析团队制作手工报表可以随时响应，效率更高。此外，数据分析团队还会做一些专题性的业务分析工作。

9.3 产品经理、产品运营人员、业务运营人员如何高效协作

随着互联网公司业务模式越来越重，产品经理和产品运营人员、业务运营人员的合作关系问题、权责分配问题越来越突出。如何体系化地解决三者的合作问题，推进协同共赢？如何让产品经理专心聚焦于创新和业务本身？

影响合作关系的因素很多，主要包括人际因素、产研文化、组织架构。其中人际因素因人而异，产研文化取决于公司创始团队的背景，这两者很难通过一些动作或方案来改善。此处，我们重点谈一下组织架构问题，这是解决合作关系问题最有效、可操作性最强的办法。同时，在探讨组织架构的过程中，大家也可以更加深刻地理解三者之间配合问题的成因和本质。

调整组织架构改善合作关系

组织架构决定了汇报关系，进而决定了绩效考核方式。汇报关系、绩效考核方式会影响人做事的动机、行事的方式，以及个人和团队的利益。通过调整组织架构，可

以把一股力量拆成互斥的几股,也可以把几股互相较劲的力量凝聚成一股。

合理的组织架构可以正向地引导组织和业务朝好的方向发展,不合理的组织架构会造成各种问题。组织架构需要根据业务发展情况随时调整变化,没有最好的组织架构,只有最适应当前阶段的组织架构。通过调整组织架构,绑定利益共同体,可以解决很多业务管理问题。

产品经理、业务运营人员、产品运营人员相关的组织架构设计有多种方案可选,各有优缺点,不同的方案适用于不同的公司文化和发展阶段,我们依次介绍如下。

方案一

产品部和业务部平级,产品经理和产品运营人员统一归产品部管理。其中,A业务部下属的业务运营部下面,还设置了系统运营部;产品运营部向A业务线产品部直接汇报,见图9-3。这种管理架构是互联网公司里比较常见的组织架构,产品经理和产品运营人员同属一个部门,且产品运营人员汇报给对应业务线的产品负责人。

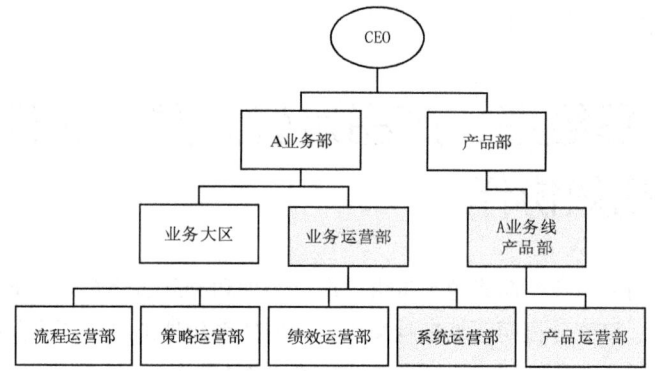

图9-3 产研业务组织架构(方案一)

这种方案的优点如下:

- 能够统一调度研发资源,避免浪费:产品负责人对需求进行统筹管理,综合评估需求的投入成本和预期收益,进行比较客观的可行性分析,能够较好地保护并利用研发资源。因为和业务部没有隶属关系,在处理一些问题时,可以对业务部形成一定的牵制,便于充分探讨,避免研发资源的无谓浪费。
- 有利于从企业利益出发考虑问题:虽然业务线产品经理要为业务服务,但因为产品部是独立团队,所以产品经理有权利和义务在某些时刻跳出业务线,从客户利益或公司整体利益出发,对业务部说"不",必要时将问题升级到

CEO 级别去处理。
- **产品经理和产品运营人员相互补位**：产品经理和产品运营人员需要向同一个产品负责人汇报工作，比较容易将工作职责界定清楚，双方可以较好地配合，形成协同效果，深入挖掘并发挥产品的价值。

这种方案的缺点如下：
- **距离业务有一定距离**：由于业务线产品经理属于独立的产品部，和相关的业务部难免有一定距离，业务线产品经理可能没有机会参加业务部的核心决策会议、业务例会，也就无法在第一时间参与分析、获知关键决策。
- **容易与业务运营部下属的系统运营部产生冲突**：如图 9-3 所示，产品部下面设置了产品运营部，业务运营部下面设置了系统运营部。假如有新功能上线，谁负责推广、培训、宣传、分析呢？再比如，产品经理发现了业务流程的风险问题，提出了优化方案，业务运营人员是否同意并安排并改进落实呢？
- **缺少决策人**：假设业务运营人员（属于业务部）和产品经理、产品运营人员（属于产品部）产生了冲突，如果业务部负责人和产品部负责人无法对事情达成一致，就需要升级到 CEO 级别。但是很多问题纯粹是业务线的内部问题，如果这类冲突都需要由 CEO 去处理，则效率太低。

方案二

在方案二中，之前的产品运营部和系统运营部被合并为产品运营部，统一归属到业务运营部下面，如图 9-4 所示。产品运营部的首要职能是落地、推广产品以及答疑解惑，而这也是业务运营部支持业务团队的核心工作之一，因此客观来讲，将产品运营部划归业务运营部，这样的组织架构在业务模式较重的创业公司很常见。

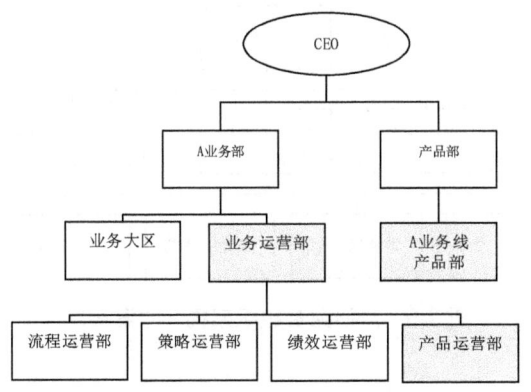

图 9-4　产研业务组织架构（方案二）

这种方案的优点如下：

- 控制人力成本：在方案一中，在两个团队设置工作内容相似的岗位，是对人力成本的浪费。通过将冗余的岗位合并，可以让工作更高效，节约成本。
- 避免工作内容冲突：在两个团队设置工作内容相似的岗位，还会导致在工作开展过程中产生冲突。解决办法有两个，一是合并团队，二是更细致地界定工作边界，例如，业务部的系统运营人员只负责问题解答，产品部的产品运营人员只负责工作推广……然而，这么细致的划分实在没有必要。

这种方案的缺点如下：

- 产品部的权利被弱化：产品运营人员不再归属产品部，那么推广产品、收集需求、反馈常见问题和一线声音等工作，就不再是产品负责人能够直接安排的了，并且产品经理也无法得到最及时高效的信息反馈了。

方案三

在方案三中，业务线产品部被划归到相应业务部下面，业务线产品经理直接向业务部的负责人汇报。这种组织架构在成熟的纯互联网公司中比较少见，但是在业务模式较重的创业公司或独角兽公司中正在被尝试。

产品经理向业务部的负责人汇报，估计多数产品经理都会对此感到诧异，然而这却是一种缓解产研和业务矛盾、发挥产品能力的可能方案。

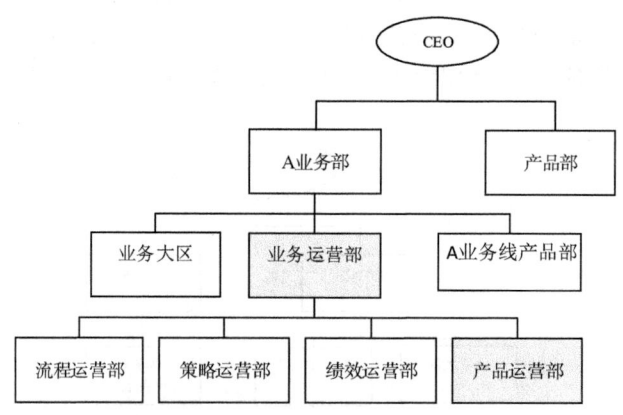

图 9-5　产研业务组织架构（方案三）

这种方案的优点如下：

- 更加贴近业务：作为业务部的一员，并且是核心成员之一，不论是业务例会，还是重点问题诊断分析，产品经理都会直接参与其中，与各个相关方共同讨论决策。而且同为业务部成员，产品经理和业务负责人之间的距离也会更近，信任感更强。
- 更容易推动方案落地：将业务线产品经理划归业务部后，从业务问题提出、诊断到方案设计再到解决方案落地，从职能架构上来讲，都是在业务部内部发生的，因而更容易推动落地。

这种方案的缺点如下：

- 判断和决策带有倾向性：产品经理隶属业务部，由于汇报关系改变，很多情况下，产品经理做判断时会向业务线倾斜，客观的、批判性的思考相对减少。
- 缺少全局观：产品经理隶属业务部，这还容易导致某业务线的产品经理只着眼于业务线本身，不关注企业级的全局架构，容易导致整体架构中存在短视的设计，以后再纠正代价巨大。
- 不能最大限度地发挥产品经理的价值：在该架构中，产品运营人员直接向业务运营部的负责人汇报，这导致产品经理的价值无法最大限度地发挥出来，因为产品经理对系统的控制权和运营权依然是割裂的，无法形成合力来挖掘价值。
- 部分产品人无法接受向业务部汇报工作这样的安排：因为很多产品经理认为产品岗位应该具有非常高的权限和级别，能直接影响、改变业务部的工作，而不应该"受制于"业务部。但是市场环境在发生变化，对于企业来讲，减少内耗、促进发展才是重点，产品经理也要适应变化，及时调整。

方案四

方案四对方案三略微调整，产品运营部被划为 A 业务线产品部下面的三级部门，产品运营人员从业务运营部抽出，直接向产品经理汇报。这种安排相当于业务线进一步给产品经理授权，将系统相关的工作全部交给产品经理来管理，如图 9-6 所示。

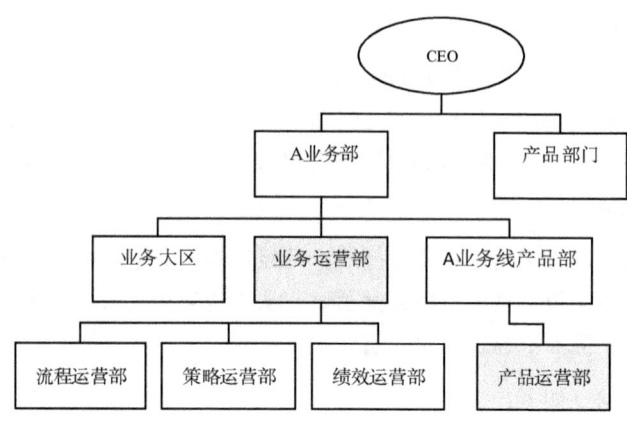

图 9-6 产研业务组织架构(方案四)

这种方案的优点如下:

- **充分授权发挥产品经理的价值**:产品运营人员直接向产品经理汇报,不仅是岗位管理关系的调整,也代表着将产品相关的工作全盘授权给产品经理来管理、安排、控制。从功能方案的设计、实施,到意见反馈、效果分析、持续优化,一套完整的产品方案都由产品经理操盘管理,让一名优秀的产品经理能够尽情发挥才能。

这种方案的缺点如下:

- **缺少牵制力**:这种架构下,产品运营人员不能代表业务运营部发声,对产品经理的牵制也会减弱。这一方面能让产品经理更好地发挥才能,另一方面也可能导致"一言堂"。很多时候,一些牵制力和干扰力可以帮助产品经理思辨,并做出更深刻的思考和判断。

方案五

和方案四相比,方案五中的 A 业务线产品部需要做双线汇报,实线汇报给相应业务部,虚线汇报给产品部,如图 9-7 所示。方案五还有一种变体,即 A 业务线产品部实线汇报给产品部,虚线汇报给相应业务部。但这种情况下,业务线的产品运营人员就不可能向产品经理汇报了,这就又和方案二相差无几,因此不对其做赘述。

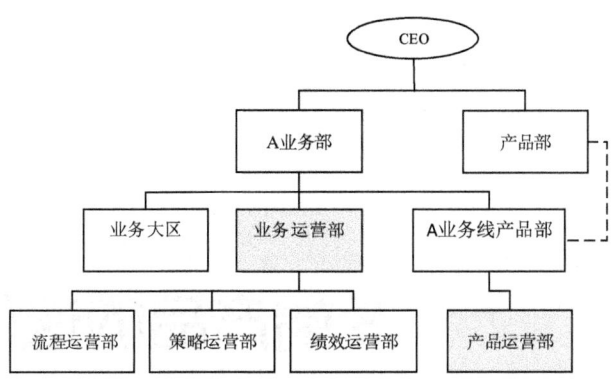

图 9-7　产研业务组织架构（方案五）

这种方案的优点如下：

- 企业架构设计得到一定保证：双线汇报关系促使产品经理在设计方案时遵循产品部的整体架构规划设计，避免只关注局部而无视全局的问题。

这种方案的缺点如下：

- 效率可能略有损失：因为受到产品部的全局架构的约束，在处理一些局部问题时可能羁绊较多，无法采取只对业务线有利的快速方案，损失一些时效性。

以上列举了产品经理和业务运营人员、产品运营人员合作的几种可能的组织架构，不同的组织架构对产品经理、产品运营人员、业务运营人员三者的合作关系会产生直接影响。调整组织架构和管理关系是解决协作问题的一个非常有效的手段，很多时候，面临团队的低效、猜疑、冲突，可能略微调一下组织结构就解决问题了。**互联网公司取得成功的诀窍之一就是，频繁地调整组织结构，尝试各种安排，在各种调整中很可能实现破局，或者产生"鲶鱼效应"。**

不同的管理架构适用于不同的企业文化、业务阶段。互联网人要接受变化，不拘泥于形式，勇于突破自我进行各种大胆尝试，要知道，业务发展才是硬道理。

第 10 章

B 端产品的迭代优化

产品上线并进行了全面推广,对业务产生了明显帮助,产品经理会感到满满的成就感。但是产品经理的工作还没有结束,还需要不断挖掘新需求,并对产品进行持续的迭代升级,让产品变得更加成熟、强大。如何识别、挖掘好需求?如何管理这些需求并安排迭代计划?这里面有很多技巧和最佳实践值得我们学习参考。

本章就来介绍产品需求管理和迭代管理的方法和技巧。

10.1 B 端产品的需求管理

产品投产后,还需要不断收集、挖掘新的需求,进行持续的升级迭代,以完善系统功能或优化业务流程。如何持续获取有价值的需求?如何对需求排优先级并实现之?此时,需求的收集和管理工作就显得非常重要。

需求的收集和管理是产品经理的一项基本工作内容。不要轻视看似烦琐的需求管理工作,对业务和产品的理解正是在这些工作中逐渐形成的;而确认需求的优先级、确认迭代工作的计划安排,更能培养对业务的准确判断力。

10.1.1 需求的收集

B 端产品的需求来源十分广泛,包括一线用户、产品运营人员、业务运营人员、业务领导等的反馈,需求内容也非常丰富,包括交互体验优化、业务调整要求、业务管理要求等,而能采集需求的手段也丰富多样,包括一对一面谈、问卷调研、轮岗实习，等等。

需求收集的要点之一是，通过各种渠道全面、迅速地收集建议，而且，无论是否采纳，都要给出反馈，例如意见是否采纳、预期的解决时间等，这样才能形成持续的良性互动。

收集到需求后，产品经理不应该简单被动地接受、执行，而要识别需求背后的真实问题、判断需求的价值，这很考验产品经理的判断能力。在日常工作中，产品经理要勤于思考，尽可能地理解业务，以提升自己的判断能力。面对需求时，产品经理可以思考以下问题，帮助自己准确、迅速地判断需求的价值：

- 这个需求背后的真正问题是什么？
- 这个问题是否有简单快速的解法？
- 这个问题的影响面有多大？如果只是个案，是否值得投入精力去研究解决？
- 如果是共性问题，优先级和紧急程度如何？

对于从 C 端产品转行的同学，这里提醒一点，C 端的产品需求来自个体用户，而 B 的端产品需求来自组织和机构。C 端和 B 端的需求的产生背景和动机完全不同，前者是为了解决用户痛点，而后者是为了解决业务问题。因此，C 端产品的需求分析方法论（例如广泛采用的 KANO 模型）并不适用于 B 端产品。

10.1.2 需求池管理

对于收集到的需求，经过初步判断、过滤后，要放入需求池进行管理跟进。

从记录在案开始，到实施上线，需求要经历完整的研发管理周期。可以通过一套项目管理软件（例如 JIRA、Teambition）对需求进行管理，按照公司统一的项目管理规范来实现。如果公司对项目管理的过程没有明确的规范，或者缺少工具支撑，也可以通过 Excel 文件来进行需求管理。

对于需求池和迭代计划，可以对它们分开管理维护，也可以合并在一起管理维护，需要根据公司的现状和要求灵活处理。不论是合并管理还是分开管理，主要目的都是实现清晰准确的需求管理、迭代计划管理，并做到项目进度透明。

通过一套设计合理的 Excel 模板，完全可以把需求和迭代工作管理得井井有条。我在工作中整理了一套比较全面的需求、迭代管理模板，在这里分享给大家，大家可以直接使用，也可以借鉴其中的一些思路，融入自己所在团队的工作中。

需求池管理的模板

为了准确地管理需求内容、跟进执行情况、进行全面的项目管理分析（例如分析研发的工作量、研发效率、业务需求的满足效率等），一套完整的需求池管理模板应该具备很多字段。下面分享我整理的一个比较完整的需求池管理模板，并对每个字段进行具体说明。

- 业务线

描述需求所在业务线（或对应的系统），例如 CRM 系统或客服系统等。

- 需求类型

需求类型包括以下可选项：

产品需求、产品需求（插入）、技术需求、技术需求（插入）、线上 Bug

以上五个选项可以较好地区分业务需求、技术需求、线上 Bug。因为项目管理比较在意是否在计划外插入临时需求，所以我们对插入的需求（不论是技术需求还是业务需求）要做一下标记，标记的方法既可以是单独加一个字段，例如"是否是插入的需求"；也可以通过为"需求类型"增加"产品需求（插入）""技术需求（插入）"两个选项来标记。

- 主题

需求的一句话概述。

- 内容

需求的具体描述。

- 来源

需求的提出者，比如来自一线的某员工，或业务运营部某同事。

- 需求提出日期

收到需求的日期。有些公司会要求产研团队提高需求响应速度，可能会通过上线日期和需求提出日期的时间差来进行考核评估。

- 优先级

优先级是管理需求迭代计划的重要判断依据。优先级应该是一个客观的评估，可以和业务人员一起商定一个都认同的标准，作为优先级的判断依据。

例如，给销售人员使用的 OCRM 系统的目标整体上可以归为三方面，即提升业绩、规避风险、提高效率。可以将 OCRM 系统的需求池优先级定义为五档，举例来说，能够帮助全员提升业绩或规避业务风险的需求，我们认为是重要并且紧急的，将优先级定义为 Highest；针对个别人员提高效率的需求（例如优化某管理员的某个低频操作），我们认为是不重要且不紧急的，将优先级定义为 Lowest，中间还可以分出 High、Median 和 Low 三级，含义见表 10-1。

表 10-1 某销售业务线针对需求优先级的定义

优先级	重要度/紧迫度	目标	作用对象
Highest	重要，紧急	提升业绩，规避风险	全体人员
High	不重要，紧急	提高效率	全体人员
Median	重要，不紧急	提升业绩，规避风险	部分人员
Low	重要，不紧急	提高效率	部分人员
Lowest	不重要，不紧急	提高效率	个别人员

以上是定义优先级的一种可能方案，针对不同的业务特点、不同的发展阶段，优先级定义的原则是不尽相同的。作为 B 端产品经理，一定要和业务方在原则上达成一致，客观地定义优先级并作为排期依据，否则非常容易起摩擦。

- 迭代版本

如果采用了敏捷开发模式，就需要标记需求排期开发时的迭代版本。

- 业务负责人

涉及业务规则调整、流程变更及核心功能变化的 B 端产品，需要有业务部门相关负责人确认并一同推进。因此针对每个需求或项目，必须指定一名业务负责人，作为业务代表一起参与。

- 产品经理

负责跟进并管理需求。

- 研发负责人

研发负责人一定是研发的整体负责人，而不应该分成后端负责人、前端负责人，因为那样很可能导致两者各自负责自己的工作，但是对于技术实现的整体方案和进度没有把控，相当于没有技术负责人。

- 测试负责人

如果研发负责人全权管理研发、测试工作，则不需要单独指定测试负责人。否则，要明确安排测试负责人，对质量结果和进度负责。

- 状态

状态用来描述需求的生命周期，状态值可以包括如下选项：

待跟进、需求调研、PRD 编写、待 PRD 评审、待技术评审、待排期、待开发、开发编码、待测试、测试验证、待验收、待上线、已上线、挂起、拒绝。

这些状态值较好地覆盖了从需求采集到上线的完整生命周期，仔细观察后可以发现，这些状态的设计符合我们在 6.8.3 节介绍状态机图时提出的建议，即状态应该是能持续足够时长的，不应该是很快就结束的（所以我们没有定义"需求评审中"这种状态，因为需求评审只需要开几个小时的会议就可以完成，没有必要在开会前改一下需求状态，开会后再次修改）。

- 计划上线日期

计划上线日期是在技术评审结束后，研发负责人确定工时和资源投入后给出的目标上线日期。

- 实际上线日期

实际上线日期是系统的真正上线时间。通过对比实际上线日期和计划上线日期，可以统计项目的延期情况，并进一步分析延期原因。

- 前端开始日期/前端结束日期

前端开发工作的开始日期和结束日期。

注意，工期和工时是两个完全不同的概念，工期是指开发时长，工时是指工作量。例如，为了开发某功能，安排了 2 名研发人员，从 9 月 1 日开始开发，到 9 月 5 日提测，则工期是 5 天，工时是 10 人日。如果这两名研发人员并不是同时介入的，其中一名研发人员是 9 月 1 日介入的，另一名在 9 月 3 日才介入，到 9 月 7 日提测，则整体工期是 7 天，但工时依然是 10 人日。

- 前端研发工作量（人日）

即前端开发工作预计投入的总工时。在敏捷开发中，可能通过基于经验的"点数[1]"来评估工时。

---

[1] 点数也叫故事点数，是敏捷开发中的概念，指敏捷团队评估工作量的度量单位，一般取决于敏捷团队的实际研发经验。注意，敏捷开发中的"点数"和研发工作量（人日）的统计并没有明确的换算关系。

此外，后端开发及测试的开始时间、结束时间、工作量，这些字段的含义与前面所讲的类似，不再赘述。

- 发版计划

在移动端产品中，需求上线可能涉及发版，即需要发布新的客户端，因此要在表格中记录发版的版本号。

通过需求池统一评判需求优先级，管理并安排迭代计划，是产品经理最重要的日常工作之一。合理运用上述模板，可以帮助产品经理将需求和项目管理得井井有条。认真填写模板中的各项内容，可以帮自己较好地分析需求跟进情况、研发效率、工作量投入等。

如果某个需求涉及跨端或跨团队开发，则需要按照子项目将模板进一步细化，例如每个子项目要安排各自的研发负责人、产品负责人，有各自的工时、工期等，然后再填写具体字段。

10.2　B端产品的迭代管理

收集需求后，产品经理要根据优先级进行需求跟进和方案设计；方案设计完成后，便进入开发、迭代环节。广义上的迭代管理是指软件的持续优化、升级计划；狭义的迭代管理是敏捷开发中的一种模式。本章所讲的迭代管理是指前者。在进行迭代管理时，要充分利用研发资源，要正确认识技术优化所需的资源，另外，采用合适的迭代模式对软件的升级研发效率至关重要。

10.2.1　迭代中的研发资源管理

在迭代优化过程中，产品经理要充分调动并利用研发资源，通过对人员的合理调配，保障不同项目之间无缝衔接，避免因为时间窗口不匹配导致研发资源闲置。

如何准确管理研发人力呢？有一种很简单实用的办法，也是传统项目管理中常用的办法，即制作一张研发人力资源安排图（如图10-1所示），通过这张图可以清晰地看出每个研发人员在不同需求、项目上的时间投入规划，并据此安排后续的工作。

在工作中，研发人员、产品经理、业务人员之间总会有这样的争执：为什么没有排期？你们在做什么？人力都铺在哪儿了？如果有这样一张图来清楚地呈现研发人员的工作安排，就可以避免这些争执。因此，**维护好这张研发人力资源安排图，也是对**

研发人员的一种保护，避免他们"蒙受"工作不饱和的怀疑和指责。

负责人	5月																								
	1	2	3	4	5	6	7	8	9	10	11	12	13	14	15	16	17	18	19	20	21	22	23	24	25
张三	购物车支持优惠券						购物车支持优惠券							个人中心支持卡券查询							个人中心支持卡券查询				
李四	购物车支持优惠券						ES重构							ES重构							ES重构				
王五	审核优化二期						审核优化二期							审核优化二期							报价管理三期				
马六	审核优化二期						审核优化二期							报价管理三期							报价管理三期				

图 10-1　研发人力资源安排图

10.2.2　迭代中的技术优化资源分配

软件的代码需要不断地优化。如果软件升级迭代过程中只做产品功能需求，而不做技术优化，随着功能的积累，软件系统会变得越来越脆弱，运行速度会越来越慢，甚至频繁宕机。因此，在日常的迭代升级中，必须给技术优化预留足够的资源。

应该投入多少资源做技术优化？这个问题在产品经理和研发负责人之间似乎很难达成一致。研发负责人想多投入一些资源优化系统，而产品经理则认为应该首先解决业务需求。如何平衡业务需求和技术优化之间的资源分配问题呢？

从大的方面来说，这和系统所处的阶段有很大关系，不同阶段资源分配的思路完全不同。结合业务发展周期，我们将系统建设归纳为四个阶段，分别是初创阶段、瓶颈阶段、重构阶段、稳定阶段。

初创阶段

在初创阶段，业务还处于探索试错期，业务本身不一定能成功。在这个阶段，系统从无到有地构建起来，研发团队要开足马力支持业务，本阶段的重点在于"活下去"。构建的系统是一套全新的干净系统，没有任何历史包袱，因此，可以铆足劲儿开发业务功能，而不用太在意代码、架构的合理性，此时可以只预留10%的资源做技术优化，甚至不做技术优化。只要研发团队的水平靠得住，一套全新的系统在全力运转的状态下对业务支持一年的时间，应该是绰绰有余的，而一年正好是验证业务是否能够存活下去的关键时间点。

瓶颈阶段

经过一年的探索，证明了方向是正确的，业务取得了初步成果，并继续保持高速发展。业务对新功能的渴望持续且强劲，产品研发团队依然开足马力，但此时系统已经显现出疲态，"技术债"问题出现：曾经的设计缺陷、硬编码、架构不合理等问题逐渐凸显出来，系统三天两头出问题，Bug 繁出，稳定性差，与此同时，业务需求继续井喷！

对于产品研发来说，一半的资源被修复 Bug 和迫在眉睫的技术优化占用，另一半资源被难以维护的老代码拖住。产品研发团队既不能痛快地满足业务需求，也不能爽快地一次性解决系统结构问题。此阶段可能会持续 1 年到 1.5 年的时间，可谓整个产品研发团队的"噩梦时期"。

重构阶段

业务继续发展且相对稳定，业务需求依然络绎不绝，但系统已濒临崩溃的边缘。所有人都明白，偿还技术债的终极时刻来临了：公司层面决定，业务需求给技术重构让路，留给研发团队充足的时间重构系统，一次性解决历史问题。此阶段可能会安排 80% 的资源做技术优化重构工作，包括代码解耦、拆库拆表、中间件升级、接口化、服务化等。

对于瓶颈阶段和重构阶段分别持续多久、在什么时候发生，这个问题很难准确回答，取决于业务情况、系统状况、技术团队的话语权等因素。

此外，也有"边开飞机边换引擎"的成功案例，即在不影响业务的情况下，持续升级系统，开发新功能的同时完成系统重构，但难度相对较大。需要结合具体的系统架构和实际情况来判断采取什么方案。

稳定阶段

该阶段业务发展稳定，系统运行平稳，Bug 少，不宕机。业务需求依然不停地提出，但此时研发工作显得井井有条。即便如此，依然需要预留 10% 到 20% 的研发资源持续做技术优化，这是保证系统持续稳定的秘诀。

综上所述，业务需求和技术优化的研发资源分配，要根据业务发展和系统建设的阶段来合理安排。不同阶段对两者投入的资源比例可参考表 10-2。

表 10-2　不同系统发展阶段下技术优化资源投入比例建议

系统阶段	时间周期	特点	业务需求资源占比	技术优化资源占比
初创	0~1 年	系统从无到有构建，业务飞速运行、试错	90%	10%
瓶颈	1~2.5 年	业务继续发展，系统问题不断	50%	50%
重构	2.5~3 年	业务逐渐稳定，系统问题严重	20%	80%
稳定	3 年以上	业务持续稳定，系统稳定	80%	20%

10.2.3　典型的双周迭代模式

软件工程是一件计划性极强的工作，不随意改变需求和计划，是确保功能高质量按期交付的前提。瀑布模式在传统的软件开发中被广泛采用，该模式对需求变更有很严格的管理，开发周期往往也很长。然而在互联网环境下，市场环境瞬息万变，软件的开发模式**既要能够快速响应市场并上线试错，又能保障开发节奏和交付质量**。

敏捷开发的理念和方法论在一定程度上满足了以上诉求。在实践中，多数公司和团队都会**结合瀑布模式对敏捷模式做一些调整**，来进行研发管理，而不是严格按照敏捷方法论管理项目。其中使用最广泛的模式就是双周迭代模式。

所谓双周迭代，即两周完成一个迭代周期，其中，一个迭代周期是指从软件开发到上线的时间。图 10-2 通过甘特图的形式描述了包括两轮迭代（迭代 1 和迭代 2）的双周迭代运作过程，其中 W 代表周，W1 代表第 1 周；D 代表天，D1 代表第 1 天，以此类推。浅灰色背景是迭代 1 的准备阶段及执行过程，深灰色背景是迭代 2 的准备阶段及执行过程。

	W1					W2					W3					W4					W4					W5				
	D1	D2	D3	D4	D5	D1	D2	D3	D4	D5	D1	D2	D3	D4	D5	D1	D2	D3	D4	D5	D1	D2	D3	D4	D5	D1	D2	D3	D4	D5
PM	挑选需求并编写PRD										评审					挑选需求并编写PRD										评审				
RD & QA											技术方案					开发实施与测试					技术方案设计					开发实施与测试				
OP																				上线										上线

图 10-2　双周迭代模式下的开发过程

接下来，我们详细讲解双周迭代的过程，因为它是著名的敏捷迭代模式 Scrum 模式的变体，所以在讲述过程中，我们会对比介绍 Scrum 模式（图 10-3）中的对应概念，以便读者体会二者的异同。

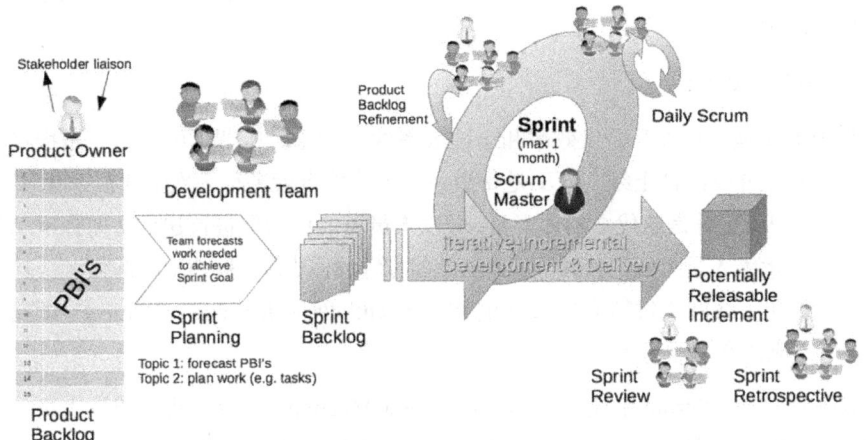

图 10-3　Scrum 敏捷开发过程

图片来自 Wikipedia

一个典型的双周迭代过程如下。

1. 挑选需求并编写 PRD（W1D1~W2D4）

在迭代 1 的开发工作启动之前，产品经理（在 Scrum 中叫 PO，Product Owner）首先要从需求池（需求池在 Scrum 中叫 Product Backlog，具体的需求项叫 PBI，Product Backlog Item）中挑选需求，这需要产品经理和研发负责人一起沟通，根据需求复杂度和研发产能来挑选最需要满足的需求。然后，针对所选需求设计方案并编写 PRD。

2. 评审（W2D5）

PRD 编写完成后，进入迭代 1 启动前的评审环节，评审环节要和需求方再次确认设计方案，并且给研发人员讲解产品设计方案，评审时，可以对需求范围再次进行讨论和调整。在 Scrum 中，评审工作叫 Sprint Planning，进入迭代计划的需求清单叫 Sprint Backlog。

3. 技术方案设计（W2D5~W3D1）

评审结束后，研发人员要根据 PRD 进行技术方案设计，有的技术方案可能需要讨论几天才能确定下来。同时，产品经理开始做迭代 2 的准备工作。

4. 开发实施与测试（W3D2~W4D4）

技术方案确定后，正式进入迭代 1 的开发和测试环节，对于研发人员来说，这是最紧张的阶段，这一阶段在 Scrum 中叫 Sprint（冲刺）。在这个阶段，产品经理和研发团队每天都要召开简短的站会（Scrum 中的 Daily Scrum），以同步信息，并快速澄清疑问、进行决策。

5. 上线（W4D5）

集中上线是一种提升研发效率和运维效率的好方法。所谓集中上线，是指将一系列功能点打包并一次性上线，而不是每做完一个功能点就进行一次上线。迭代 1 的功能上线的这天，正好是迭代 2 的评审日，研发人员可能白天要进行迭代 2 的评审工作，晚上要配合运维人员上线迭代 1 的功能。同时产品经理最好和 QA 一起做线上功能验收，集中打包上线的交付物（在 Scrum 中叫 Potentially Releasable Increment，即在一个 Sprint 中完成的产品增量）。

在上线之前，Scrum 中还会有 Sprint Review Meeting，产品经理和研发人员一起再次核对功能开发情况。一个迭代结束后，Scrum 流程中还有 Sprint Retrospective，对迭代进行总结。

以上是常见的双周迭代的产品开发流程，在研发人员开发一个迭代的功能时，产品经理开始下一个迭代的功能设计，工作交替进行，这样能保证设计工作和开发工作无缝衔接，在一个合理的时间周期内快速实现软件产品的升级迭代。

10.2.4 双周迭代模式的局限性

双周迭代模式可以较好地控制产品研发节奏，被广泛采用，但是，双周迭代模式也有局限性，具体表现在如下几点。

无法保证最小功能集合可以在一个迭代周期内实现

如果需求很复杂，产品功能被分成几期来做，其中某一期的最小功能集合依然比较复杂，则可能无法在一个迭代内完成它。例如，涉及流程调整的需求，需要一次性实现完整功能集合，才能保证业务正常运作，而这个最小功能集合很可能无法在一个迭代周期内完成。而且，软件工程和流水线作业不同，无法简单地通过加人数的方式来缩短工期。

跨端项目协同非常复杂,研发节奏互相依赖

B 端项目经常发生跨端现象,因此开发排期要进行多个团队的整体统筹协调,这就很难保证按照某一方的迭代节奏来安排。

关于多个团队之间的大范围项目协作,尽管有一些规模化敏捷的方法论被提出,但是可操作性普遍不强,因而实际工作中,大家一般还是采用比较传统的方式:把一堆人拉到一起,共同商议方案,再各自回去排期,然后统一定一个大联调时间和最终上线时间。

很难准确预估工作量投入

在 B 端产品开发中,如果是一些简单的小需求,研发人员可能会直接给出工时预估。但是对于 B 端的复杂系统,如果想让研发人员看过产品方案后就快速准确地预估工作量,从而决定一个迭代周期内的工作内容,这基本不太现实。必须先研究代码结构,做完技术方案设计,才能给出准确的工时和排期。

针对双周迭代的局限性,在 B 端产品的迭代中要结合实际情况,对迭代流程做灵活变通。例如,针对复杂跨端项目,可以按照项目机制来推进,而非迭代机制;又如,针对部分需求,上线时间可以灵活调整,而不用等待统一发布;再如,可以不采用双周迭代模式,只保证每周固定时间评审需求,需求之间的开发、上线节奏互不相关。

10.2.5 选择合适的迭代模式

双周迭代模式被很多公司采用,不过我们也看到它有一些局限性。因此在必要时,还需要团队通过摸索和磨合,找到瀑布模式和敏捷模式的恰当结合点,设计适合自己的模式、流程,从而提高效率。

产品经理要理解瀑布模式和敏捷模式的背景和特点,要辩证地看待它们,这样才能找到两者结合的最佳方案。我们先来了解这两种模式。

瀑布模式的历史背景

瀑布模式将软件生命周期划分为几个基本活动,并且规定只能按照自上而下的固定次序逐步执行完成。这一模式有它产生和存在的背景。

- **传统软件产品非常复杂**:在传统软件公司,研发的都是大型商业软件,或给客户定制的中小型系统。这些软件产品功能非常复杂,开发过程需要被规范

地管理。稳定、成熟的 IT 管理体系（如 ITIL 体系）能够在很大程度上保证企业软件体系的架构合理性、系统稳定性，保证 IT 资源被充分利用。而这些成熟的 IT 管理体系一般都是遵循瀑布模式的。

- **传统企业没有快速迭代的诉求**：传统企业的业务模式稳定，很少发生变革。而且对于企业来说，通过信息化对业务流程重构是大事件，对于软件的使用或更新都要经过充分探讨和慎重决策，决定后就一步步执行下去，尽量不要反复，对于需求变更、方案变更更会严格控制。

由此可见，传统的瀑布模式是适应曾经的市场环境和市场需求的，也是适应传统企业和传统软件公司的诉求的。**并不是瀑布模式导致传统企业的软件开发节奏变慢，而是曾经的业务客观环境不需要软件开发节奏变快**。不可否认的是，瀑布模式会导致 IT 组织机能僵化，信息技术能力无法被充分释放，对市场环境响应太慢，这在互联网时代下是无法跟上市场节奏的。

但是我们也不能完全摒弃瀑布模式，**瀑布模式的核心环节是"需求分析""方案设计""开发编码""验收上线"，这几个环节是软件工程的必经环节，任何模式都难以绕过**。

敏捷开发是一种理念

互联网公司的重要特点之一就是，速度快：

- 决策快——很可能经过半个月的分析评估就决定尝试开辟一条新业务线。
- 执行快——产生一个决策后，整个团队和组织都会集中资源高效执行落地，不论是业务团队的开疆拓土，还是产研团队的系统研发，都会迅速展开。
- 变化快——可能尝试了半年的新业务说停就停了，之前的资源投入全部成为沉没成本。

互联网公司这种"快"文化，深深根植于互联网人的思维模式中。互联网人敢于试错，不会因为成本风险而限制各种尝试和探索；同时也讲究技巧方法，将试错成本降到最低。在快速开展业务的过程中，抓住稍纵即逝的市场机会才是头等要事，在瞬息万变、竞争严峻的市场环境中生存下来才是重中之重。

而敏捷开发的核心思路是将复杂需求分解成小块需求，采用较短的开发周期，按节奏开发，按需发布，逐步迭代实现，因而非常适合在互联网公司推广。**本质上讲，敏捷模式是容纳并拥抱新时期快速变化的市场环境和商业特征的一种理念**。只有认可敏捷模式的理念，才能很好地实践它。

作为产品经理,你需要思考如下问题:

- 你是否有随时接受需求变更的勇气和心态?面对各种扑面而来的变更,你是否能够心平气和地分析问题和方案,而不是气愤地一口回绝已经让研发团队白忙活一个月的需求方?
- 你是否允许存在瑕疵但可以快速支持业务的产品方案去抢占市场,而不会因为自己的"洁癖"及偏执导致业务错失良机?
- 你是否会说服研发人员为了快速上线而暂时采用并不合理的设计方案,并在合适的时间窗口帮助研发团队顶住业务压力,给研发团队争取足够的时间来重构系统?

如果产品经理和研发团队对上述问题的回答都是肯定的,那么这个团队就具备了践行敏捷文化的前提。

图 10-4 是一张流传广泛的关于瀑布模式和敏捷模式的卡通图,来自《硝烟中的 Scrum 和 XP》一书。作者 Henrik Kniberg 是一位敏捷模式的实践者。这张图形象生动地描述了瀑布模式和敏捷模式在理念与实践上的区别。

图 10-4 瀑布模式和敏捷模式的对比

客户需要代步工具,在瀑布模式中,小汽车被一步一步造出来,工期长,交付物复杂,用较长的时间一次性给出了较好的解决方案,中间的所有交付物,比如轮子和车身,都是最终成品的一部分,但是中间的交付物并不能满足客户的出行需求。

在敏捷模式中,实现思路完全不同。为了解决客户的交通工具问题,先提供了滑板,然后依次提供了滑板车、自行车、摩托车,最后才提供小汽车。一开始就满足了客户的出行需求,虽然不是理想方案,但却可以使用,然后逐步优化,最终也造出了小汽车。

敏捷模式试错速度快，试错成本低，在步骤 1 和步骤 2 就已经可以判断方案是否有效。而在瀑布模式中，直到步骤 5 才能判断方案是否有效。但是敏捷模式的迭代成本高，每一次迭代都会将之前的工作废弃，例如改用了自行车，滑板车就白做了；改用了摩托车，自行车就白做了。因此迭代过程中需要不停地重构老系统。

合适的才是最好的

无论是敏捷开发，还是瀑布开发，都有自身的优点和缺点。找到这两种模式的恰当结合点，设计适合自己团队的模式、流程，帮助产品研发团队提升效率、支持业务是关键。

第 11 章

B 端产品的数据分析

通过数据支持决策，是互联网企业在激烈的市场竞争中快速试错、纠正方向、取得成功的不二法门，互联网人必须具备以数据驱动业务决策的意识和习惯。对于产品经理来说，无论是业务问题诊断，还是项目效果分析，都需要通过数据分析来进行论证和判断，因而数据分析能力是产品经理的必备技能之一。

本章将介绍数据分析的思维框架，以及进行数据分析工作需要具备的知识结构。首先通过实际案例带大家感受数据分析的过程；然后介绍数据分析的要点，包括需要掌握的知识体系；最后结合案例介绍数据分析报告的撰写要点，这是数据分析结果外化的重要工作。

11.1 数据分析的流程

B 端产品从决策、设计到落地、运营，整个流程都需要全面的数据支持和数据驱动。各个环节要分析的数据不同，得到的结论也不同，但是数据分析的思路和本质是相同的，B 端产品经理要理解并掌握数据分析工作的特点和要点。

数据分析的方法论很多，从本质上讲，可以将数据分析的过程抽象为四个步骤（如图 11-1 所示），分别是明确主题、提出假设、验证假设、产生结论，其中提出假设、验证假设是数据分析工作中最复杂的部分，需要反复进行，才能得到正确的结论。

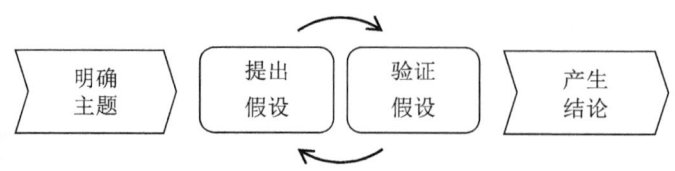

图 11-1 数据分析的四个步骤

11.1.1 明确主题

任何数据分析工作都需要有一个明确的主题，即数据分析工作的目的或目标。如果没有明确的主题，数据分析工作就会随意发散，无法聚焦。主题可以是封闭的，例如"XXX 项目的 YYY 指标能否符合预期"，也可以是发散的，例如"目前公司供需匹配的矛盾和问题是什么"。

明确的主题是整个数据分析过程的焦点。**数据分析过程本身就是一次脑洞大开的探索，很有可能在分析过程中发现很多新的有趣的主题，以及值得深入探索的话题。**分析人员要掌握好节奏和脉络，做到有的放矢，收放自如，分析过程既不能随意发散，也不能过于收敛。

有时分析主题比较宽泛，则需要将其细化，分解成一些更加明确的主题。例如"目前公司供需匹配的情况如何"，这个主题更像局外人的随口一问，如果遇到这样的主题，要尽量将其细化、明确，例如分解成"目前供给方和需求方的现状各是怎样的""匹配率如何""匹配遇到的问题有哪些""业务管理有何困难""如何解决业务管理的困难"，等等。可以看出，这更像是一次完整的业务诊断，在一个大的话题下细分分析方向，进行全面的研究诊断。

11.1.2 提出假设、验证假设

明确了分析主题后，接下来进入数据分析环节。面对庞大的数据海洋，该从哪里入手开展分析工作呢？该从哪些角度拆解研究呢？如果无从下手，可以先提出某些假设，有了假设，就有了数据分析的思路，基于假设去观察、研究数据，判断、验证假设是否正确，在此过程中便会对数据的洞察越来越深刻，产生更加清晰的想法和思路，提出新的假设，从而进一步探查数据，如此往复，离问题真相越来越近。

实际上，数据分析的过程就是不停地提出假设、验证并修正假设，最终获取真相的过程。不要担心提出的假设是错误的，这远好过没有假设，因为没有假设就没有切入点，分析工作会更加束手无策，理不出头绪。

11.1.3 得出结论

经过反复地提出假设、验证并修正假设，我们会逐渐发现现象背后的真正原因，得出可靠的结论便是水到渠成的事。

接下来，我们通过案例让大家进一步体会数据分析的过程。

11.1.4 案例：M 公司零售业务销售额下降的数据分析

M 公司的零售业务在 2018 年前 4 个月的销售额持续增长，势头良好，但是 5 月份的销售额却出现了一定程度的下降，具体数据如表 11-1 所示，现在需要分析销售额下降的原因。

表 11-1 M 公司零售业务销售额

	2018 年 1 月	2018 年 2 月	2018 年 3 月	2018 年 4 月	2018 年 5 月
销售额（千元）	686	813	982	1,198	836

想分析销售额下降原因，首先要拿到比较细粒度的基础数据，以便从各个角度进行数据探查。因此，我们调取了近三个月（3 月至 5 月）的最细粒度的订单数据，作为本次分析工作的基础数据。

在刚开始分析时，我们并没有特别好的思路，不知从何入手，不妨大胆提出假设：可能是某个区域的销售额下降导致整体销售额下降。接着，我们在 Excel 中对基础数据进行数据透视处理，观察分区域的销售额变化情况，看看能否发现什么，如图 11-2 所示。除了使用 Excel 的数据透视表功能，我们还用到了 Excel 的数据条渐变填充功能，这样可以非常直观地通过数据条的长短快速观察单元格数字的大小。

求和项:销售额	列标签			
行标签	2018/3/1	2018/4/1	2018/5/1	总计
北京	499	618	242	1359
河北	101	133	102	336
上海	204	246	272	722
深圳	178	201	220	599
总计	982	1198	836	3016

图 11-2 分区域的销售额数据透视表

通过观察可以发现，北京和河北 5 月份的销售额均有下降，其中北京的下降额度最大，因此猜测北京地区销售额下降是全国销售额下降的首要因素。为什么北京的销售额会下降呢？是整体的下降，还是某个品类的下降？为了进一步分析，我们对各区域的数据进一步按照品类分组，来观察销售额变化情况，如图 11-3 所示。

求和项:销售额	列标签			
行标签	2018/3/1	2018/4/1	2018/5/1	总计
⊟北京	499	618	242	1359
海鲜	34	45	42	121
蔬菜	345	423	40	808
水果	120	150	160	430
⊟河北	101	133	102	336
海鲜	10	13	17	40
蔬菜	35	42	5	82
水果	56	78	80	214
⊟上海	204	246	272	722
海鲜	14	13	15	42
蔬菜	110	134	137	381
水果	80	99	120	299
⊟深圳	178	201	220	599
海鲜	23	14	7	44
蔬菜	110	120	134	364
水果	45	67	79	191
总计	982	1198	836	3016

图 11-3　分区域分品类的销售额数据透视表

通过仔细观察发现，北京的蔬菜品类 5 月份的销售额明显下降，从 423 千元下降到 40 千元，降幅达 90%，而海鲜和水果品类销售额基本稳定。

全国 5 月份的销售额比 4 月份整体下降 362 千元，北京地区仅蔬菜品类的销售额就下降了 383 千元，因此基本可以确定销售额下降主要是因为北京地区蔬菜品类销售额下降导致的。

如果此时认为已取得结论，可能还不是很严谨。图 11-2 还反映出河北的销售额也有所下降。我们大胆猜测：全国的蔬菜品类是否因为某些原因出现了整体下降呢？为了回答这个问题，我们再次制作分品类分区域的销售额数据透视表，如图 11-4 所示。

求和项:销售额	列标签			
行标签	2018/3/1	2018/4/1	2018/5/1	总计
⊟海鲜	81	85	81	247
北京	34	45	42	121
河北	10	13	17	40
上海	14	13	15	42
深圳	23	14	7	44
⊟蔬菜	600	719	316	1635
北京	345	423	40	808
河北	35	42	5	82
上海	110	134	137	381
深圳	110	120	134	364
⊟水果	301	394	439	1134
北京	120	150	160	430
河北	56	78	80	214
上海	80	99	120	299
深圳	45	67	79	191
总计	982	1198	836	3016

图 11-4　分品类分区域的销售额数据透视表

仔细观察后发现，全国范围内海鲜品类销售额稳定，水果品类销售额持续上升，蔬菜品类 5 月份的销售额明显下降。进一步观察蔬菜品类的分区域销售额变化情况，发现上海和深圳的蔬菜品类销售额是增长的，只有北京和河北两地的蔬菜品类销售额明显下降。虽然河北的下降绝对值较小，只有 37 千元，但下降幅度达到 88%。

考虑到北京和河北两地相连，我们猜测两地蔬菜品类销售额明显下降可能是相同的原因导致的。因此我们询问了华北地区采购员，得知 5 月份蔬菜品类的华北地区供应商货品质量大面积出现问题，导致严重退货。华北地区供应商正是北京和河北客户采购商品的供应商。

至此，我们得到了明确的分析结论：华北地区蔬菜品类供应商的货品出现严重质量问题，导致北京、河北区域蔬菜品类销售额骤减，进而导致全国销售额下降。

通过这个简单的数据分析案例，希望读者对数据分析中提出假设、验证假设的过程有了初步的认识。在分析过程中，我们不断地从各个维度（时间、地区、品类）对数据进行观察，在需要的时候进行数据下钻（例子中从区域下钻到销售品类，也可能进一步对蔬菜品类下钻到具体的二级品类）。通过 Excel 数据透视功能，并结合对数据的可视化处理（数据条），可以让分析工作变得直观、高效、灵活，如图 11-5 所示。

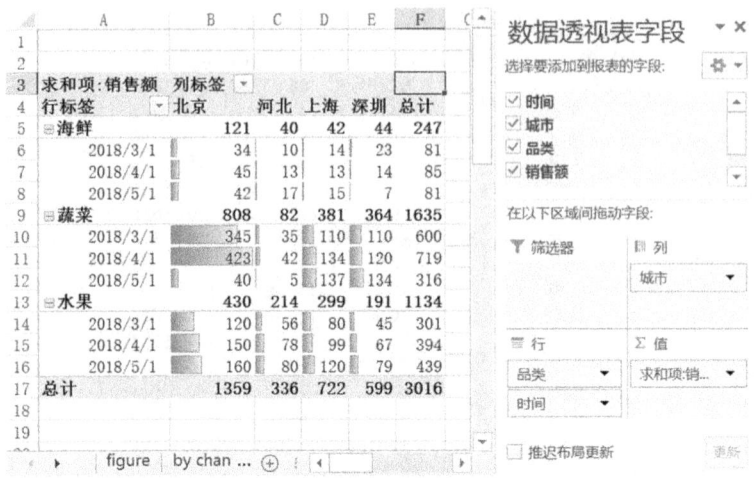

图 11-5　Excel 的数据透视功能是数据分析工作的利器

实际上，一套 BI 软件产品的重要功能之一，就是实现类似 Excel 数据透视表的功能，可以让分析人员从各个维度探查数据。而数据仓库（Data Warehouse）要做的事情，就是对各种明细数据提前按照各种维度加工计算好，等待 BI 的多维度探查和展示。这其中的工作主要由数据产品经理来负责，本书不展开讲述。

11.2　数据分析的要点

做好数据分析工作需要三个核心要素，分别是方法工具、业务知识、细心耐心，三者缺一不可。具备细心耐心，持续练习方法工具的使用，长期积累业务知识，便可以让数据分析工作越来越得心应手。

11.2.1　方法工具

善于运用方法和工具，可以提升数据分析的效率，是做数据分析工作的基本功。如 11.1.4 节销售额分析的案例所示，因为应用了 Excel 数据透视功能，所以数据分析工作变得快捷有效，否则可能要花费大量的时间来处理数据。

作为互联网产品人，至少应该掌握并熟练使用以下数据分析相关的方法或工具。

- 统计学：掌握基本统计学常识，帮助自己判断、认识数据特点。例如，要理解方差、均值、中位数、众数等概念。

- Excel：Excel 具备各种强大功能，足以作为初级、中级数据分析工作者的首选甚至唯一工具。
- SQL：掌握 SQL 可以快速提取原始数据，并完成数据预处理。
- 数据可视化：在工作实践中，多数情况下都是通过观察图表来发现、识别问题的，采用合适的图表形式，可以让分析更直观、高效，例如通过瀑布图、直方图、桑基图等观察数据特征和变化情况。
- 计算机数据基础：有的时候我们需要对原始数据进行一些编码处理，这就需要理解一些编码基础知识，例如什么是 ASCII、UTF-8、UTF-16、Unicode，如何通过 UltraEdit 等软件进行编码处理（例如，有时在 Linux 环境下运行 SQL 语句，导出的数据需要进行编码转换才能在 Windows 环境下使用，如果自己不会处理，就需要每次都求助于人）；此外还要了解计算机常见的数据存储格式，例如 CSV、JSON、XML 等。
- 正则表达式（Regular Expression）：正则表达式是一种非常巧妙的、用来处理文本的逻辑公式，在某些时刻，使用正则表达式可以解燃眉之急。
- 数据分析方法论：基于不同的分析诉求，有很多成熟且经典的数据分析方法论，例如分析 C 端产品的获客增长模型 AARRR、分析客户消费行为特征的 RFM 模型、分析留存率的 COHORT 模型，这些方法论中蕴含了成熟的分析思路和手段，是针对各种确定的分析场景的最佳实践。

产品经理掌握了以上知识点，就足够完成较为专业的数据分析工作了，11.2 节最后推荐了两本经典的参考书，读者可以根据需要学习。除此以外，更高阶的数据分析技能和知识还包括 Python、SPSS、ETL、数据仓库等，适合专业的数据分析师学习。

11.2.2 业务知识

业务知识既包括行业知识、领域知识，也包括具体公司的商业模式、运营流程细节等。业务知识是数据分析的灵魂，是指引数据分析过程朝着正确方向前进的明灯。如果不具备业务知识，即使对各种方法论和工具都很熟悉，分析工作也会无从下手。

当我们面对一个问题时，很多时候会毫无头绪，往往需要以模糊的感觉和猜测开始分析。然而，只有具备丰富的业务知识，才能产生正确的"模糊的感觉"。业务知识甚至能在难以捉摸或难以定夺之时，给你带来神奇的"第六感"，在潜意识中指引你做出正确的判断。

因此，产品经理还需要补充各种业务知识，例如销售知识、供应链知识、仓储知识等，需要产品经理根据所处行业选择并学习。

11.2.3 细心耐心

数据分析的过程可能是有趣的、富有挑战和成就感的，因为你需要充分调动脑细胞，进行各种思维激荡，发现真相后会欣喜异常；也可能是无趣的、徒劳的甚至令人沮丧的，因为你可能耗费了心血、精力、时间，最后没有得到有价值的结论，感觉一无所获。因此，做数据分析需要有足够的细心和耐心，能够在遇到挑战、困难、阻碍时不气馁，坚持下去，这样才能取得成果。

方法工具、业务知识、细心耐心是进行有效的数据分析工作的核心要素，三者缺一不可，如图 11-6 所示。

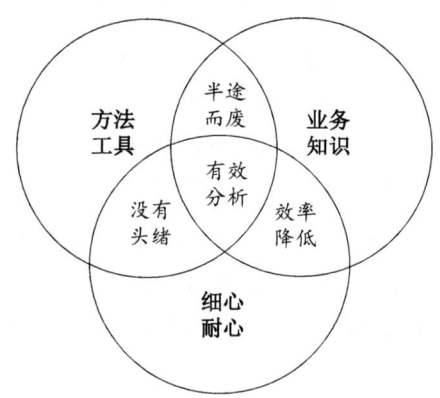

图 11-6　进行有效的数据分析工作的三要素

如果只具备方法工具和业务知识，但缺少细心耐心的特质，那么在分析过程中遇到困难或暂时的失败时，就容易半途而废。

如果只具备方法工具和细心耐心，但缺少业务知识，那么在做数据分析时将会理不清头绪，无从下手。

如果只具备业务知识和细心耐心，但不会使用方法工具，那么数据分析工作将会效率低下。例如，如果不知道 Excel 的 VLOOKUP 函数的存在，处理关联数据时就会痛不欲生。

数据分析是一项博大精深、充满挑战和趣味的工作，是产品经理、产品运营人员必须掌握的技能，值得大家投入精力持续地学习、实践。

【资源推荐】

数据分析相关的学习资料非常多，在此给大家分享两本有趣的经典入门书籍。

统计学方面：《深入浅出统计学》。统计学作为一门专业性很强的课程，一般的教材往往很枯燥，而本书通俗易懂，趣味性强，且内容丰富。

数据分析思路方面：《深入浅出数据分析》。这本书可谓数据分析入门的必读书籍，讲述了数据分析的工具和技巧，而且通过一个案例帮读者培养数据分析的思路和思维方式。

11.3 数据分析报告

经过反复分析、验证，真正的原因或结论终于浮出水面，我们需要制作数据分析报告，把这一成果呈现给领导或同事，此时，**如果因为报告太粗糙而掩盖了数据分析的价值，岂不十分遗憾**！因此，学习如何制作优秀的数据分析报告是很有必要的。

一份逻辑清晰、简明扼要的报告，可以让阅读者轻松、准确地理解并掌握报告内容。一份格式编排严谨、注重细节的报告，可以体现制作人的严谨态度和专业素养。

11.3.1 报告的编写思路

数据分析报告的常见结构和逻辑论证的结构相似，一般按照"总分总"的形式编写，包括提出论点、进行论证、陈述总结三部分，如图 11-7 所示。

图 11-7 数据分析报告的编写结构

- 提出论点：报告的开篇要简明介绍背景，以及分析的结论，让人产生兴趣并继续关注下去。如果一开始就介绍分析的细节，估计阅读的人或听众都会摸不着头脑，一会儿就昏昏欲睡。

- 进行论证：论证过程要有数据支撑，并且数据的呈现一定要专业又易读。人们都喜欢看简明易懂的数据图表，而不喜欢读复杂的数学推演。因此，配有丰富、清晰图表的报告读起来会给人生动有趣感，讲解起来也容易吸引人的注意。
- 陈述总结：再次阐述并强调结论，加深阅读者或听众的印象。

无论是向上级汇报工作，还是给同事分享材料，按照上述结构编写数据分析报告都是比较有效的方法。

11.3.2 报告的排版美化

通过对报告进行排版及美化，可以让重点更加突出，阅读更加轻松；如果格式细节处理得当，可以让报告显得更加专业，给人留下深刻印象。下面我们通过一个案例给大家展示数据分析报告排版中的常见问题。

图 11-8 是 M 公司 2018 年业务回顾报告中的一页，对 2018 年的销售业绩进行了总结。但是这页报告存在不少格式问题，你能找出来吗？

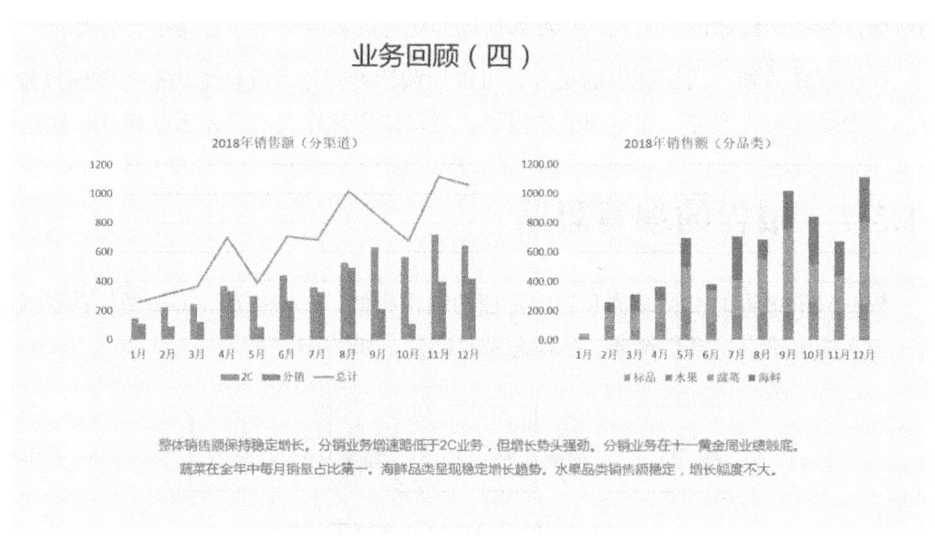

图 11-8　M 公司销售业绩回顾（未调整格式）

这页报告中存在以下**格式问题**，在实际编写报告时，无论是用 PPT 还是用 Word，都需要十分注意这些问题。

- 没有数据来源：这就像食品包装上没有产地和成分，会导致阅读者无法判断结论的可信性。标明数据来源可以体现数据的合理性、合规性、合法性。
- 没有标记坐标轴含义：图中没有标记坐标轴含义，阅读者需要猜测横纵轴数据的含义。
- 没有标记单位：两张图表的纵坐标呈现的是收入，但是却没有标明单位（如"元"或"万元"等），阅读者难以理解收入到底是多少。
- 数字格式不规范：对于纵坐标的收入数据，两幅图都没有采用千分符；小数部分的格式也不规范，左图不含小数位，右图却包含2位小数，但都是0，没有意义。

这页报告中还存在如下**排版问题**。

- 标题不清晰：报告的每一页都要有明确的主题，例如本例中这一页是在总结2018年的销售业绩情况，但是页面标题却是笼统的"业务回顾（四）"，也就是简单地在报告标题后加了序号，无法让读者一下子明白这一页的核心主题。页面标题是读者第一眼看到的内容，必须利用好。页面标题要么陈述主题，例如"2018年销售额回顾"，要么陈述结论，例如"2018年销售额持续增长"。
- 没有陈述总结：每一页报告都应该有一句总结性陈述，让读者清晰地知道这一页想表达的观点究竟是什么。
- 不同图表的分析被糅在一起：这一页有两张图表，两者的重要信息被糅在一起表述，读起来主次不清。如果需要陈述图表体现出的重要信息，最好在每张图表上方（或下方）呈现各自的信息。
- 太多的居中对齐：在制作报告时，新手往往很喜欢用居中对齐的方式，认为这样很美观。实际上在《写给大家看的设计书》（*The Non Designer's Design Book*）一书中，作者最不赞同使用的对齐方式就是居中对齐，因为居中对齐让信息元素无法整齐地"分组"，让版式显得凌乱。

综上所述，我们对这一页报告进行重新编排，效果如图11-9所示。我们修正了图表的若干格式问题，提炼总结了结论，在每张图上方陈述了图表体现的重要信息，并且采用了左对齐的排版方式，等等。此外，我们还对Excel默认生成的折线图格式进行了处理，调整了网格线，以及数据条的间距。经过调整，这一页报告看起来是不是清爽不少呢？

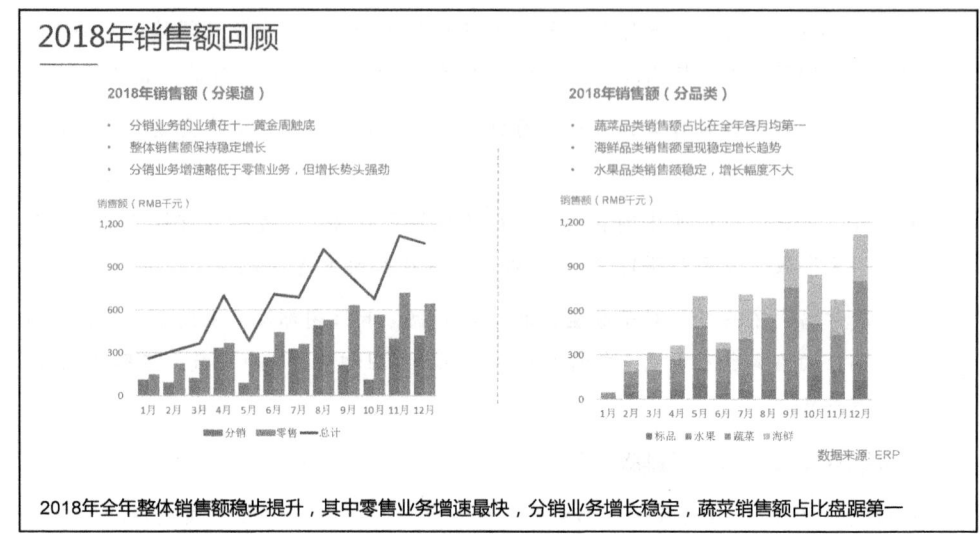

图 11-9 M 公司销售业绩回顾（格式调整后）

除此以外，图表编写中还经常出现缺少图例、缺少图表标题等问题。制作图表特别讲究格式的细节处理，但往往被大多数人忽视。格式细节处理不当，首先会造成阅读不便，甚至影响理解；其次会让图表显得业余、不专业，进而让人怀疑图表制作者的专业性。

【资源推荐】

漂亮的图表可以让报告看起来专业且赏心悦目，遗憾的是，Excel 默认生成的图表在美观方面总是略有欠缺。这里推荐国内 Excel 图表制作专家刘万祥的著作《Excel 图表之道》，书中详细且清晰地讲解了如何制作商务范儿的专业图表。通过学习和练习，相信你绘制的图表会更加美观和专业，成为令人眼前一亮的加分项。

进阶篇
支撑企业运转的整套产品体系

在之前的章节中，我们一起为 M 公司设计了一套全新的分销业务平台。作为一名 B 端产品经理，能够从无到有地构建一套产品，支持一条新业务线的开展，可以说已经在 B 端产品领域迈出了坚实的一步。但是，如果你想对自己从事的产品领域有更加深刻的认识，想获得更广阔的职业发展空间，就必须学习、掌握企业级应用架构的搭建。

所谓**企业级应用架构**，是指企业的所有软件系统设计、集成的方式。这些系统被按照合理的结构组装起来，支持企业经营管理的方方面面。"企业级应用架构"中的"应用"就是指软件系统。

本篇第 12 章将介绍企业级应用架构的具体含义，以及学习企业级应用架构建设的目的和意义。

此外，我们还将继续讲述关于 M 集团的案例，不过与前面章节聚焦于 M 公司的分销业务（一条业务线）不同，本篇的案例将聚焦于 M 集团的发展历程，向读者展示一家初创的传统线下小门店逐步发展为一家互联网化、多元化集团的过程，重点讲述其应用架构是如何一步步演进发展，最终形成一套成熟、完善的体系的，这些内容主要在第 13 章和第 14 章。

为什么这里以传统企业的应用架构发展历程为例？实际上，成熟互联网企业和传统企业的应用架构并没有本质区别，借鉴传统企业应用架构建设方面多年沉淀的经验，互联网企业能够少走很多弯路。而且，传统企业应用架构随着业务发展的演进过程非常具有代表性，作为学习企业级应用架构发展变化历程和规律的素材十分合适。

最后的第 15 章将介绍企业的通用应用架构体系，并以三家不同业务阶段的互联网公司为例，带读者一起想象并绘制它们的企业级应用架构。

现在，让我们一起走进企业级应用架构的世界吧！

第 12 章

企业级应用架构概述

如前所述，如果你想更加深刻地理解自己负责的业务线，更好地把握架构级别的方案设计，并追寻更广阔的职业发展空间，就必须学习企业级应用架构的搭建。那么，什么是企业级应用架构呢？为什么学习它这么重要？

12.1 什么是企业级应用架构

在之前的章节中，我们为 M 公司设计了一套全新的分销业务平台，整个平台包括一个用户前台和两个管理后台，并且复用了公司原有的账号管理系统、订单中心、仓配系统等功能模块，通过系统之间的组合与协同，来支持新业务的开展。

你应该已经体会到，建设一个系统或平台，并不是从无到有做一个独立系统那么简单，而需要考虑如何和公司的其他系统融合，如何搭建系统之间的结构。

企业级应用架构正是指企业的各个软件系统有机集成在一起的方式。在实际中，我们通过研究企业的业务组织划分方式及经营运作特点，来设计软件系统划分和搭建的方式，同时利用软件模块可抽象、可复用的特点，得到一套适用于企业经营管理发展的软件产品体系结构。

对于任何一家公司，只要打算使用软件系统，就要在一开始考虑清楚应该如何设计企业级应用架构。如果把企业的系统架构比作一幢大厦，那么设计企业级应用架构就相当于设计大厦的蓝图，包括楼体结构的设计、功能区域的划分等。**这种结构性的设计一定要仔细、谨慎，因为只有整体结构合理，后续搭建各个系统才能顺利**。不过，大厦的设计在动土之后几乎就完全不能改变了，而企业级应用架构的设计，可以在一定程度上随企业发展的需要做调整，这是二者不同的地方。

那么，该如何进行企业级应用架构设计呢？实际上，经过多年的发展和沉淀，支撑企业运转的常见软件产品体系已经形成最佳实践，这让我们的设计工作有章可循，轻松不少。

例如，每一类企业经营管理中的业务问题都有成熟的软件解决方案：通过 OA 系统解决内部员工管理与协作问题；通过 HRM 系统解决 HR 业务管理问题；通过 OCRM 系统解决客户开发管理问题；通过 SRM 系统解决供应商管理问题，等等。

又如，软件之间如何协同、模块之间如何搭建，也已形成成熟的方法论：通过组件化、服务化的设计思路，保持系统的灵活性和扩展性；通过主数据的设计思路，解决信息孤岛和烟囱型应用问题，等等。

企业级应用架构可以通过应用架构图来呈现，如图 12-1 所示为典型的企业级应用架构图，它可以体现出企业系统设计的整体结构特征、逻辑分层特征，以及功能模块的抽象特征。应用架构图虽然只是一张图纸，但可以体现出丰富的软件设计方法论和理念，是软件产品设计和研发的框架性方针和指南。

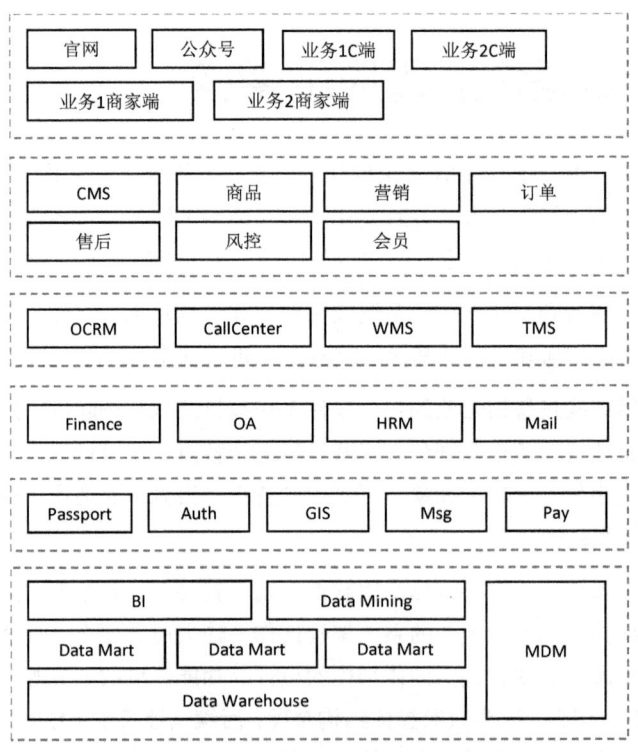

图 12-1 典型的企业级应用架构图

企业信息化建设已经发展了几十年，仔细思考你会发现，**传统企业和成熟互联网企业的应用架构并没有本质的区别**，无论是传统企业，还是互联网公司，发展到一定阶段后，都需要一整套体系化的应用架构来支撑其运转。良好的、合理的应用架构可以支持企业高效开展业务，控制经营风险；而混乱的、不合理的应用架构则会限制企业的快速发展，成为企业发展与变革的瓶颈。

12.2 学习企业级应用架构的益处

本篇一开始就简要讲了 B 端产品经理为什么要学习企业级应用架构，本节将详细分析学习企业级应用架构的益处。

12.2.1 加深对业务和产品设计的理解

学习企业级应用架构，最直接的好处是让你对业务的理解变得全面且深刻。

理解企业如何运作

在现代企业经营管理中，无论是纯线上业务的互联网公司，还是纯线下业务的传统企业，**其经营管理和运作方式是相同的**：都需要有售卖的产品或服务，都需要有销售团队进行售卖，都需要有客服团队进行服务，都需要有人力、法务、财务团队进行后勤支持。

在学习企业级应用架构的过程中，产品经理必然要**理解企业的组织架构、职能部门的设计**；理解企业在不同阶段、不同的业务情况下，部门之间的权责分工、组织架构的演进等，从而对企业是如何运作的形成清晰的理解。

理解支撑企业运作的成熟产品方案

对于企业中大多数业务，我们都能找到成熟的软件产品来提供支撑。例如，客服业务要用到 CallCenter 系统，用户账号体系管理要用到 Passport 系统，仓储业务要用到 WMS，配送业务要用到 TMS。

虽然不同企业在这些核心业务版块的运作细节不同，但是业务的本质是相同的，**产品解决方案的大体思路是一致的**。产品经理在学习企业级应用架构建设的过程中，必然会涉猎这些成熟的软件产品，知道有哪些成熟的软件产品解决方案，分别可以解决什么样的业务问题。

例如，企业中都存在客服团队跟进处理客户问题的场景，不同类型的客户诉求，可能需要不同的业务团队、不同的流程来处理。为了保证客户的满意度，处理过程必须有时效性要求，如果处理超时，需要升级问题。如何设计一套系统来实现这类业务管理诉求，并解决遇到的业务问题呢？缺少经验的产品经理可能会绞尽脑汁地从零开始规划、设计相关系统，但具备相关知识或经验的产品经理则马上会想到，工单系统正是解决这类问题的最佳方案。

理解多个产品如何协作

学习企业级应用架构的搭建，不仅可以理解企业是如何运作的，还能够理解产品之间应该如何组织、搭建，才能保证各个产品、系统有效地协作，并支撑企业运转。实际上，产品架构搭建是有"套路"可以循的，产品经理掌握了这些"套路"，将大大提升工作效率。

例如，系统建设中往往会出现"孤岛问题"，既包括"应用孤岛"，也包括"信息孤岛"，这些"孤岛"从单一业务线来看可能没有问题，但是放在企业的整体业务中来看，就会造成各种业务问题，例如数据的割裂、流程的中断。该如何解决这类问题呢？如果你学习过产品架构搭建的知识，就会知道借助主数据的设计思想，构建客户主数据、供应商主数据、商品主数据等，从而方便地解决这些信息孤岛问题。关于主数据和信息孤岛的话题，在 14.1.2 节会详细介绍。

理解应用架构是随业务发展而演变的

学习企业级应用架构还能帮助理解企业级架构设计的背景和原因，理解应用架构的设计是随着业务发展的，是循序渐进地演变的，不是一蹴而就的。

有了这样的认识，产品经理才可能结合企业的经营发展阶段、企业对未来的预测和规划、业务的现状，以及市场环境、团队能力、系统当前状况等各方面因素，综合权衡，设计出合理的、适合企业自身的架构演进路线。

12.2.2　培养大局观

根据 12.2.1 节的讲述，学习企业级应用架构能够帮助我们更深刻地理解公司业务的整体运转机制、产品系统之间如何协作，这样我们就能更清楚地认识到自己所负责工作在整个团队中的定位和价值，将自然而然地站在更高的角度思考问题。

例如，你之前可能见过很多重要的设计方案决策，它们是由更高级别的产品经理或架构师做的，你无法理解决策的原因或背后的思路；又如，有些决策从你所负责的业务和系统的角度来看并不合理，你感到很困惑。当你从公司整体业务的角度去思考时，这些疑问往往就会豁然开朗。

掌握企业级应用架构的全貌，能够拓宽自己的视野，思考问题时能够跳出自己负责的业务和产品的范围，**尝试从企业、行业、产业的视角考虑**，尤其是从企业整体经营发展的角度去思考、设计方案，能有效地锻炼并培养自己的大局观。

12.2.3　获得更好的职业发展机会

B 端产品经理可以先在某一行业或领域深入耕耘，成为该细分领域的专家，然后横向扩展知识，形成全面的知识储备。纵向的深耕及横向的扩展可以保证较强的职业竞争力，此时，既可以向领域专家发展，也可以向管理方向发展。

学习企业级应用架构的搭建，既可以为专业方向的发展打好根基，支撑你走得更远；也可以为管理方向的发展做好知识储备，练就作为管理人员需要具备的全局观。

12.3　案例：M 集团的应用架构演变之路

企业级应用架构是随着业务的发展而演变的。学习、理解企业级应用架构最有效的方式，莫过于沿着一个企业从小到大的发展脉络，研究应用架构是如何演进、发展，最终形成一套成熟的体系架构的。

无论是阿里、百度、美团这样的知名互联网企业，还是工商银行、中国联通、沃尔玛超市这样的传统巨头企业，企业级应用架构的建设思路、演变过程，在本质上都是类似的、相通的。本篇中的案例讲述的是传统零售企业的架构演变之路，但这套架构体系对互联网企业是完全通用的，演进发展的思路也是相同的，互联网产品经理完全可以参考借鉴。

案例背景

案例的主角是我们的"老朋友"M 公司的总部，M 集团。M 集团是一家以线下、线上 B2C 零售为主营业务的多元化经营集团，多年的沉淀让其具备完善的软件产品体系架构。然而，鲜为人知的是，M集团是由十多年的一家社区门店发展起来的，M集团的CEO钟先生就是当年社区门店的主人。

正是因为钟先生聪明能干，具备商业头脑，并持续进行业务创新，所以这家小门店在资本的助力下，用了短短十几年的时间便迅速发展为一个多元化经营的集团型企业。

钟先生不仅具备极强的经商意识，还重视且善于利用信息技术帮助其经营管理，因此，M集团在信息化建设上的投入持续且巨大，在向互联网化转型时也非常迅速、果断。

接下来就让我们从企业级应用架构的角度来分析一下，钟先生的小门店是如何一步一步演变发展为成熟的M集团的。

第 13 章

传统企业的应用架构演变

从本章开始,我们将一起回顾 M 公司的初创与发展过程,感受并理解企业级应用架构是如何孕育并成长起来的。

13.1 小微型企业的应用架构

小微型企业可能是独立的个体户,也可能是小公司。在以往,小微型企业很少通过信息化手段改善其经营状况。不过这个现象正在改变,越来越多的小微型企业认识到信息化能力的重要性,这也给各家 SaaS 公司带来了更多的机会,同时也是产业互联网的一个分支。

接下来,让我们回到过去,一起看看钟先生的创业故事。

13.1.1 小门店的 Excel 管理之路

故事要从十几年前说起。当年的钟先生还是一名个体经营者,在小区开了一家小门店,售卖居民常用的生活用品。门店不大,只有十几平方米,平常由钟先生一个人打理,包括采购、摆货、销售。

为了更准确、科学地打理生意,钟先生设计了一个 Excel 文件来管理商品与销售数据。实际上钟先生只做了三张表格,第一张表格存储采购记录(表中的每条数据记录对某种商品的某次采购情况),第二张表格存储商品信息(表中的每条数据记录一种商品的信息），第三张表格存储交易记录（表中的每条数据记录一次销售情况）。我们用 ER 模型（详见 6.8 节）来描述这三张表的逻辑结构和关系，如图 13-1 所示，例如，商品信息和采购记录是一对多关系，即商品信息表中的一条数据可以对应采购记录表中的多条数据，因为某种商品可能被采购多次。

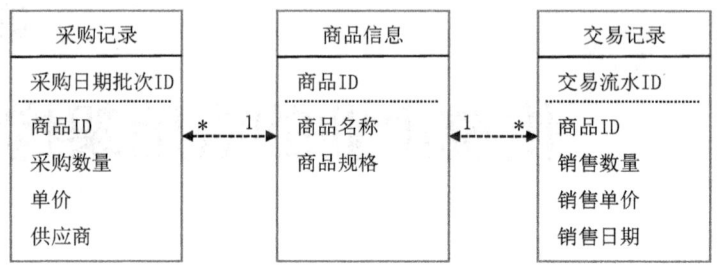

图 13-1　管理小门店的 Excel 数据表 ER 图

因为钟先生采用科学的数据表格记录了门店的所有采购记录、商品信息和销售数据，因而经营变得井井有条，**通过这些原始数据，可以准确地管理库存、计算利润、掌握畅销品和滞销品**，等等。

不要小看钟先生设计的这三张表，实际上这三张表格已经是一个进销存管理软件的雏形了，也反映了一套电商平台的核心模块，即商品管理模块、订单管理模块、采购和库存管理模块。

在经营管理过程中，对所有相关业务数据都进行准确记录，是科学管理的第一步，也是软件管理系统的核心价值之一。实际上，所有的软件系统从本质上讲都是对数据的增删改查操作的集合，可以说，如果使用得当，Excel 也可以做出一套小型的软件系统。

13.1.2　小超市的 ERP 之路

因为钟先生善于使用信息技术来管理生意，利用沉淀的数据进行各种经营分析，对定价、促销、爆品、库存的把握都十分准确，因而生意发展迅速，钟先生很快将小门店升级为一家小型超市，并且雇用了几个店员。作为店长，钟先生兴奋地绘制出自己的第一张组织架构图，如图 13-2 所示，梦想着事业会继续壮大。

因为经营的货品更加丰富，日交易量成倍增长，因而有好几名员工需要同时做数据处理工作。这时 Excel 已经难以满足经营管理的需要了，例如，多人协作的数据登记工作非常不方便，数据的安全性不容易保障，无法固定业务操作流程，等等。

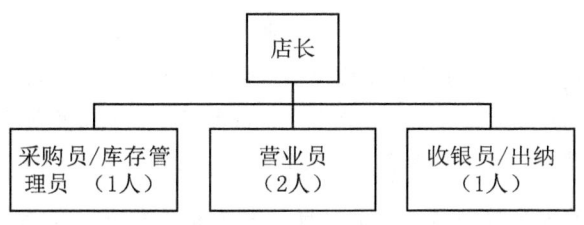

图 13-2　小超市的组织架构

钟先生理解信息系统在业务管理中的重要性，因此在超市筹备阶段，他就很有远见地决定采购一套针对超市业务的 ERP（Enterprise Resource Planning，企业资源计划）软件，来协助管理超市。因为还处于创业期，资金有限，通过仔细挑选，钟先生选择了一套轻量级的 ERP 软件，并且只购买了其中的几个核心模块，这样既可以控制成本，又可以满足当下的需求。现在，我们来绘制公司的第一张应用架构图，严格地讲，这只是一张 ERP 系统的功能模块图，包含三个模块，如图 13-3 所示。

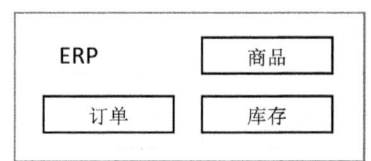

图 13-3　小超市 ERP 的功能模块图

ERP 是最经典的管理软件，一套完整的 ERP 软件包括产品的生产制造管理、进销存管理、财务管理等核心模块，基本可以支持一家典型的生产制造企业的所有业务运转管理工作。

ERP 在传统制造业中被普遍使用，并且很多 ERP 软件的强项在于财务管理模块，基本上所有互联网公司都会采购成熟 ERP 软件的财务模块，而针对进销存等功能进行自研。实际上，电商平台的中后台模块和 ERP 的功能模块基本相同，只不过电商平台有更灵活的促销、营销管理功能、商品管理功能，以及丰富的 C 端前台。

传统的 ERP 软件相当于集合了典型电商公司的后台模块、财务系统、仓储系统、配送系统、采购系统。比较典型的 ERP 软件产品厂商有 SAP、Oracle、用友、金蝶。

13.1.3　为中等规模的超市建立 CRM 系统

小超市的商品越来越丰富，逐渐发展为一个中等规模的超市，员工数量也增加到几十人了。钟先生为自己的超市注册了公司，取名为 M 公司，钟先生任总经理。为了更加准确地理解、认识客户的需求，同时也为了拉近与客户的距离，钟先生设计了一套会员积分制度，所有的客户都能免费办理会员，这样就可以记录客户的关键信息，而且小伙伴们还建议开通一个微信公众号（请大家忽略十几年前还没有微信公众号的硬伤），让客户能够通过微信来查询自己的积分，这个主意太棒了！

但是这么多客户信息该怎么管理呢？钟先生了解到可以通过 CRM（Customer Relationship Management）软件进行科学的客户管理，他便对 CRM 软件做了全面调查和了解，他发现虽然 ERP 中也包含 CRM 模块，但是功能有限，不支持对接微信，营销功能也不够强大，因此他决定购买一套专门的 CRM 软件，和之前的 ERP 软件进行一定程度的对接。同时钟先生申请了微信公众号，找外包公司做了一些定制化开发。这样上述想法就都实现了！这时我们可以绘制出公司的第二张应用架构图，如图 13-4 所示。

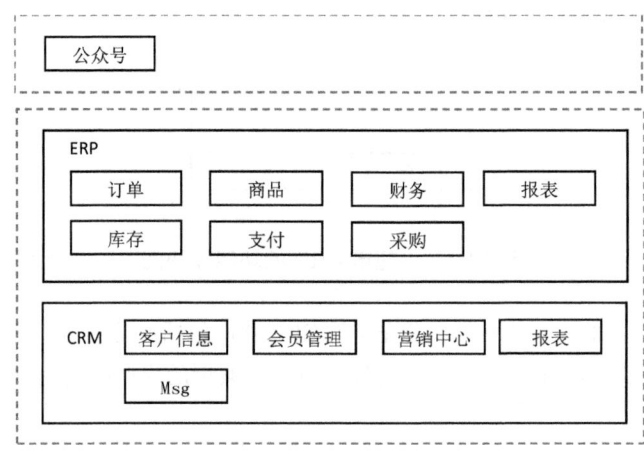

图 13-4　中等规模超市的应用架构图

可以看到，核心的客户信息资产模块都在 CRM 系统中实现，CRM 系统中内置了营销中心以及消息推送服务 Msg 模块，包括 SMS（Short Message Service）、EDM（Email Direct Marketing）和微信消息推送。

CRM 系统聚焦客户资料的管理和营销服务，使用者为店长和运营人员；ERP 系统聚焦超市的进销存及财务业务，主要使用者为营业员、出纳、采购员、库管和会计。

请注意，这里已经产生了应用架构设计的概念，公众号、ERP 和 CRM，这其中的每个系统都是为了解决某一大类的业务问题而存在的，各自有清晰的定位、分工和目标用户；每个系统内置若干模块，每个模块都是为了该大类业务问题下的某一小类问题而设计的。几个系统相对独立又互相关联。

在图 13-4 中，我们使用了分层描述方式，靠近 C 端用户的微信公众号在最上层，支持业务运转的 ERP 系统在中间层，偏底层的 CRM 系统在最下层，这样可以清晰地看出几个系统的层次关系，同时也在一定程度上反映了系统和业务之间的逻辑对应关系。

13.2 中型企业的应用架构

本节所讲的中型企业是指，员工数量在百人左右、具备现代企业经营所需的所有职能单元（如人力、财务、法务部门）、组织制度规范的企业。管理中型企业具有一定的复杂度，可能系统建设对小微型企业来说是可有可无的，但是对于中型企业来讲则是必需的。

当企业规模达到一定复杂程度以后，必须有一整套软件系统来支撑其经营运转，否则管理会失控、混乱。中型企业的软件系统，在功能上要有力支持当前的业务开展和管理，在体系架构上也应该为未来的架构扩展和系统扩展打好根基。

13.2.1 中型连锁超市的组织架构

钟先生的超市生意蒸蒸日上，不过钟先生所在社区的门店面积有限，很难再扩大规模，积累的闲置资金越来越多。钟先生萌生了在其他社区开超市的想法。经过调研，他找到了合适的位置，第二家超市也开张了。按照这个思路发展了几年之后，钟先生已经开了五家中型连锁超市了，员工数量达到了几百人。

与此同时，管理的复杂度和难度也成指数级上升，例如，各个门店流程不统一、不规范，造成效率低下；仓储管理不规范，造成库存货物数量不准确，采购和销售脱节；客户服务处理不及时、不准确，客户投诉量较大。为了有效地管理团队，并且让内部流程更加顺畅，钟先生邀请专业的 IT 咨询公司帮助重新梳理了公司的业务目标、组织架构、运营流程，通过引入 OA、HRM 以及重构 ERP 等手段，对不合理的制度、低效的流程进行了改造，如下。

- 成立**法务部**、**人事部**、**财务部**，作为中后台体系，支持公司正常的行政运转。
- 成立**信息技术部**，下设**运维部**和**项目部**，其中运维部负责保证服务器、网络的稳定，项目部配合咨询公司及软件外包公司进行系统改造或开发。
- 成立**采购部**和**仓配部**，负责管理供应链业务。

- 成立**零售业务部**，将连锁超市业务统一纳入零售业务部管理，零售业务部下面设立了**销售运营部**、**零售管理部**和**售后部**，作为支持中心。

最新的组织架构如图 13-5 所示（作为示意，只画出了其中的两家门店）。

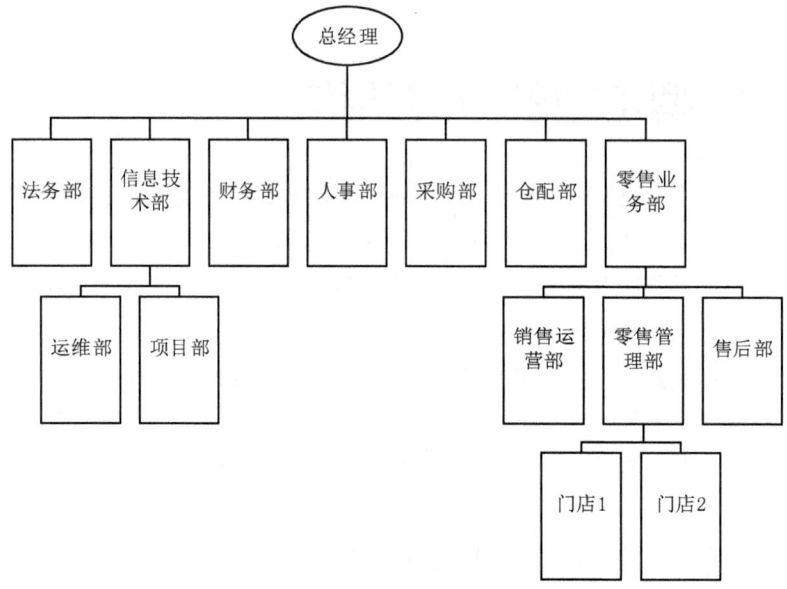

图 13-5　中型连锁超市的组织架构图

13.2.2　建设 DW 和 BI 支持企业经营分析

钟先生很清楚数据对公司发展的重要性，所有的管理决策都应该基于对数据的分析和判断，因此他邀请了咨询顾问协助提升公司的数据分析能力。咨询顾问建议钟先生实施数据仓库（Data Warehouse, DW）和 BI（Business Intelligence）项目，原因有几点：

- 现在的 ERP 系统和 CRM 系统都有报表模块，但两个系统的数据相互孤立，不利于整合分析。通过数据仓库，可以实现打通销售数据和客户资料的全面分析。

- 业务系统的底层数据结构并不适合做复杂的数据分析。经营分析中需要经常做各种维度的销售数据分析，例如从商品分类、门店或促销类型等不同维度做分析，这需要对基础数据做大量的加工运算，显然业务系统本身不善于做这些工作。成熟的 BI 软件套件可以让报表分析与多维数据探查更轻松，灵活的自定义功能可以快速上线各种形式的报表和业务监控仪表盘，让业务分析更加高效。

- 经营分析指标统计口径太多（这是企业经营中一个很常见的问题），造成管理混乱和沟通障碍。例如，对于销售额，销售部门可能有一套口径（没有剔除退货），采购部门也有一套口径（剔除了退货），如果定义不统一或不明确，几个部门之间沟通时就很容易产生歧义。除了在管理上规范公司级指标的定义，还需要一套底层数据架构，消除上游各个不同系统的孤岛和屏障，统一管理汇总数据和指标计算。这需要数据仓库的助力。

咨询顾问建议，虽然目前公司的业务系统还不算非常复杂，但数据仓库可以帮助企业更快速、准确地捕获、理解和使用信息，做好基础建设工作，培养员工的数据分析意识和方法，通过数据来进行决策。随着业务的拓展和系统复杂性的提升，数据仓库的存在价值会越来越明显。

数据仓库的服务对象通常为全公司或全集团，但是不同部门可能有自己的数据分析诉求与指标管理诉求，这就需要在统一的数据底层的基础上，封装出针对某个部门的小数据集，从而保证数据流的合理性、可追溯性。为实现这一功能，咨询顾问建议构建数据集市（Data Mart, DM），DM 介于 BI 展现层和 DW 数据底层之间，是数据仓库的数据子集，而且实施 DM 很轻松，因为研发部门可以完全复用 DW 和 BI 的技术能力。根据咨询顾问的建议改造后的应用架构如图 13-6 所示。

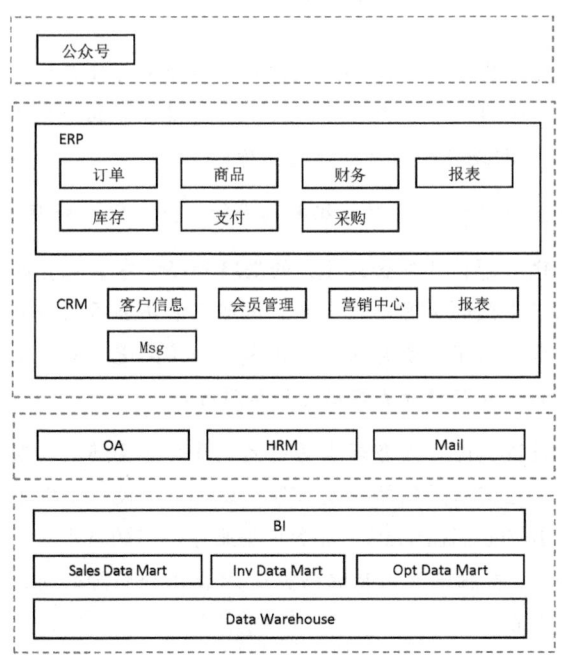

图 13-6　中型连锁超市的应用架构图

有一点需要注意，如果希望数据仓库在企业中真正发挥作用，不仅需要实施软件系统，更重要的是公司层面要实现经营思路体系化、指标管理规范化，以及数据部门组织架构与业务部门合作流程合理化，同时还要提升全员数据化管理运营的理念和意识。**软件本身并不能解决企业的问题，还需要配套的架构、流程、制度，以及人员认识的提升，才能发挥软件的功效。**

还有一点要注意，**数据仓库和大数据是两个完全不同的概念**，它们在理念、技术方案、应用领域方面都完全不同，具体如下。

- 理念：数据仓库源于交易数据，对数据的准确性要求高，适合做离线分析；大数据源于日志的行为数据，对数据准确性要求不高，适合做自动化策略。
- 技术方案：数据仓库采用传统的、经典的数据分析思路，即抽样、分析、预测；大数据基于海量数据和运算能力，不做抽样而做全量研究，不做分析而做模型应用。
- 应用领域：数据仓库主要用来做企业经营分析；大数据主要用来做各种业务自动化应用。

13.2.3 建设 OCRM 系统支持企业客户业务

随着公司规模的继续扩大，M 公司决定在零售业务之外开发企业客户。由于经营良好，M 公司顺利地从供应商那里取得授权，成为供应商的分销渠道。同时，钟先生招聘了专业的 CTO 来帮助他管理系统建设工作。

为了适应新业务的需求，公司对组织架构进行了如下安排和调整，如图 13-7 所示。

- 设立**大客户销售部**：开发企业客户的思路和经营零售业务的思路差别很大，因此公司成立了专门的大客户销售部，该部门依托公司的成熟供应链体系，向零售业务部负责人汇报，负责拓展企业客户分销渠道。销售运营部和售后部统一为零售业务和企业客户业务提供支持和服务。
- 设立**需求管理部**：随着业务规模的增大，系统需要满足的新需求越来越多，如何高效地将这些需求反馈给研发人员？公司专门设立了需求管理部，招聘了需求分析师（Business Analyst），负责根据业务部门的诉求设计软件产品、编写需求规格说明书，交由开发人员编码实现。（需求分析师的岗位在今天的传统企业中依然大量存在。）

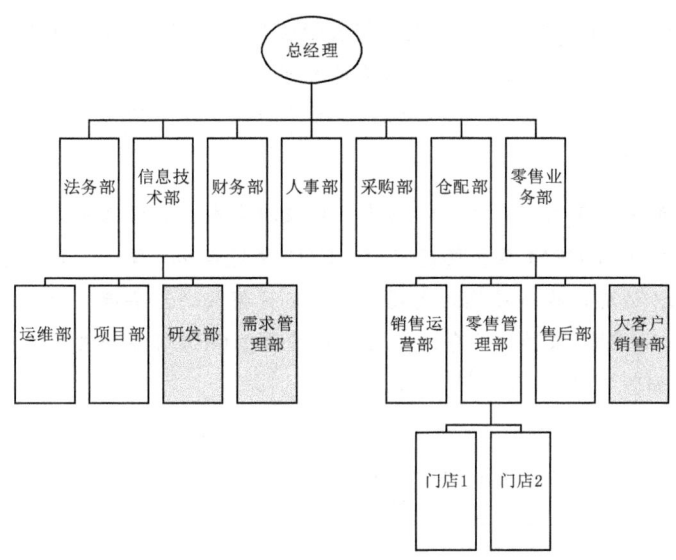

图 13-7　开展企业客户业务后的组织架构图

- **设立研发部**：由于各部门经常有个性化的软件开发诉求，软件外包维护的成本高，效率低，公司决定招聘研发团队，正式走向自主研发之路，通过自研提高研发效率和质量，进一步加强信息技术对业务的支持和促进作用。

此外，为了让销售工作高效展开，对销售人员进行严格的过程管理，同时也为了保留客户资料，避免销售人员独占客户资源，CTO 建议实施操作型 OCRM（Operating CRM）项目。所谓 OCRM，是指供销售人员使用的 CRM 系统，主要负责客户资料管理和销售过程管理。

在设计 OCRM 系统时，有下面两种方案可供选择。

方案一：采购一套独立成熟的 OCRM 系统，其优缺点如下。

- **优点**：OCRM 系统已有成熟的软件产品可以选择，无须从头开发，标准功能略做改造即可，实施速度快；OCRM 系统和已有的 CRM 系统各司其职，分工明确，为将来各自的发展与演变提供便利。
- **缺点**：应用架构会变得复杂，需要将原有的 CRM 系统和新的 OCRM 系统做数据打通，对原有的客户模型做升级。

方案二：在原有 CRM 系统的基础上自主开发 OCRM 模块，其优缺点如下。

- **优点**：完全基于公司业务流程和模式设计并自主研发，完全适配业务。

- 缺点：基于原有 CRM 系统扩展出销售管理 OCRM 系统，需要从无到有地开发，实施速度慢。并且两者在功能上其实没有太多交集和关联性，如果设计在一套系统中，会让系统的结构变得臃肿，独立性不强，灵活性不足，给未来的扩展留下隐患。

综合评估两套方案的实现成本和速度，以及对未来业务变化的灵活支持情况，同时为了避免影响核心 CRM 业务的稳定性，CTO 决定采用方案一，让两个系统各自聚焦，互相独立，边界清晰。虽然这会增加公司应用架构的复杂性，但可以快速支持业务需求，并灵活应对未来销售业务的变化。采用独立 OCRM 系统支持企业客户销售管理的应用架构如图 13-8 所示。

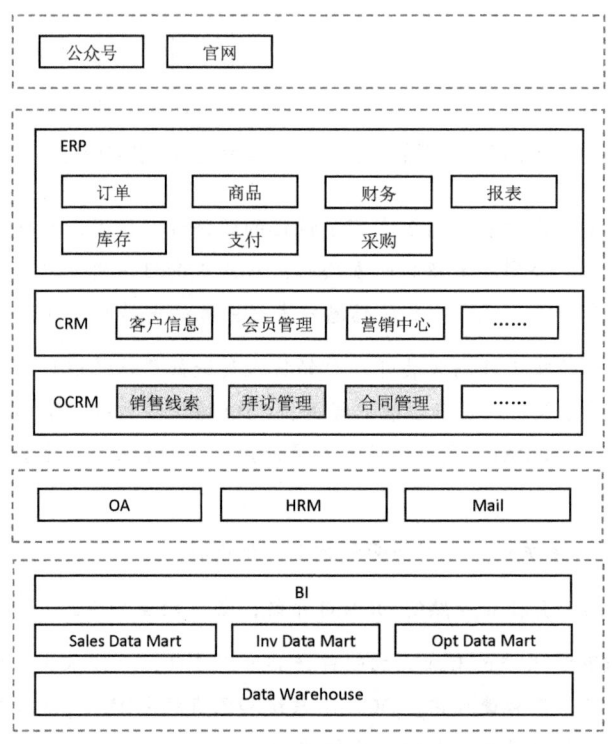

图 13-8　支持企业客户销售管理的应用架构图

一般来讲，B 端客户的数据模型和 C 端客户的数据模型差异非常大：前者关注组织架构和人员角色的描述，后者关注客户个人信息与人员关系的描述，因此一般将这两种客户模型分开设计，以支持不同的业务场景。有的公司会明确将两套客户模型在应用架构中分开设计，以便更加准确地体现业务概念。图 13-8 为了简化表述，只绘制了一个"客户信息"模块，但读者应该认识到该模块包含 B 端、C 端两套客户模型。

至此，我们就绘制出了一套常见的简化版企业应用架构图（图 13-8），以及常见的企业组织架构图（图 13-7）。可以看到，应用系统的建设是根据业务的发展变化逐步完成的，每个系统都有独立存在的意义和价值。

13.2.4　拓展：CRM 体系

从广义上讲，CRM 是一种理念而非某一个独立的应用系统，CRM 代表企业对待核心客户资源的管理理念和运营方法。CRM 是帮助企业开展核心业务（客户开发、维护、服务）的平台体系，覆盖了 B 端业务线的大部分功能模块和服务。完整的 CRM 体系包括三个核心方向：

- 帮助企业获取销售线索并转化为客户的销售管理 CRM，即常说的 OCRM（Operating CRM），用来支持企业的销售过程自动化（Sales Force Automation，SFA），包括销售线索和过程管理、统一客户视图、电话销售中心等模块。

- 帮助企业对客户进行营销管理的 CRM，即 Marketing CRM，实现对客户的交叉销售（Cross Sales，即对客户销售公司内不同产品线的产品）、向上销售（Up Sales，即对客户销售价值更高的产品），包括会员积分管理、营销中心、小型数据仓库或数据集市、客户画像、数据挖掘等模块。

- 帮助企业进行客户服务管理的 CRM，即 Service CRM，包括客服平台、工单系统、知识库、质检平台等模块。

比较成熟的 CRM 厂商和产品有 SalesForce、Oracle、Microsoft、销售易、纷享销客等。

【资源推荐】

关于 CRM 体系的详细解读说明，可参考我在公众号"goYangKun"中所写的"漫谈 CRM 体系化建设"系列文章。无论你从事哪个方向的产品工作，试图从企业的视角来理解如何开发、管理、维护、服务客户，以及对应的产品体系如何支持这些业务，都会对你的工作有帮助。

第 14 章

多元化业务带来的应用架构演变

随着企业的进一步发展，业务体系变得越来越复杂，对应用架构的建设也带来了新的挑战。良好的应用架构体系会成为企业持续快速发展的助推器；而混乱的应用架构体系会成为企业成长的绊脚石。

本章将介绍更加复杂的应用架构设计思路和实践。随着 M 集团业务的拓展，业务系统出现了信息孤岛问题，如何解决？这需要用到主数据设计思路。M 集团逐渐发展为一家成熟的企业，为了支持业务更快地发展，公司对应用架构做出调整：将基础功能模块抽象出来，构建一套基础支撑体系——这也是近几年广受关注的中台建设思路。

14.1 集团企业的应用架构

集团企业依托于一个稳定的主营业务做支撑，探索并发展多元化的业务形态。集团企业可能有全资子公司、控股子公司、分公司等多种公司类型，经营多个品牌，拥有多条业务线、多个业务团队，企业管理制度复杂，这些都给应用架构的建设提出了更高的要求。

14.1.1 在线商城业务带来了互联网化管理

M 公司旗下已有多家中型连锁超市，并发展了面向企业客户的业务，业务线越来越丰富，且成立了若干控股子公司，M 公司已升级为 M 集团，钟先生任集团 CEO。

现在 M 集团的零售业务的发展进入瓶颈期，钟先生需要寻找新的增长点。经过董事会和管理团队评估，集团决定开展电商业务，并给予极高自治权和最高资源支持。集团成立了电商部，从市场上聘请了某电商平台 VP 作为部门负责人，直接向 CEO 汇报。

为了学习互联网公司以技术力量推动业务创新的做法，电商部参考了一般互联网公司的组织架构：设置了自己的产品研发部，招聘了研发团队，产品技术总监向电商部负责人汇报；还设置了运营部，负责产品运营。同时，CEO 还将线下的客服团队升级为客服部，作为公司的一级部门，直接向 CEO 汇报，统一处理线上、线下的客服与售后业务，此时的组织架构如图 14-1 所示（作为示意，图中只画出了两家门店）。

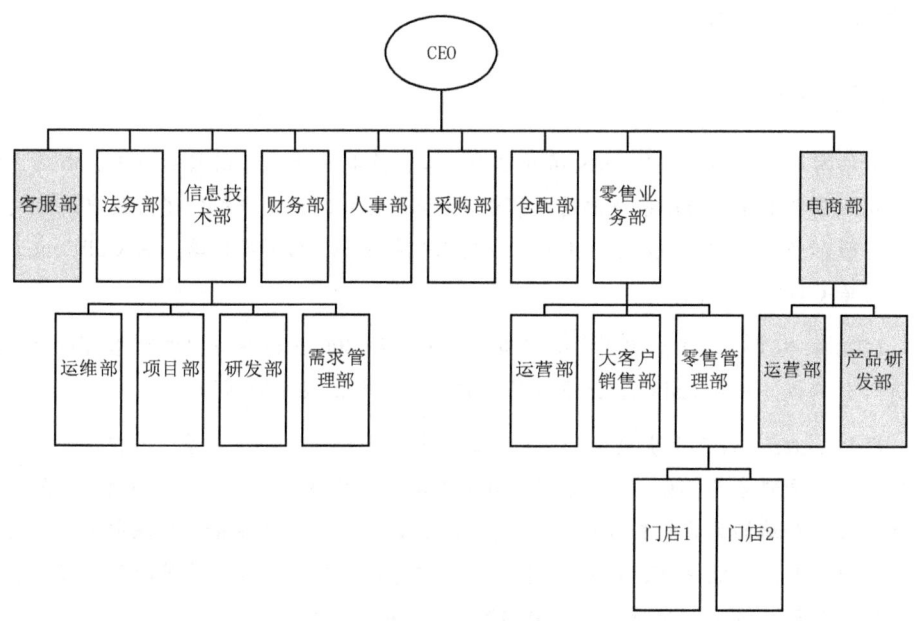

图 14-1　成立电商部之后的组织架构图

电商部的建设

新业务开展，大家干劲十足。因为电商部产品技术总监（以下简称"电商总监"）和公司 CTO 之间不存在汇报关系，而且电商总监希望快速推进项目，因此所有决策基本只是告知 CTO。作为纯互联网背景的专家，电商总监认为购买现成软件产品不利于系统的二次开发和维护，长远来看会限制公司的业务发展，因此计划通过自主研发实现整套电商业务系统。虽然 CTO 对此持反对意见，但经过电商部负责人和电商总监的游说，CEO 听取了自研的建议，电商总监承诺自己的研发团队效率极高，一定会在承诺之日交付系统。

电商总监设计的应用架构体系包括 PC 端和移动端的前端应用，以及完整的后端系统，包括订单、售后、客户信息、会员、营销、账号的管理系统和 CMS。此外，仓储、财务业务直接复用现有 ERP 中的模块，配送业务则直接与第三方配送服务商系统对接。

对于这个架构设计，CTO 认为客户信息和账号的管理系统不应该重复建设，而应该统一规划管理。但是电商总监对于信息技术部开发效率低的情况早有耳闻，他想快速推进实施项目，不希望被一些不可控因素影响，导致自己的项目延期，因此没有采纳 CTO 的意见，CTO 对此心怀不满。

新的客服部

新的客服部组建了 100 人座席的电销中心，支持线上线下的售后诉求。新成立的客服团队需要 CallCenter 系统协助开展业务。虽然 CallCenter 系统的主要用户是电商业务的客服话务员，但 CEO 为了在一定程度上安抚 CTO 的不满情绪，将 CallCenter 项目安排给 CTO 负责了。

CTO 采购了一套成熟呼叫中心客服系统来支持 400 热线业务，电商总监对此安排没有什么异议，但在 CallCenter 系统的实施过程中却出现了问题。

CallCenter 系统只负责电话作业，所需的客户资料一般由上游系统提供。但是公司现有的客户资料分两部分，一部分保存在 CRM 系统的线下业务客户资料库中，另一部分保存在线商城的客户资料库中。为了让客服人员能在 CallCenter 系统中查到公司的所有客户信息，只能在 CallCenter 系统中新增一套客户资料库，将另外两套客户资料库中的数据同步过来，此时的应用架构图如图 14-2 所示。

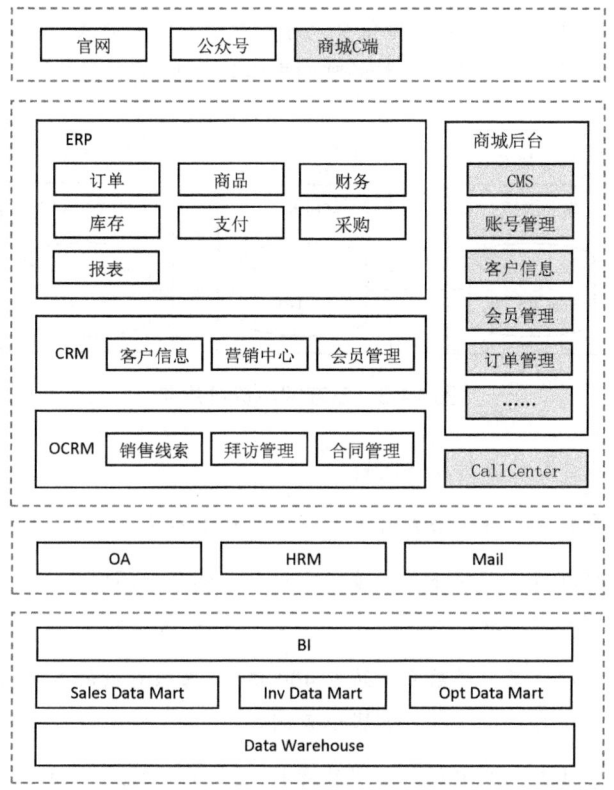

图 14-2 实现了在线商城业务的应用架构图

14.1.2 信息孤岛与主数据管理

电商系统如期上线，业务发展迅猛，电商团队的运营人员和产品人员充满活力、思维活跃，技术团队响应迅速，在产品经理和技术团队的无缝配合下，技术力量真正推动了业务的发展。

集团的零售业务有了新突破，钟先生很开心，但很多问题也同时暴露出来。我们先来看看之前的应用架构。

为了快速上线电商系统，有一些应用架构遗留问题没有解决。公司有三套客户资料库：线下客户通过微信公众号访问 CRM 系统中的客户信息；线上客户通过线上商城访问 e-Store 系统的客户信息；当客户致电 400 热线时，电销座席代表（TSR）访问的是从 e-Store 和 CRM 系统同步过来的客户信息，不过技术所限，数据同步每 30 分钟才进行一次。系统架构和数据流转图如图 14-3 所示，图中 e-Store DB 是指线上商城存储客户资料的数据库；CRM DB 是指微信公众号后台对应的存储线下客户资料的数据库；CC DB 是指同步了前面两份客户资料的呼叫中心客户数据库。

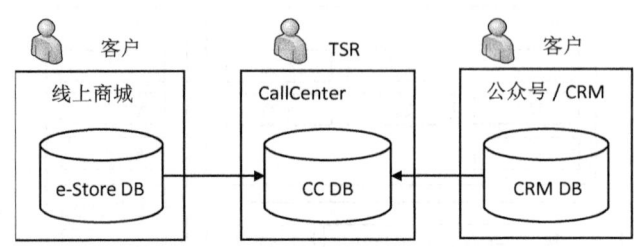

图 14-3　三套客户资料并存

这个系统架构会导致各种业务问题：

- 线上（电商）客户关注公众号后，查不到自己的资料，这让客户感觉很诡异。
- 线下客户想在线上商城下单，发现之前登记的账号不能使用，需要重新注册完善资料，客户很烦躁。
- 有时候客户修改完资料后立刻致电 400 热线，客服查到的客户信息不是最新的，沟通很困难，客户很生气，客服很苦恼。
- 有的客户喜欢打热线电话让客服改资料，然而因为客户资料是单向同步的，客服无法协助客户修改资料，客户很气愤：为什么你们连这点服务都做不好！
- 很多客户会通过线上线下两种渠道消费，于是在数据仓库中存在很多冗余客户对象，无论是线上团队还是线下团队，都无法描绘出准确的客户画像，或做出跨渠道消费行为分析。

CEO 很生气，找到 CTO 和电商总监质问是怎么回事。

CTO 回答："我们遇到了严重的**信息孤岛**问题！由于 CRM 和线上商城后台数据互相孤立，导致核心客户资源不同步、不统一，让公司无法得到一个完整准确的客户视图。如果要解决这个问题，必须对应用架构进行改造，并且改造比较耗时。"

CEO 很郁闷，没想到应用架构不合理会影响业务发展，也没有想到组织架构的设计会导致应用架构出问题。

为此，CEO 对组织架构做了一些调整：电商总监实线向电商部负责人汇报，虚线向 CTO 汇报；总体来讲电商总监对电商部技术架构负责，CTO 对全公司 IT 架构管理和其他所有系统负责。

经过沟通，CTO 和电商总监的矛盾消除了，大家决定合力解决问题。

解决信息孤岛问题的思路很简单，就是只保留一份客户信息库。这份客户信息库只保存最核心的、与业务单元无关的客户属性和资料；至于积分、会员等扩展属性依然由各个应用系统维护管理。调整后的客户资料系统架构如图14-4所示。将客户信息库独立出来，线上商城、CallCenter、CRM 和公众号通过统一接口调用客户信息库存储的客户档案，不论客户或业务员从哪个端口查看或修改信息，信息的变化对其他端口都是透明、实时的。这就是客户主数据管理（Master Data Management，MDM）的设计理念。

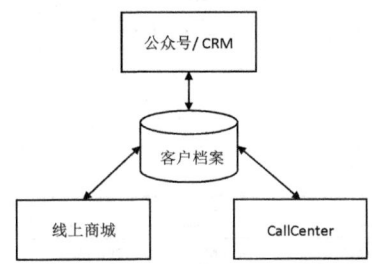

图 14-4 通过主数据思想解决信息孤岛问题

在企业应用系统建设中，非常容易出现信息孤岛问题，即因为各种原因，在建设单个应用系统时，没有和外界系统进行良好的打通，导致某些流程或数据对外界系统来说是孤立的，最终给业务带来严重影响。

解决信息孤岛问题的经典方法就是进行主数据管理（MDM），主数据管理通过应用架构的拓扑结构设计，配合相应的管理手段，帮助企业存储、识别唯一的关键数据，避免企业内部关键数据的冗余和不一致问题。常见的主数据有客户主数据、供应商主数据、商品主数据等。

但是，引入主数据管理会让应用架构变得更复杂，在实施初期，需要投入比较多的时间和资源。而在企业发展的某些阶段，快速迭代上线意味着对商机的捕获和对市场变化的迅速跟进。因此在何时引入主数据管理，这是需要综合权衡的事情。一个合格的架构师应该在应用架构设计和公司业务发展之间做出合理权衡，必要时在应用架构的合理性上做出妥协和让步。

主数据经常作为底层数据应用来管理，因此在架构图中我们将它和数据仓库（Data Warehouse）并列画在底层，如图14-5所示，原有的三个"客户信息"模块置灰，被抽象为一套"客户档案 MDM"模块。

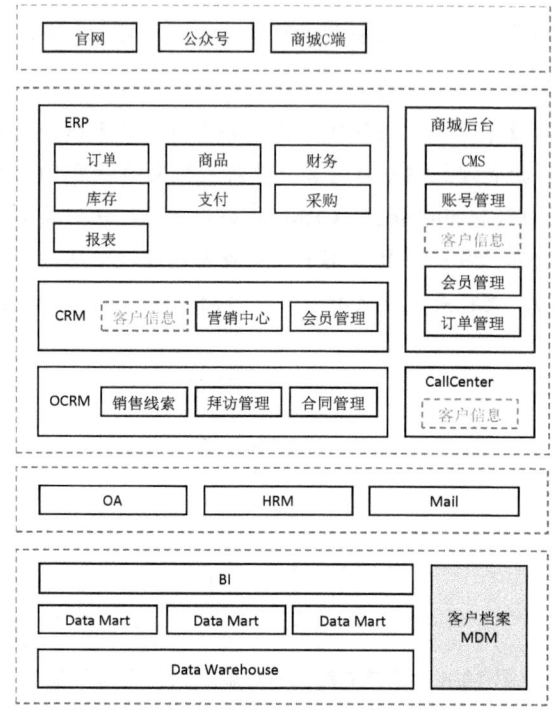

图 14-5　引入主数据管理的应用架构图

14.2　加强基础服务建设,为新业务赋能

应用架构体系发展到一定程度后,各个系统都要用到的模块会被抽象出来,改造为公用的基础模块。当开展新业务或研发新系统时,不需要从零开始搭建,而可以大量复用已有的模块,研发效率会越来越高。

14.2.1　将通用功能抽象成基础服务

M 集团业务发展稳定,各个系统底层做过几次技术重构,性能更强健了。为了让各个应用系统更加聚焦,提升稳定性,节约开发成本,避免重复劳动,CTO 和产品总监讨论后决定将一些通用功能从各个应用系统中剥离,统一进行服务化改造升级,为公司后续新业务的开展打好基础,具体改造如下。

- 将 CRM、WMS 等业务系统的消息模块功能合并,提供一致的消息服务(Msg 模块),既包括数据底层、API 接口,也包括前台应用功能(消息通知管理页面)

的服务化。各个业务系统不再需要各自维护消息中心，而是嵌入统一的消息平台页面组件，并通过调用 API 来满足个性化诉求。

- 构建统一鉴权管理系统 **Auth 模块**，将所有业务系统的权限管理、角色管理统一接入 Auth 模块。这样对集团的应用系统安全性管理有极大的好处，并且未来开发新业务系统时，无须开发鉴权系统，直接接入 Auth 模块即可。
- 将商城支付模块剥离，构建高度服务化的 **Pay 模块**，并提供统一的支付清结算服务。任何下游业务都可以直接接入集团的支付服务接口，实现线上支付业务，而不用重新和各家支付机构谈判、对接，并重复开发清结算及对账功能。
- 加强数据团队建设，设立**数据挖掘与策略输出模块**，丰富客户画像，加强经营分析能力，产生更多的数据策略输出。数据策略输出不仅能给在线商城提供更强劲的推荐策略，也能为 CRM、运营人员提供更丰富的策略运营、精准定向活动推送支持。

完成这些调整后的应用架构如图 14-6 所示。

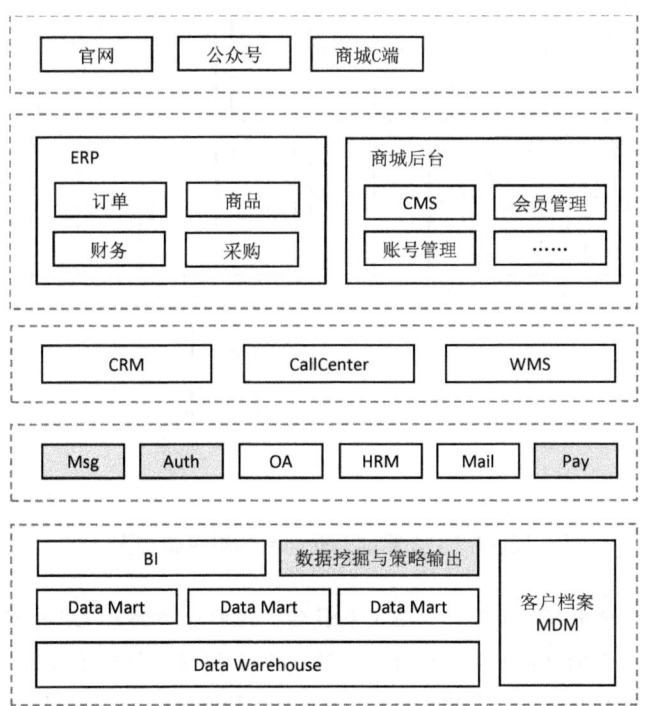

图 14-6 抽象出通用功能后的应用架构图

14.2.2 强健的基础服务支持新业务快速搭建

M 集团在寻找新的增长点，计划开展个人理财业务。

和电商业务开展初期类似，为了让新业务轻装上阵，快速"奔跑"，集团决定设立**理财事业部**，业务负责人直接向 CEO 汇报。理财事业部下设**运营部**和**产品研发部**，产品研发部负责人实线向理财事业部负责人汇报，虚线向 CTO 汇报。

同时，信息技术部也与时俱进，将需求管理部调整为**产品部**，培养并招聘产品经理，以便信息技术部能够和电商部、理财事业部的产品技术团队较好地沟通协作，并对业务产生有意义的影响。调整后的组织架构如图 14-7 所示。

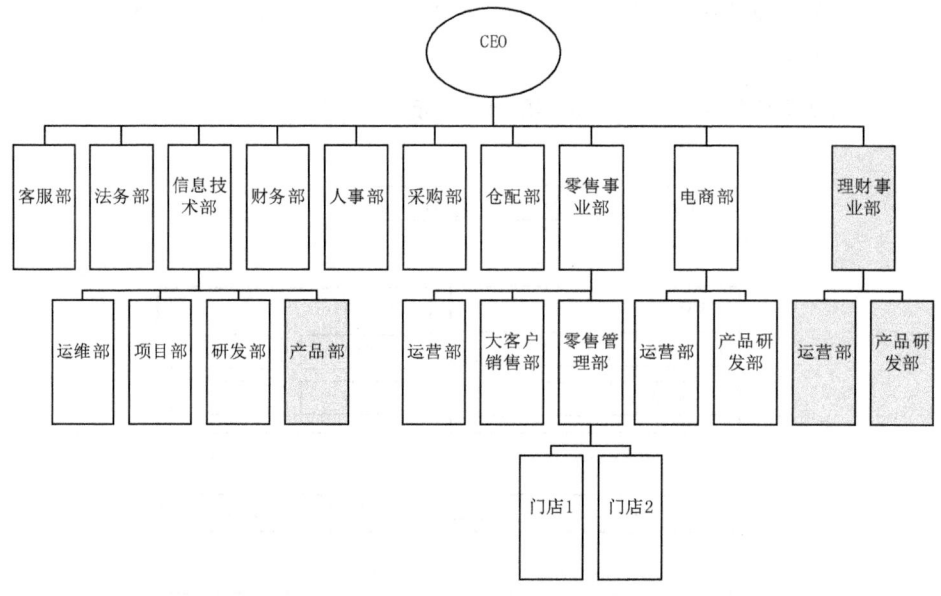

图 14-7 开展理财业务后的组织架构图

此时，集团应用架构已经非常强大和灵活，理财业务的系统构建可以迅速展开，CTO 和理财事业部的产品总监（简称"理财总监"）沟通后绘制了集团应用架构图，如图 14-8 所示。理财业务只需要建设一套 C 端 App 和一套基本的管理后台，即可开展业务。

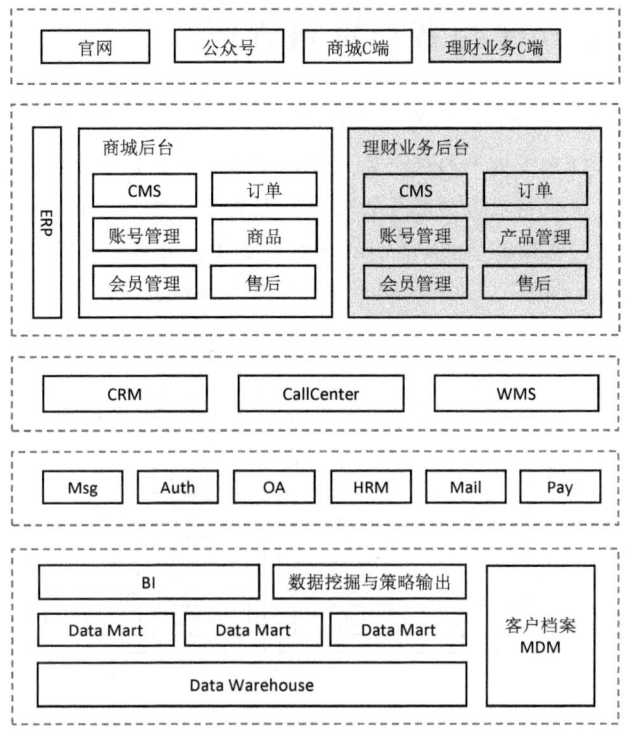

图 14-8　开展理财业务后的应用架构图

首先，理财事业部需要自己开发 C 端业务对应的后台，因为理财业务的订单模型、商品模型、售后管理，和售卖实物商品的电商后台区别较大，如果改造电商后台的订单中心、商品中心，工作量大，复用能力弱，没有太大意义，还容易破坏稳定业务的系统稳定性。

其次，理财事业部的会员管理制打算完全重新设计，以便迅速灵活地支持理财业务。初步计划有自己的积分、货币体系，未来可以考虑设定汇率，和电商以及集团的积分、货币体系进行自由兑换。

最后，类似客户数据库、支付服务、Auth 服务，都直接使用集团现有系统，无须重新开发。

大家可以发现，针对理财业务的架构设计思路，和"设计篇"中分销业务平台的设计思路是类似的，都需要结合业务的实际情况，从整体架构的角度来判断哪些系统需要重新开发，哪些可以复用现有系统。**架构设计既要支持业务在短期内快速发展，又要保证架构主体正确，适应未来的变化和扩展需要。**

14.2.3　Passport 与客户资料管理

CTO 和产品总监讨论后,认为上述架构图还存在一点问题:账号管理系统不应该重复开发。集团已经有很成熟的统一客户管理理念,多套账号管理模块会再次造成信息孤岛问题。因此决定将现有的账号管理模块也进行平台化、服务化升级,给理财业务提供支持。于是,集团层面的 Passport 系统诞生了。更新后的架构如图 14-9 所示,图中新增了 Passport 模块,原有的两个账号管理模块被置灰。

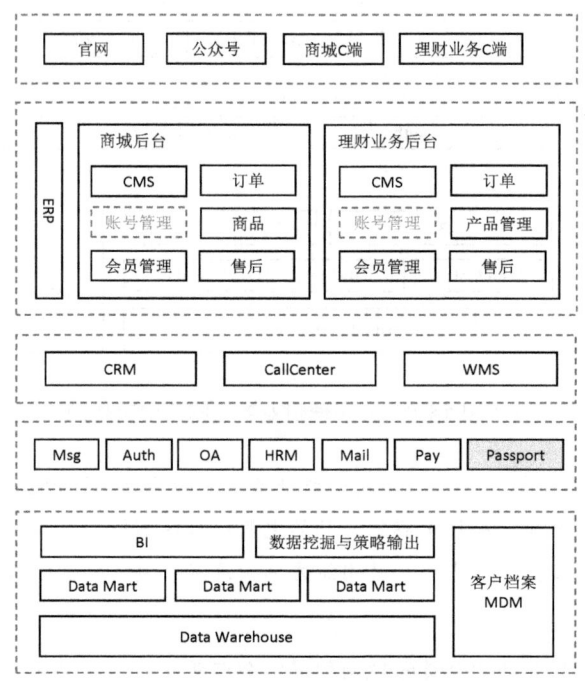

图 14-9　将 Passport 账号管理抽象服务化

Passport 是企业管理客户账号的系统,也是企业存储客户账号的数据中心。Passport 系统和客户数据库是两个完全不同的概念,因为客户账号和客户数据是完全不同的:

- 在 B 端业务中,某 B 端客户在系统的客户数据库中只有一个唯一的客户 ID(对应一套客户数据),代表该企业或集团。但是该客户可以拥有多个账号,给不同角色的人员使用。

- 在 C 端业务中,某个用户可能注册了多个账号,如果没有做身份认证(例如关联身份证号），企业便无法识别这些账号是属于同一个客户的。

因此，无论在 B 端业务还是在 C 端业务（未做身份认证的）中，客户和账号都是一对多关系。

14.3 集团强化中台能力建设

14.3.1 业务部门加强中台能力建设

M 集团已经开展了多条业务线，发展良好。为了进一步提升管理效率，控制经营成本，提升业务部门的管理灵活性和战斗力，集团对组织架构进一步做了较大的调整：集团希望总部能够成为各业务线的大后方，提供各种支援工作；将各业务线调整为自负盈亏的独立业务单元，对它们充分授权，以便它们能够聚焦业务发展，快速响应市场变化。具体调整如下。

- 零售事业部、电商部、理财事业部实现独立核算，自负盈亏，拥有自主决策权。
- 成立财务共享服务中心 FSSC（Financial Shared Service Center），对集团各业务线和分公司的财务工作，包括会计账务处理、工资结算等事务性工作集中处理，以降低运营成本，提高管理规范性和运作效率。
- 成立人力资源共享服务中心 HRSSC（HR Shared Service Center），对集团各业务线和分公司的人力管理工作，包括人员招聘、社保管理、新员工培训、劳动合同管理等事务性工作统一管理，形成标准服务流程，提高运作效率，降低运作成本。
- 成立信息技术共享服务中心 ITSSC（IT Shared Service Center），对集团各业务线和分公司的 IT 管理工作进行支持，包括网络管理、IT 资产管理等，通过集中式 HelpDesk 平台和服务体系，解决员工的 IT 诉求。作为服务部门，ITSSC 向行政部门汇报。
- 仓配部门尝试独立经营管理，对外提供供应链整体解决方案，对内按照 3PL（Third-Party Logistics，第三方物流服务公司）的模式提供服务支持，仓配部门和业务下游形成财务结算关系，对服务收费，保证品质。这是公司尝试将成本中心转型为利润中心的一个大胆尝试。

14.3.2 产研部门加强中台能力建设

如 14.3.1 节所述,在企业的建设管理中,将类似财务、人力的共享服务中心,作为中后台来建设,可以提高专业性,形成标准作业程序(Standard Operating Procedure,SOP),快速支持新业务线开展业务,降低运营成本,提升运作效率。

和企业管理的中后台建设匹配,企业的应用架构设计也要采取中后台建设的思路:支持集团各业务线的基础服务产品,例如 Org、Auth、Pay 模块,都属于中后台服务产品,在应用架构设计和系统建设时,需要让它们具备平台化的支持能力,作为大后方来支持前端业务的产品线。

可见,不论是业务管理还是系统建设,在升级改造中遵循的设计思路是相同的:**对通用的、重复的东西进行抽象、合并、下沉,对外统一提供支持和服务。**

我们在架构图中将 Msg、Auth 等中后台产品单独列出来,以便清晰地体现其作为基础服务的地位和特点,如图 14-10 所示。

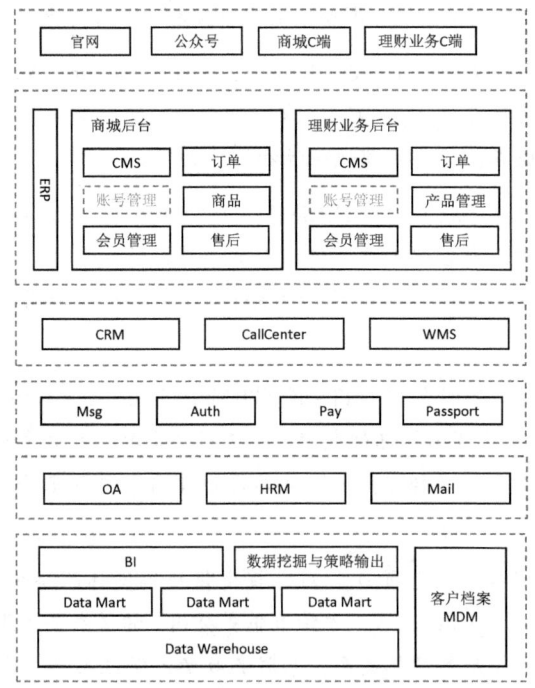

图 14-10 抽象出公共服务后的应用架构图

为了配合集团"中后台服务中心、前台独立事业部"的管理模式落地,也为了保

证产品架构体系的运作效率进一步提升,产品部也做出了一系列调整:

- 设立**数据产品部**,负责集团层面的 DW 和 BI 体系(各业务线产研团队可根据需要,在集团 DW 的基础上创建自己的数据集市(DM)和分析平台),以及集团大数据平台的建设工作。
- 设立**业务产品部**,负责客服以及零售事业部相关业务系统的建设工作。
- 设立**平台产品部**,负责集团所有公共服务,如 Msg、Auth、Pay、Passport、MDM 等产品的建设工作,为所有下游业务系统提供基础产品能力支持。
- 设立**职能产品部**,负责 OA、HRM、财务等职能部门相关系统的建设工作。
- 为了配合仓配部作为自负盈亏的独立机构运作,增强其业务响应能力,仓配产研团队统一汇报给仓配业务负责人。

整体业务部门和产研部门调整后的组织架构如图 14-11 所示。

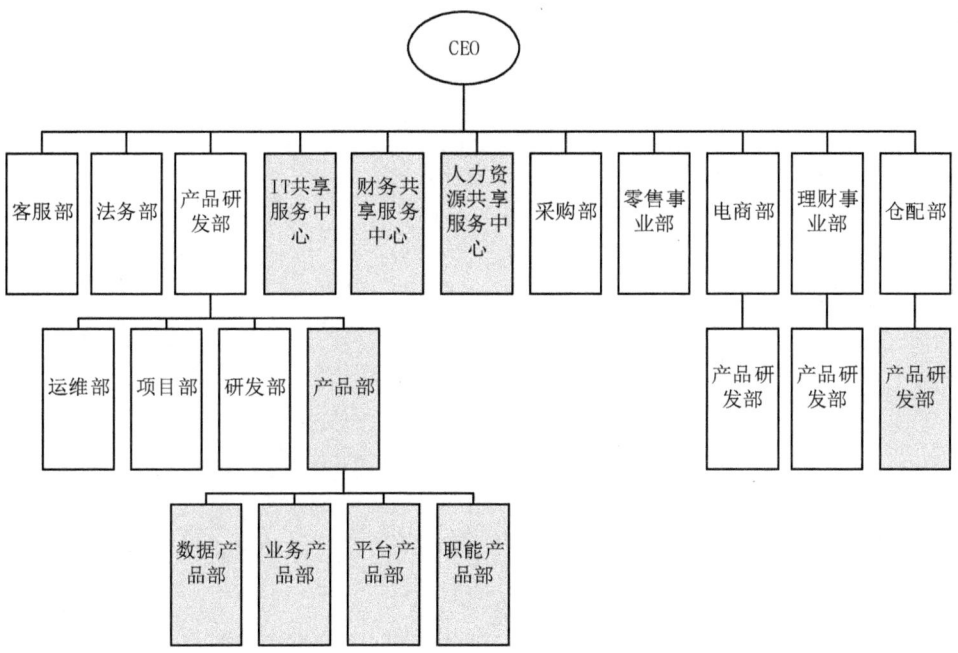

图 14-11 集团管理模式变革后的组织架构图

在 M 集团这次的整体组织架构调整中,设置了强大的业务支持中后台(包括业务线和产品研发线),同时给各个事业部配备了独立的产品研发团队,形成灵活的机动队,便于对市场变化进行快速响应并落地决策。

图 14-11 所示的 M 集团的组织架构设计，是绝大多数企业（不论是传统企业还是互联网企业）发展到一定的体量和规模后，都会采用的模式，当然具体方案可能各不相同，但核心思路是一致的。实际上，2015 年阿里巴巴宣布的"大中台、小前台"的中台战略，也是同样的建设思路。其中"大中台"，就是指 Msg、Auth 这一类基础服务、公共服务，而且阿里集团根据自身业务的特点，将订单中心、商品中心、评价体系等模块也做了下沉，将它们抽象成公共服务。

只有**理解企业组织架构设计、管理模式设计和产品研发设计的总体思路**，才能在应用架构设计、产品方案设计上做出合理的选择，并成功地推进落地。

第 15 章

通用的企业级应用架构设计

在第 14 章,我们看到了 M 集团发展成熟后的管理架构及应用架构。这个完整的应用架构实际上代表了一套简化版的企业通用应用架构设计,理解这套结构,有助于理解并设计任何企业的应用架构蓝图。

本章将基于 M 集团的应用架构,进一步总结出企业通用的应用架构设计,并通过例子向大家展示这套架构是如何适用于不同发展阶段的互联网公司的。最后,我们会就应用架构设计给出建议,并简单聊一聊应用架构背后的更深层次的企业架构设计。

15.1 抽象出通用的企业级应用架构

通过第 13 章和第 14 章的学习,我们一起见证了 M 集团的企业级应用架构的演进之路,得到了 M 集团的整体应用架构图(图 14-10)。在这张架构图中,我们划分了数据底层、基础服务、业务应用、C 端应用等模块。实际上,M 集团的这套应用架构,已经可以代表一般企业的通用应用架构了。

现代企业的组织管理、运转模式都是相通的,因而为企业运作提供支持的企业应用架构也是相通的。无论是传统企业还是互联网企业,无论是线上广告变现公司还是线下实体店铺,应用架构的结构体系都是高度类似的。

我们对 M 集团的应用架构图做一些调整,从而更加准确地体现应用架构的共性,及其与业务的对应关系,得到一张更加清晰、简洁、通用的企业级应用架构图,如图 15-1 所示。

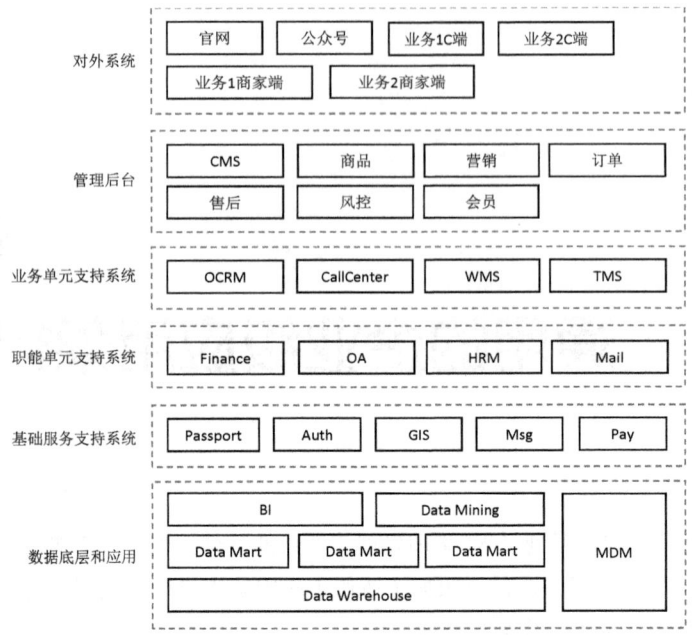

图 15-1 通用的企业级应用架构图

通过对企业级应用架构进行分层，可以更好地体现其特点和逻辑结构，我们来看一下各层的含义。

- 第一层是**对外系统**。所有供企业外部客户使用的系统都在这一层，包括官网、普通用户或客户使用的 C 端系统。如果是类似美团、天猫这种平台性质的企业，对外系统还会包括给商家使用的商家端。这一层的系统处在与客户接触的最前线，是公司实现商业模式的桥头堡。

- 第二层是与 C 端系统对应的**管理后台**。常见的管理后台都包含订单、会员、商品等模块。每个 C 端业务形态都会对应一个管理后台，有些管理后台的模块可能会被抽象为公共服务，下沉到第五层，例如消息中心、订单、商品、营销等模块。

- 第三层是**业务单元支持系统**。绝大多数业务的开展都不可能只靠线上的运作来实现，而要包含电话销售、客服、地推、仓配等一系列业务单元共同协作。业务单元的运作需要强大的系统支撑。

- 第四层是**职能单元支持系统**。企业发展到一定规模后，必然会有完善的职能单元作为后勤部门，来支持业务单元的运转和企业的正常运作，例如法务、财务、人力部门，每个部门工作的开展都需要相应系统的支持。

- 第五层是**基础服务支持系统**。信息化建设达到一定程度后，企业有必要将通用功能服务化、平台化，以提升服务效率，保证应用架构的合理性。这类系统主要给其他应用系统提供基础服务能力支持。目前非常火热的中台理念，实际上就是类似的思想。
- 第六层是**数据底层和应用**，和第五层类似，这一层主要聚焦于数据层面的统一和封装，对各个下游系统提供数据服务。大数据平台也可以和数据仓库（Data Warehouse）并列，同属于这一层。

图 15-1 所示的应用架构图涵盖了绝大多数企业经营运转中常见的应用系统。在现实世界中，应用系统的数量远远多于图 15-1 所示的数量，例如商业银行可能会有成百上千个具体应用系统。但是，每一个具体的应用系统都可以被合理地归到这六层中的某个位置，可以说上面的六层系统涵盖了企业级应用系统建设的全部模块。理解一个简化版的、典型的企业应用架构，对于准确、快速地理解、掌握、设计任何复杂应用系统架构都非常有帮助。

15.2 不同发展阶段的互联网企业的应用架构畅想

图 15-1 所示的简化版的应用架构图，对应的是一个常见的成熟企业的组织结构，并且覆盖了绝大多数企业的标准应用系统。

在本节中，我们将设想三家不同业务形态、不同发展阶段的互联网公司，尝试分析其架构的可能形态，并将图 15-1 所示的架构图套用在它们的企业架构中，得出各家的企业级应用架构图，以便让大家进一步感受应用架构的共通性。

15.2.1 初创企业的应用架构畅想

我们设想的第一家公司是一家规模相对较小、产品形态单一的初创型公司，主要做单一功能的工具类应用，大家可以类比墨迹天气、万年历这类工具类应用的公司。这样的公司的整体应用架构会是怎样的呢？

公司处在创业初期，团队小，产品简单，不考虑变现的情况下，公司可能只有几个人的产品研发团队，没有客服，没有销售，没有财务、法务，是一个典型的创业团队。公司的应用架构图也会非常简单,在产品发布时,只需要实现官网、公众号、C端,以及CMS、账号管理(Passport)和会员管理模块就足够了,如图15-2所示(未实现的模块被置灰了)。

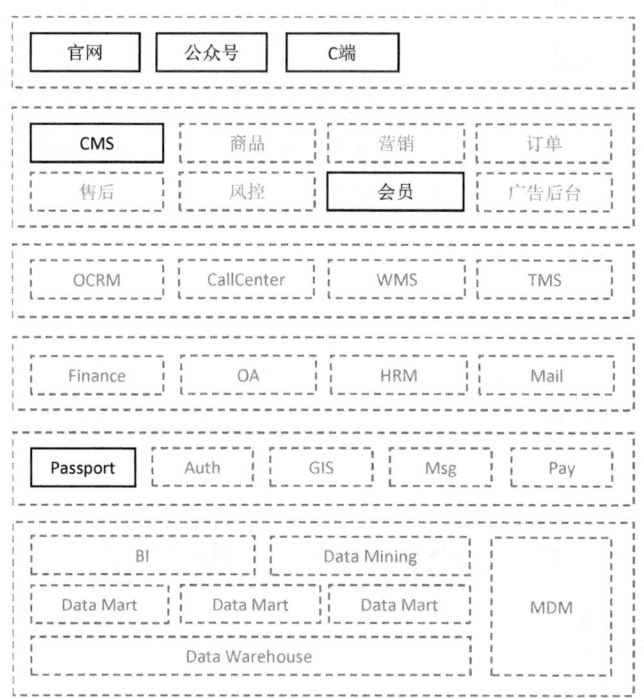

图 15-2 初创企业的应用架构畅想

15.2.2 成长型企业的应用架构畅想

我们设想的第二家公司,是一家已经发展到一定阶段的成长型企业,主要为C端客户提供信息流咨询服务,聚焦于流量广告变现业务,大家可以类比今日头条。这样的公司可能的应用架构是怎样的呢?我们一起来分析。

在公司经营之初,可能采用了市面上的DSP(需求方平台)来完成App的广告管理(当然也可能没有采用过)。为了更好地设计广告产品、推进广告变现,推测公司发展到一定阶段后已经研发了自己的广告投放管理平台。

因为业务模式以广告投放为变现手段,因此后端系统可能没有交易类后端复杂,但基本的CMS和风控(反垃圾、反作弊、合法合规)模块必然是有的。

公司要赢利就需要售卖产品，售卖产品一般不会只在线上运作。对于这家公司来说，应该会有销售团队负责跟进、转化广告主客户，因此公司应该有 OCRM 系统来管理销售团队。

至于 WMS、TMS 这类系统，由于公司目前没有开展电商业务，因而是不需要的；但是如果将来开始做自营电商业务，就可能会有自研的 WMS、TMS 出现了。

针对广告主的客服工作，可能是由销售人员承担的（因为他们是直接和广告主接触的人）；而 C 端用户主要通过 App 看信息，基本上没有客服诉求，所以可能并没有客服团队，也没有客服系统。

公司已经发展到一定阶段，因此团队应该具备一定规模，标准的管理软件应该配备齐全，例如 OA、HRM；类似 Auth、Msg、MDM 这类被抽象下沉的基础服务系统和模块，在当前阶段可能有，也可能没有；公司需要挖掘 C 端客户的兴趣，分析客户行为，也需要对广告主进行管理，所以 BI、DW 肯定是有的。

通过分析，我们设想的整体架构图如图 15-3 所示（未实现的模块被置灰了）。

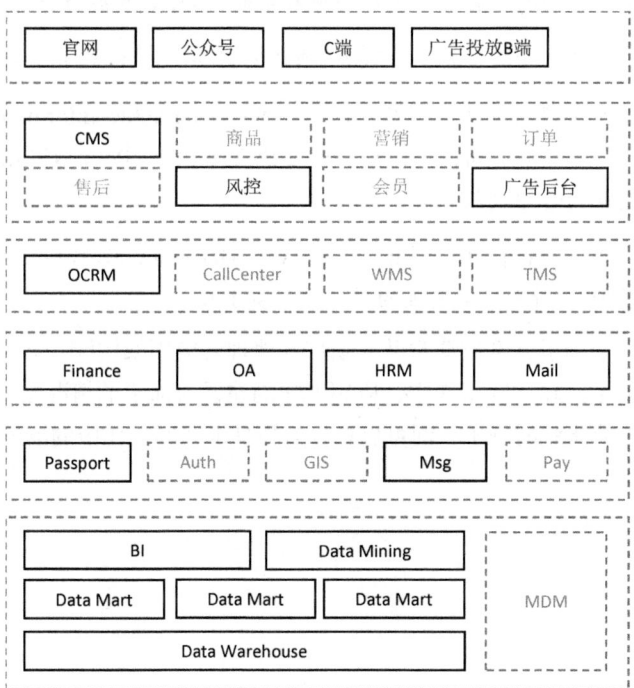

图 15-3　成长型企业的应用架构畅想

15.2.3　成熟企业的应用架构畅想

我们设想的第三家公司是一家成熟的互联网企业，业务模式主要为供需平台建设，帮助消费者和服务方撮合交易，并对交易的商品进行配送。实际中可以类比美团、百度外卖。这样的企业的应用架构会是怎样的呢？我们一起来推理。

公司对外的系统包括 C 端系统和商家端系统：C 端系统就是消费者日常使用的 App，商家端系统为商家提供商品管理、交易管理、推广管理、经营分析等服务。C 端或商家端都需要有对应的后端管理系统，方便企业内部对各个前端系统进行管理、营销、风控等。

平台需要地推团队和销售人员去挖掘更多的商户，因此会有 OCRM 系统来进行相关管理。

平台需要对 C 端客户提供客服与售后支持，一套专业的 CallCenter 客服系统必不可少。

公司提供了自营的配送服务，调度管理骑手的 TMS 必然成为标配。

由于公司不涉及自营的实物买卖服务，所以不需要仓储体系，因此推测没有 WMS。

O2O 业务需要管理大量线下门店，因此 GIS（Geographic Information System）不可或缺，对于实力较强的公司，可能还会开发独立的 POI（Point of Information）管理系统（也有可能是 GIS 中的模块）。

至于财务、OA、Passport、Auth、BI、DW、MDM 等，必然都是成熟公司标配。整体架构图如图 15-4 所示（未实现的模块被置灰了）。

通过以上三个例子，希望能帮助大家更好地理解应用架构演变和公司业务模式以及发展阶段的关系。在实际工作中，应用架构的建设与面临的情况会复杂得多，但是只要理解了以上简化版的例子，便可以更容易地理解实际工作中的场景。

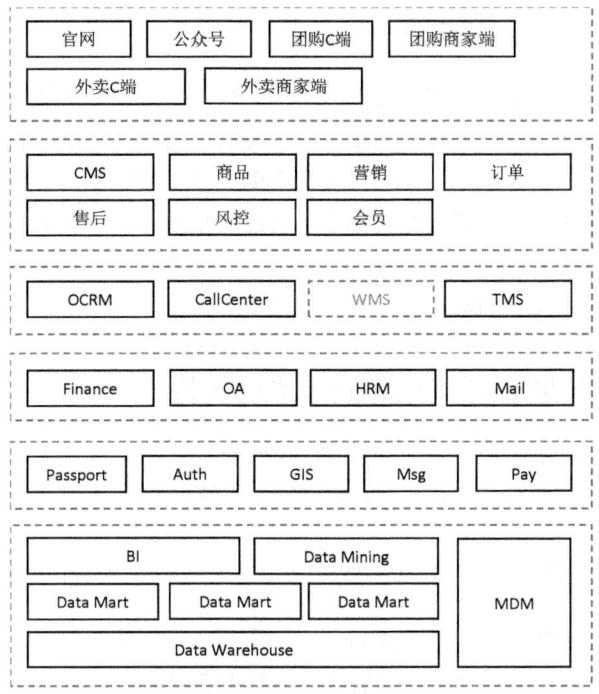

图 15-4　成熟企业的应用架构畅想

15.3　企业级应用架构设计的建议

无论是架构师、产品线负责人还是某个系统的产品负责人，都要具备架构设计的理念和知识，尤其是 B 端产品经理，必须充分理解企业应用架构的基本概念，这一点我们已经在 12.2 节强调过。

如何合理地设计企业级应用架构呢？我们的建议如下。

业务定位和边界要清晰

一套应用系统是为了解决某一类业务问题而存在的，对应某一个业务模块。如果业务部门本身权责定义混乱，必然会导致对应的应用系统定位混乱，进而导致后续的维护、升级、管理困难。因此，在设计业务系统之前的业务调研（详见第 4 章）非常重要，如果发现不合理的地方，需要和业务方一起确认、梳理清楚，再开始设计。

系统要实现松耦合、高内聚

业务的需求是在不断变化的，这要求应用系统是灵活、可扩展的。一个扩展性强的应用系统，对外界来说，应该是简单、易理解的，与外部系统的接口应该简明、可拆解；在系统内部，各个模块应该是高度聚合的，模块之间要实现松耦合，什么意思呢？可以借助汽车来理解：系统的各个模块就像汽车的轮子、发动机等组件，应该功能明确、独立、灵活（高内聚），而且各个组件通过轻松组合（松耦合）就能得到一辆完整的汽车（相当于完整的系统）。

不要让易变的新业务影响现有业务的稳定性

新业务发生变化的可能性大，失败的可能性也大，因此可以考虑新建独立的微小型应用系统来支持新业务，以避免改造成熟核心系统，影响其稳定性和健壮性。

系统之间要实现数据的单向流转

系统之间应尽量保证数据单向流转，确保数据流可回溯，这样才能保证数据的一致性和可追溯性。混乱的数据流转会造成应用架构管理和企业经营管理的灾难。

综合考虑架构的合理性和业务发展的需要

应用架构设计的首要目标是支持业务发展。在企业创业初期和成长时期，业务还在试错，活下去是关键，系统建设要全力支持业务，而不要过于追求架构的完美，这一点我们已经强调多次。如果一上来就谈论整体架构的合理性，很可能花费巨大成本实现了合理架构后，业务已经取消或失败。

优秀的架构师和 CTO 要懂得在合理架构设计和灵活多变的业务需求之间做出权衡。一方面要保证整体应用的大框架是合理的，因为如果大框架有偏差，修正的代价会非常高；另一方面，在必要时要允许局部偏差的存在，局部偏差的修正成本是比较低的。对于某条产品线的负责人和产品经理来说，也要在架构的合理性和整体的业务需求之间做出权衡。

深入思考新系统与旧系统的关系

前面讲 M 集团分销平台和架构演进的时候，我们看到系统中的某些模块复用了之前的系统模块，有的则是新建的。在实际中，新旧系统的关系是架构师或条线负责人经常需要思考的：是做一套新系统还是修改旧系统？新系统如何定位？旧系统如何调整定位？数据如何流转？系统之间如何关联？底层数据如何打通？是否要复用其他系统模块？是否要将某些模块抽象化、服务化、平台化？

产品经理则要在自己负责的版块思考类似的问题，识别潜在的系统架构风险，必要时升级汇报问题，避免做出错误决策。

15.4　浅谈企业架构（EA）

谈论企业级应用架构，就不能不提企业架构（EA，Enterprise Architecture），或称为 EAF（Enterprise Architecture Framework）。

20 世纪八九十年代时，各个软件系统（例如财务系统、生产制造系统等）都是一个个独立的应用，支持某一类业务诉求，配合单一业务部门来使用。但是企业经营运转过程中，各部门是需要相互协作的，各个独立的、不关联的系统显然会阻隔业务部门之间的协作。此时，信息化专家开始思考：应用系统之间是否应该按照某种结构体系连接起来，以提升整体的业务效率？是否需要对企业应用系统进行通盘设计？

最早提出这种设想的是 IBM 的咨询顾问 John Zachman，他于 1987 年在 *IBM System Journal* 上发表论文 *A Framework for Information Systems Architecture*，文中首次正式提出"架构"的理念，将软件体系的搭建类比为设计酒店，提出软件体系设计要有蓝图和架构的观点。

在 EA 模型中，企业架构分为四个主题，分别为业务架构、数据架构、应用架构、技术架构，如图 15-5 所示，从这四个主题（或层面）展开分析和描述信息技术对企业的支撑，能够全面指导信息技术的应用和建设，帮助企业解决经营管理问题。这四层架构的关注点分别如下。

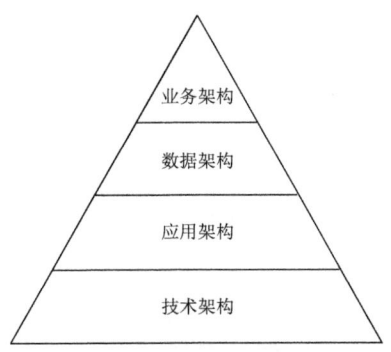

图 15-5　企业架构 EA 的四层架构

- 业务架构（Business Architecture）：关注组织架构、领域模型、业务需求、业务规则、业务流程等要素。

- 数据架构（Data Architecture）：关注数据集成、主数据管理、元数据管理、数据治理、数据安全性等主题。

- 应用架构（Application Architecture）：我们所谈的企业级应用架构，就是整个 EA 架构中的应用架构，关注软件系统设计与公司经营管理的关系。应用架构既可以理解成软件系统的设计模式（偏技术），也可以理解成软件系统在应用功能层面的逻辑关系和视图。

- 技术架构（Technology Architecture）：关注服务器、网络、中间件、操作系统等偏技术层面的要点。如果说应用架构图从业务逻辑层面呈现出了软件系统的体系结构，那么技术架构图则从实现方式上呈现了软件系统的实现结构。

EA 理论体系具体落地的方法论包括 TOGAF、Zachman（由 Zachman 发明）、DoDAF 等。EA 的模型和方法论体系在传统的 IT 管理咨询中用得比较多，主要用于帮助企业做复杂架构的梳理。另外，技术人员尤其是技术架构师，需要对 EA 中的某些模型和方法论有所理解。作为 B 端产品经理，对 EA 有大概的认知即可，不需要花费太多精力去研究。

后记

写作完毕，回顾全书内容，感慨万分。

产品经理的工作内容可谓十分繁杂，需要掌握的知识体系也十分庞大：从业务分析到解决方案，从软件设计到项目实施，从数据分析到运营管理。产品经理需要具备经营管理、企业运作、计算机科学、软件工程、项目管理、数据分析、交互设计等各方面的知识。而这也正是产品经理工作的魅力所在——具备十足的挑战性，可以收获满满的成就感。

在十几年的职业生涯中，我越来越深地感受到，软件产品只是帮助企业解决经营管理问题的手段之一，并不是全部，也不是万能的灵丹妙药，很多业务问题其实是模式问题、管理问题。作为 B 端产品经理，应该把帮助企业解决问题作为核心目标。一方面，产品经理要善于利用软件产品解决问题，发挥软件产品的价值和优势；另一方面，也要认识到软件产品的局限性，能够跳出产品的范畴，从业务管理的视角去思考、分析问题，寻找解法。只有这样，产品经理才能不断突破自我，实现提升。

希望本书能帮助大家在产品设计甚至业务管理的道路上快乐地探索前进，也希望本书能帮助大家构建完整的 B 端产品知识体系，形成比较清晰的设计思路。

在本书写作过程中深感个人水平有限，面对如此复杂的知识体系结构，肯定有叙述不准确、不正确之处，恳请各位读者海涵与斧正。

杨堃
2019 年 5 月

腾讯 / 阿里 / 百度
的产品经理和运营
每天泡在这里

人人都是产品经理
www.woshipm.com

300万产品经理、互联网运营的聚集地

人人都是产品经理（woshipm.com）是以产品经理、运营为核心的学习、交流、分享平台，集媒体、教育、社群为一体，全方位服务产品人和运营人，成立9年举办在线讲座500+期，线下分享会300+场，覆盖北上广深杭成都等15个城市，在行业有较高的影响力和知名度。平台聚集了众多BAT美团京东滴滴360小米网易等知名互联网公司产品总监和运营总监，他们在这里分享实战经验，与你一起成长。

扫码回复"商业产品经理"
领取10GB资料包

 3000+专栏作者
干货文章源源不断

 每月3场线下活动
与大咖面对面学习

 500+微信群、QQ群
找志同道合的人

 全年30期产品运营
精品课免费听

来起点学院
BAT总监带你从0到1

系统学习

提升自己的
产品和运营能力

产品经理、互联网运营专业技能提升平台

起点学院（qidianla.com）是产品、运营、文案、营销等互联网核心能力的知识服务平台，联合BAT等互联网公司100多名实战派总监共同研发设计课程，把一线互联网公司成功经验提炼和传承，目标成为互联网黄埔军校，为行业培养优秀的产品和运营人才，助力行业发展。

累计学员 760000+人	BAT导师 300+名

- 主打精英式教学体系
- 源自BAT内部的产品运营方法论
- 只做能落地的产品经理和运营课程

扫码回复"商业产品经理"
免费收听10门课程